KB104315

민주주의와 정치철학

황장엽의 인간중심철학을 중심으로

민주주의와 정치철학

황장엽의 인간중심철학을 중심으로

서정수 지음

집사재

「민주주의와 정치철학
: 황장엽의 인간중심철학을 중심으로」
출판에 즈음하여

　예부터 인간은 살아가면서 '만남'이 중요하다고 했다. 누구를 만날 것인가, 어떠한 사람을 만날 것인가? 상대가 누구냐에 따라 사람의 인생이 달라질 수도 있기 때문이다.

　필자는 운이 좋게도 한국이 낳은 세계적인 사상가이며, 철학자인 황장엽(黃長燁) 선생을 만나고(2004. 4.11) 일본에 거주하는 박용곤(朴庸坤) 선생을 만난 것(2008.4.1)은 크나큰 행운이라 할 수 있다. 박용곤 선생은 〈일본의 황장엽〉이라는 애칭도 갖고 있다.

　필자는 2015년 4월 9일 《박용곤 선생 미수(米壽)기념, 민주주의 정치철학 토론회》에서 황장엽 선생과 박용곤 선생을 한국판 마르크스와 엥겔스에 비유한 바 있다. 즉, 황장엽 선생을 '마르크스'에 비유할 수 있다면 박용곤 선생은 '엥겔스'에 비유할 수 있을 것이라는 취지였다. 그 이유는 두 분께서는 여러 가지 공통점을 갖고 있기 때문이다.

　황장엽 선생은 인간중심의 철학을 창시했으며, 박용곤 선생은 황장엽 선생의 철학이론을 발전적으로 해설한 분이다. 황장엽 선생은 그의 철학사상을 20여 권의 책에 담았으며, 박용곤 선생은 황장엽 선생이 북한에 있을 때 그를 뵙고 인간중심의 철학을 연구했으며, 30여 년간 사랑의 철학적 세계관(인간중심의 철학) 분야를 강의하고, 『사랑의 세계관』을 비롯한 다수의 저서를 남겼다. 이토록 훌륭한 두 분의 스승으로부터 지도를 받을 수 있었던 것은 천재일우의 기회가 아니고 무엇이겠는가?

필자는 다년간 매주 1회씩 황장엽 선생의 직강(直講)을 들을 수 있었으며, 박용곤 선생과는 그의 저서 출판과정에도 참여했고, 『사랑의 세계관 입문』을 공동저술할 수 있는 행운을 얻기도 하였다. 그래서 행운아였다. 이러한 과정에서 필자가 인간중심의 철학에 대해 느낄 수 있었던 점은, 인간중심의 철학을 일반인들이 공부하기에는 핵심내용을 파악하기가 쉽지 않을 뿐만 아니라 책의 부피도 많다는 점이다. 따라서 혹자는 인간중심의 철학을 요점만 정리하여 조그만 책을 만들자는 의견을 제시한 사람도 있었다.

이번에 출간하는 『민주주의와 정치철학: 황장엽의 인간중심철학을 중심으로』는 이와 같은 요구에 부응하려는 의도였으나 얼마나 이 분들의 욕구를 충족시킬 수가 있을지는 의문이다. 책의 내용을 준비하는 과정에서 내용에 충실하자니 책의 볼륨이 커지고 볼륨을 줄이자니 해설이 불충분하여 내용파악이 어려워지는 문제도 있었다.

그러나 어떠한 경우에도 문제점은 내포하게 마련이다. 발생하는 문제점은 점차 개선해 나가면 될 것이다. 독자 여러분들의 많은 비정(批正)이 있기를 바라마지 않는다.

아울러 "사랑하는 사람들은 어떻게 하고 가나, 걸머지고 걸어온 보따리는 누구에게 맡기고 가나, 정든 산천과 갈라진 겨레는 또 어떻게 하고?" 가느냐 하면서 이별에 아쉬움을 토로하셨던 고 황장엽 선생께 이 책의 집필이 누가 되지 않을까 하는 두려움도 있다.

황장엽 선생은 생존시 말하기를 "새로운 사상이 나와서 빛을 발하려면 해당 철학자가 세상을 떠난 후 50년은 걸릴 것이다"라고 했다. 앞으로 45년밖에 남지 않았다. 최선을 다하고 기다려 볼 일이다.

끝으로 이 책이 나오기까지 여러 가지 어려운 여건 속에서도 출판을 맡아주신 『집사재』 대표께 심심한 감사를 드린다.

2016년 8월 5일
'관악(冠岳)'의 7부 능선에서
서 정 수

| 차례 |

인간중심철학은 인류의 운명개척의 길을 밝혀주는 인간운명의 철학이다. 끝없이 발전하는 인류의 영원한 미래를 내다보면서 행복하고 보람있는 삶을 개척해 나가는 것은 인류의 종국적인 삶의 목표이며 가장 올바른 생존방식이다. 인류의 운명에 충실한 철학의 원리야말로 인류가 믿고 의지해야 할 참다운 삶의 진리이며 불멸의 고리가 될 것이다.

지금까지 철학사에 있어서 세계관의 구성부분에 관해서 그토록 많은 논의가 있었으나 명확한 해답을 주지는 못했다. 세계관이 추구하는 대상이 무엇이건 간에 세계관은 무엇을 위해 필요한 것인가를 명확하게 하는 것은 인간과 인류의 운명을 올바르게 개척하는데 있으며, 이는 매우 중요한 문제이다.

인간은 세계 속에서 세계와 더불어 생존하고 있다. 따라서 자신이 살고 있는 주거(住居)로서의 세계가 어떻게 되어 있으며, 객관세계의 일반적 특징이 무엇인가를 정확하게 알 필요가 있다. 이 문제를 취급하는 것이 철학적 세계관이다.

더구나 인간은 세계 속에서 고립해서 살 수 있는 것은 아니고, 인간에 의한 사회적 집단을 형성하고 오랜 역사의 발전에 기여하면서 생활한다. 인간은 세계와의 상호작용에서 주체는 인간이다. 인간은 자기의 생존과 발전을 실현하기 위하여 세계에 주동적으로, 능동적으로 작용하여 세계를 자기 요구에 맞게 개조해 나간다. 세계를 개조하는 운동을 일으키는 것도 인간이며 이 운동을 떠밀고 나가는 것도 인간이다.

　이런 점에서 인간의 운명개척의 발전과정은 결국 인간의 발전과정이라고 볼 수 있으며, 인간의 발전과정은 인간생명의 발전과정이다. 인간의 생명력이 강화될수록 세계에 대한 인간의 주동성과 능동성이 강화되며 세계에서 차지하는 인간의 자주적 지위와 창조적 역할이 높아지게 된다. 이러한 일련의 과정에서 사회와 역사에 대한 올바른 관점을 확립하는 것이 사회역사관이다.

　인간이 올바른 철학적 세계관과 사회역사관을 확립하는 것은 스스로의 운명을 힘 있게 개척하는 가치 있는 인생을 보내기 위한 것이다.

　따라서 새로운 철학은 철학적 세계관, 사회역사관 및 인생관을 포함하지 않으면 안 된다. 이것들은 불가분의 3대 구성분야이다. 세계관은 예로부터 많은 철학자들에 의해 제창되었고, 많은 귀중한 성과도 거두었다. 세계관의 조류를 대별하자면, 신(神)중심의 세계관과 물질중심의 세계관으로 구분할 수가 있다.

　즉, 관념론적 세계관과 유물론적 세계관은 세계에 대한 관념과 입장의 차이는 있으나 모두가 인류의 행복과 사랑을 염원하는 공통점도 갖고 있다.

인간중심의 철학은 생명과 정신의 기원을 해명하고 인간이 세계에서 차지하는 자주적 지위와 창조적 역할을 밝힘으로써 유물론과 관념론의 일면성을 극복하고 인간중심의 세계관과 인생관을 확립하였다.

　　또한 황장엽과 그의 철학(인간중심철학)은 한때 많은 사람들의 양심을 유혹한 마르크스주의의 과오의 본질을 인간애의 입장에서 전면적으로 비판한데 기초하여 현행 자유민주주의의 역사적 제한성을 극복하고 새로운 보다 높은 단계로 완성하는 방도를 제시하는데 관심을 집중하였다.

제1장
인간중심철학의 사명과 기본 방향

1. 철학의 사명

철학의 사명이 옳게 해명되어야만 철학이 해명하는 다양한 과제가 정확히 설정되고, 철학적 전개의 원칙적 요구와 내용, 그 성격 등이 정확하게 규정된다.

철학의 사명에 대해서 정확한 이해가 없다면 철학적 문제를 제기하고 논의함에 있어서 명확한 목적이 없이 공리공론(空理空論)에 빠져《철학을 위한 철학》을 하는 것이 된다. 철학의 사명을 과학적으로 규정함으로써 그것에 합당한 올바른 방향에서 철학을 전개할 수가 있다.

철학적 세계관은 무엇보다도 세계에 대한 견해, 관점, 입장을 해명하는 학문이다. 철학의 사명에 관한 문제는 인간이 무엇 때문에 철학을 하는가, 바꾸어 말하자면 철학을 하는 목적이 무엇인가의 문제이다.

철학은 인간의 운명개척의 길이 무엇인가를 일반적 원리에 기초하여 밝혀주는 것을 자기의 사명으로 하여야 한다.

인간의 운명개척의 길이란 인간의 생존과 발전을 실현할 수 있는 길을 말한다. 모든 과학적 인식은 인간의 생존과 발전을 실현하는 길을 밝히는 데 이바지하여야 한다. 철학의 사명도 예외로 될 수 없다. 다만 철학의 사명이 다른 개별적인 과학과 다른 점은 가장 보편적인 원리에 기초하여 인간의 운명개척의 가장 일반적인 길을 밝혀준다는 데 있다.

인간은 자기 생존을 보존하고 보다 더 잘 보존하기 위하여(생존의 발전을 실현하기 위하여) 여러 가지 형태의 생존활동을 진행한다. 인간이 생존하고 발전하기 위해서는 자연을 개조하여 인간 생존에 필요한 수단을 생산해야 하고 인간 자신을 생산하고 보다 더 생활력 있는 존재로 키워야 하며 사회적 협조관계를 끊임없이 개선해 나가야 한다. 이러한 각이한 생존활동 분야에 지침으로 되는 여러 가지 지식을 얻기 위한 인간의 과학적 인식활동이 진행된다.

다양한 개별과학들은 인간의 생존, 발전과 관련된 여러 가지 구체적인 문제를 해명하는 데 이바지하지만 철학은 인간의 생존, 발전과 관련된 가장 일반적인 문제를 해명하는 데 이바지한다. 즉 철학은 인간의 생존과 발전을 규정하는 기본요인은 무엇이며 인간의 생존과 발전을 실현하기 위하여 의거해야 할 근본원리는 무엇인가, 인간은 자기의 생존과 발전을 영원히 실현해 나갈 수 있는가, 인간의 생존과 발전의 종국적 목적은 무엇이며 이 목적을 실현하기 위한 근본방도는 무엇인가 등 인간의 운명과 관련된 보편적 의의를 가지는 문제를 원리적으로 해명하는 것을 자기 사명으로 삼고 있다. 여기서 보편적 원리란 세계의 본질적 특징을 밝혀주는 철학적 원리를 의미한다.

지금까지 철학이 인간의 운명문제를 해명하는 데 중요한 의의를 부여하여 왔지만, 철학의 기본사명이 인간의 운명개척의 가장 일반적 원리를 밝히는 데 있다는 것은 인간중심철학에 의하여 처음으로 정식화되었다.

철학이 인간의 운명문제를 자기 사명으로 인정하기 위해서는 몇 가지 중요한 문제를 해명할 필요가 있었다. 그 대표적인 것은 인간의 운명을 좌우하는 초자연적이며 초인간적인 알 수 없는 신비로운 존재가 있는가, 없는가 하는 문제이다.

인간의 운명문제를 본격적으로 논의하기 전에 해명해야 할 또 하나의 기본문제는 도대체 인간이 세계의 본질이 무엇이며 자기 운명이 무엇에 의하여 결정되는가를 인식할 수 있는 능력을 가지고 있는가, 없는가 하는 것이었다. 이 문제는 과학적 인식이 상당히 발전한 오늘날에 와서도 아직 철학계에서 완전한 결말을 내리지 못한 형편에 있다.

마르크스주의자들은 인간의 운명문제를 해명하기 전에 해명해야 할 이러한 중요한 문제들을 다 자기들의 철학이 해명하였다고 주장하였다. 그러나 그들은 철학의 사명이 인간의 운명개척의 길을 밝혀주는 데 있다고 규정하지 못하였다. 그것은 그들이 아직 자연적 존재의 본질적 특징과 사회적 존재인 인간의 본질적 특징에 대하여 충분한 과학적 인식을 가지지 못하였으며 세계에서 차지하는 인간의 특수한 지위와 역할에 대한 인식이 부족하였던 사정과 관련되어 있다.

마르크스주의의 창시자들은 종래의 철학의 논의의 역사적 과정을 개괄하여 보고 유물론과 관념론의 대립, 변증법과 형이상학의 대립, 가인식론(可認識論)과 불가지론(不可知論)의 대립을 푸는 것이 철학의 기본문제로 되어 왔다고 주장하였다. 그리고 이런 문제들을 마르크스주의가 다 해명하였기 때문에 철학의 사명은 끝났으며 앞으로는 과학 자체가 철학이 취급하여 온 일반적인 이론 문제도 직접 해명할 수 있을 것이라고 인정하였다.

물론 앞으로 철학과 개별과학의 관계가 더욱 밀접하게 되고 연구 대상의 일부를 공유하는 경우도 있을 수 있을 것이다. 그러나 자연과학이 아무리 발전하여도 사회과학을 대신할 수는 없을 것이며 사회과학이 아무리 발전하여도 자연과학을 대신할 수는 없을 것이다. 자연과학의 대상인 자연적 존재와 사회과학의 대상인 사회적 존재는 질적 차이를 가지고 있기 때문이다.

자연과학이 탐구하는 자연의 운동법칙은 인간의 의식과는 관계없이 필연적으로 작용하지만 사회적 존재의 운동법칙은 인간의 목적의식적인 자유로운 창조적 활동을 떠나서 생각할 수 없다.

자연의 운동의 주체(운동의 담당자)는 생명도 없고 정신도 없는 자연적 존재이지만 사회적 운동의 주체는 목적의식적으로 행동할 자유를 가진 인간이다. 인간이 자기 운명을 개척해 나가기 위해서는 당면한 생활적 문제들을 해결할 필요가 있을 뿐 아니라 인류 운명의 먼 앞날까지 내다보면서 도달해야 할 목표를 세우고 거기로 가는 길을 모색하는 것 역시 필요하다.

개별과학이 당면한 구체적인 생활 문제를 해결하는 방도를 밝혀주는 데 이바지한다면 철학은 인류 발전의 총체적인 전망 목표와 그것에 도달하는 방도의 큰길을 밝혀주는 데 이바지한다고 말할 수 있을 것이다. 인간의 운명개척의 길을 밝혀주는 것을 자기의 사명으로 간주하는 인간중심철학의 중요한 특징은 무엇보다도 인간의 삶의 종국적 목적과 그것을 실현하는 근본방도를 밝혀준다는 데 있다.

2. 철학 발전의 기본 방향

철학의 사명에 관한 이론적 해명은 철학의 발전방향을 옳게 규정하기 위한 전제가 된다. 철학의 사명에 대한 주체적 견해에서 볼 때, 철학발전의 기본방향은 한마디로 말해 인간의 운명개척의 길을 정확히 해명하는 철학을 전개하는 것이다.

철학을 사명에 맞게 전개하는 경우 중요한 것은 무엇보다도 인간의 운명개척을 위해 의미 있는 세계관적 문제를 논의할 수 있도록, 철학에서 취급하는 문제를 올바르게 설정하지 않으면 안 된다.

철학에서 취급하는 문제를 올바르게 설정함에 있어서는 철학의 가치에 대한 이해를 옳게 하는 것이 필요하다. 새롭게 등장하는 철학의 가치는 결코 이미 일정한 권위를 획득한 기존의 철학이 취급하는 문제나 범주, 방법론에 부합할지의 여부에 따라서 규정되는 것은 아니다.

어떠한 철학도 그 가치는 결국 인간의 운명개척에 어느 정도 공헌하는 보편적인 지침을 해명했는지에 따라서 규정된다. 철학의 발전사는 철학의 가치와 진보성 및 세계관적 문제를 얼마나 과학적인 근거를 갖고 해명했는가에 의해 규정되는 것이 아니고, 인간의 운명개척에 어느 정도 의의(意義) 있는 문제를 제기하고 해답을 주었는가에 따라서 규정된다.

이것은 베이컨의 『우상론』이나 존 로크 『사회계약설』 등을 보면 잘 알 수 있다.

베이컨의 『우상론』에는 일정한 결점은 있지만 나름대로 가치가 있는 것으로서, 철학적으로 평가되는 것은 우상론의 이름 아래서 종교의 정신적 독재로써 형성된 완강한 교조주의적 편견에서 사람들의 이성을 해방하는 문제를 제기하고 해결의 방향으로 나아간 것은 주지의 사실이다.

로크의 『사회계약설』은 『왕권신수설』의 기만성을 폭로하고, 절대왕정에 반대하고 민주주의적인 정치체제의 수립을 철학적으로 근거를 부여하기 위한 문제를 제기하고 논의함으로써, 가치 있는 진보적인 학설로서 평가된 것이다.

철학에서 추구하는 문제를 올바르게 설정하는데 유의해야 할 것은, 대중의 이해와 지지를 얻는 문제가 무엇인가를 정확히 선정하는 것이다. 각각의 철학이 사람들의 이해와 지지를 받는 정도는 동일하지가 않다. 그러나 이전에 아무리 유명한 철학자였을지라도 광범한 대중의 이해와 지지를 받았던 일은 없었다. 어느 철학자도 철학을 하는 것은 대부분 소수의 전문가들이고 대중 속에 뿌리를 내린 것은 없었다.

그 주된 이유는 철학이 인간의 운명문제를 전면에서 제기하고 세계관적으로 추구하지 않았기 때문이다. 인간의 운명개척과 벗어난 문제를 추구하는 것은 철학이 가치와 영향력을 상실하고 생기 없는 학문에 빠지는 것을 의미한다.

종교가 비과학적임에도 불구하고 대중 속에서 많은 지지자가 나온 주된 이유는 인간의 운명문제를 전면에 내걸고 논했기 때문이다. 세계와 인간의 운명을 지배하는 주인은 어째서 있으며, 인간이 영생하는 생명을 짊어지고 행복하게 살기 위해서는 어떻게 해야 하는가 등, 대중의 절실한 관심사인 문제를 논함으로써 종교적 세계관은 수많은 사람들의 마음을 끌었던 것이다.

이와 같은 사실은 인간의 운명개척을 위해 뜻있는 세계관적 문제를 옳게 취급하는 것이 철학의 가치와 영향력을 높이고, 철학재건의 방향임을 나타내고 있다.

과거 마르크스주의 철학자가 철학은 과학의 일부분이라고 강조하면서 과학으로서의 철학을 전개하려고 한 것은 물론 일리는 있다. 그러나 운명문제를 세계관적 문제로써 직접적으로 취급하지 않는 한, 철학의 발전은 크게 기대할 수 없을 것이다. 철학을 발전시키는데 중요한 것은, 철학의 사명에 맞추어 설정된 문제를 엄밀한 과학성을 보장하면서 정확히 해명하는 것이다.

인간의 운명개척을 위해, 아무리 의의(意義)있는 세계관적 문제를 제기하고 논했다고 해도, 그것을 부정확하게 비과학적으로 해명한다면 인간의 운명개척에 유해로운 철학을 전개하는 것이 된다. 종교적 세계관의 약점은 인간의 운명문제를 취급했지만 그것을 비과학적으로 설교했다는 사실이다.

의의 있는 세계관적 문제를 정확히 해명하고 과학성을 보장하는 것은 철학발전에 무엇보다도 중요한 기본 방향이다. 인간의 운명개척을 위한 의의 있는 세계관적 문제는 인간을 중심에 놓고 고찰할 때 옳게 해명된다. 종래와 같이 신비적인 존재나 정신을 중심에 둔

다든가, 물질 일반 또는 물질적 생활조건을 중심에 둔다면 그 해명은 본질적인 결함과 한계를 벗어날 수 없다.

인간중심의 방법론적인 시각을 구현하는 것은 인간의 운명개척의 길을 정확히 해명하는 철학을 발전시키기 위한 필수적인 요구이다. 철학적 고찰의 중심에 인간을 두는 것은 결코 고립된 개인중심의 철학적 고찰을 의미하는 것은 아니다. 세계와 자기 운명의 주인, 역사의 주체가 될 수 있는 것은 고립된 개인이 아니고 사회적인 인간의 집단인 것이다.

생의 철학과 그것에 기원을 둔 실존주의 철학 또는 실용주의 철학이 인간의 생과의 관계가 희박한 문제의 논의에 몰두하는 철학의 약점을 간파하고, 그것을 극복하려고 한 것은 타당성이 있다. 그러나 생의 주체를 어디까지나 개인으로 보고, 생을 정신중심의 관념론적 시각으로 고찰하는 한, 인간의 운명개척의 길을 세계관적으로 옳게 해명할 수는 없다.

인간의 운명개척의 길을 해명하는 세계관을 과학적 토대 위에서 전개하는 것은 물질세계에 대한 현대자연과학의 연구 성과를 떠나서는 생각할 수 없다. 물질세계의 미시적 및 거시적 구조, 미시물질과 거시물질의 운동법칙, 생물의 기원과 진화, 구조와 기능, 생명활동의 메커니즘, 우주의 기원과 진화, 우주의 팽창과 미래를 위시한 제문제(諸問題)에 대한 현대자연과학의 연구 성과는 인간의 운명개척의 길을 세계관적으로 해명하기 위한 귀중한 자료를 제공한다.

이와 같은 자료를 진지하게 연구하고 일반화함으로써 과학적 근거로 증명된 철학을 전개할 수가 있다. 철학재건의 이와 같은 기본 방향에 따라서 새롭게 전개된 철학이 바로 인간중심의 철학이다.

인간중심의 철학은 인간의 운명개척과 관계없는 문제의 논의에 몰두하는 철학과 결별하고, 인간의 운명개척을 세계관적 토대로 삼은 새로운 형태의 철학이다.

요컨대 철학의 사명은 인류의 가장 절실한 관심사가 되는 운명개척의 길을 세계관적으로 추구하는 일이다.

3. 인간중심철학의 연구 대상과 3대원리

인간의 운명은 인간 밖에서 존재하고 있는 세계(자연적 존재)와 인간의 상호작용에 의하여 규정되는 만큼 인간의 운명의 변화발전 과정의 가장 일반적 특징을 파악하기 위해서는 세계가 어떤 존재이며 어떻게 운동, 변화하는가에 대하여 그 기본특징을 알아야 하며 또 인간 자신이 어떤 존재이며 어떻게 운동, 변화하는가에 대하여 그 기본특징을 알아야 한다.

세계의 일반적 특징에 대한 고찰은 역사적으로 존재와 운동의 두 가지 측면으로 되어 왔다. 존재의 측면에서는 세계의 일반적 특징을 고찰하는데 유물론과 관념론이 대립하고, 운동의 측면에서는 변증법과 형이상학이 대립해 왔다.

마르크스주의 유물론은 세계는 물질이 아닌 어떠한 존재도 있을 수 없다는 것을 과학적으로 해명했다. 세계가 물질로 구성되었다고 하는 유물론의 원리는 존재의 측면에서 세계의 일반적 특징을 분명히 하고 있다.

마르크스주의 변증법은 세계는 끊임없이 변화발전하며 고정불변한 물질은 있을 수 없다는 것을 과학적으로 증명했다. 이 변증법의 원리는 운동의 면에 있어서 세계의 일반적 특징을 해명한 것이다.

유물변증법의 원리는 영원한 진리이다. 이 원리는 인간의 본질적 특성과 세계에서 차지하는 인간의 지위와 역할을 해명하기 위한 전제가 된다.

유물변증법의 원리는 세계의 일반적 특징에 대한 해명을 부여하지만, 인간의 본질적 특성과 세계에 있어서 인간의 지위와 역할에 관한 해명은 부여할 수가 없다. 세계가 물질로 구성되어 있다고 하는 원리에서는 인간도 물질이라고 하는 결론은 나오지만, 인간이 자주성과 창조성, 의식성을 갖는 물질이라고 하는 결론은 나오지 않는다. 세계가 끊임없이 변화발전한다고 하는 원리에서는 인간도 운동발전한다고 하는 결론은 나오지만, 인간이 자주적·창조적·목적의식적으로 운동한다고 하는 결론은 나오지 않는다. 인간의 본질적 특성에 대한 해명을 부여할 수 없는 원리가, 세계에 있어서 인간의 지위와 역할에 대한 원리를 해명할 수 없다는 것은 명백하다.

그러나 유물변증법의 원리를 떠나서 인간의 본질적 특성도 세계에 있어서 차지하는 인간의 지위와 역할도 해명할 수는 없다. 만일 세계가 물질에 의해서 구성되어 있다는 것을 과학적으로 증명하지 못하고 초자연적이고 초인간적인 존재가 있다고 생각한다면, 이와 같은 존재와의 관계에서 인간의 본질적 특성을 논하게 됨으로써 그것을 옳게 해명할 수는 없다. 또한 만물과 인간을 지배하는 신비적 존재가 있다고 생각하게 된다면, 물질세계에서 인간이 차지하는 특별한 지위와 역할을 옳게 해명할 수는 없다.

인간중심의 철학은 유물변증법의 원리를 견지하면서, 모든 철학적 문제를 해명하고 관념론과 형이상학의 여하한 요소도 배제한다.

이와 같은 점에서 인간중심의 철학은 철저하게 유물론적이며 변증법적인 세계관이다.

세계에 있어서 인간의 지위와 역할을 해명하는데 전제가 되는 것은, 세계의 일반적 특징에 대한 과학적 이해뿐만 아니고 인간의 본질적 특성에 대한 올바른 이해이다. 세계의 일반적 특징을 인식하지 않고서는 인간과 세계와의 관계를 논할 수가 없을 뿐만 아니라, 인간의 본질적 특성의 인식 없이는 인간과 세계와의 관계를 해명할 수는 없다.

결국 철학이 규명해야 할 인식의 대상(연구의 대상)은 첫째로 세계(자연적 존재)의 일반적 특징이 무엇이며, 둘째로 인간(사회적 존재)의 본질적 특징이 무엇이며, 셋째로 세계(자연적 존재)와 인간(사회적 존재)의 상호관계에서 본질적 특징이 무엇인가 하는 것이라고 볼 수 있다.

따라서 이 세 부문의 본질적 특징을 내용으로 하는 가장 일반적인 원리가 인간중심철학의 기본원리로 된다. 즉 세계의 본질적 특징을 규정하는 일반적 원리, 인간의 본질적 특징을 규정하는 일반적 원리, 세계와 인간의 상호작용의 본질적 특징을 규정하는 일반적 원리의 세 가지 원리가 인간중심철학의 기본원리라고 볼 수 있다.

인간중심철학의 세 가지 원리는 밀접히 연관되어 있으며 인간의 운명개척을 위한 창조적 활동에 다 같이 이바지한다. 인간의 운명개척 과정이 인간과 세계의 관계를 통하여 구현된다고 하여 세계의 일반적 특징에 관한 원리와 인간의 본질적 특징에 관한 원리는 독자적인 중요성을 가지지 못하고 다만 인간과 세계의 관계의 기본특징을 파악하기 위하여 필요한 것처럼 생각해서는 안 된다.

인간의 운명개척의 길은 무엇보다도 인간 발전의 길이며 세계에서 차지하는 인간의 자주적 지위와 창조적 역할이 높아져 나가는 과정이다. 인간은 먼저 자연을 개조하여 인간의 물질적 힘을 강화하고 다음에 물질적 힘을 밑천으로 하여 인간개조사업을 진행하여 인간의 정신적 힘을 강화하며, 그 다음에 인간은 강화 발전된 물질적 힘과 정신적 힘을 이용하여 세계에서 차지하는 자기의 자주적 지위와 창조적 역할을 높여 나가게 된다.

세계(자연세계)의 일반적 특징에 관한 원리가 인간의 본질적 특징에 관한 원리를 포섭할 수 없으며 인간의 본질적 특징에 관한 원리가 세계의 일반적 특징에 관한 원리를 대신할 수 없다. 이것은 자연과학이 사회과학을 대신할 수 없고 사회과학이 자연과학을 대신할 수 없는 것이나 마찬가지 이치이다. 또 세계와 인간의 상호관계, 즉 세계에서 차지하는 인간의 자주적 지위와 창조적 역할의 기본특징에 관한 원리가 세계의 일반적 특징의 원리와 인간의 본질적 특징에 관한 원리를 대신할 수 없다는 것은 명백하다.

세계에서 차지하는 인간의 자주적 지위와 창조적 역할이 높아진다는 것은 인간이 그만큼 자주성과 창조성이 강한 존재로 발전한다는 것을 의미한다. 자주성과 창조성이 보다 더 강한 존재로 발전하는 것은 인간의 본성적 요구이다.

인간의 영원한 발전이 곧 인간의 영원한 삶의 목적이며 인간의 창조적 역할을 영원히 높여 나가는 것이 인간의 삶의 목적을 실현하는 근본방법이라는 것을 밝혀주는 것이 인간중심철학의 사명인 것이다. 인간중심철학이 철학의 사명을 인간의 운명개척의 길을 밝혀주는 데 있다고 규정한 것은 철학이 해결해야 할 목적의 견지에서 정당할 뿐 아니라 철학적 진리를 인식하는 방법론적 견지에서 보아도 정당하다.

제2장
인간중심철학의
물질관

1. 서론

세계에서 가장 근원적이고 영원하며 보편적인 것은 무엇일까? 그것은 세계가 물질로 이루어지고 모든 물질은 대립물의 투쟁이며 끊임없이 변화발전하고 있다는 것이다.

유물론은 먼저 세계의 근원을 물질이라고 본다. 곧 세계는 본질에서 물질이고, 물질로 이루어져 있다고 본다. 물질은 그 자체의 구조와 성질을 가지고 있고 그 성질에 따라 운동하고 변화·발전한다.

우리는 '유물론' '변증법' '변증법적 유물론' '유물변증법' 등의 표현을 자주 보게 되는데 이들 네 가지의 표현은 엄밀히 보면 완전히 똑같은 의미를 가진다. 원래 유물론은 필연적으로 변증법이고, 변증법은 필연적으로 유물론이다. 왜냐하면 물질은 변증법적으로 운동하고 변증법적으로 운동하는 것은 물질이기 때문이다. 변증법이라는 것은 물질 그 자체가 가지고 있는 성질에 근거한 운동법칙이다. 따라서 유물론은 필연적으로 변증법이지 않으면 안 되고, 변증법은 필연적으로 유물론이지 않으면 안 된다. 이와 같은 의미에서 이 네 가지의 표현은 완전히 같은 개념이다.[1]

모든 물질은 대립물의 통일로서 내부구조를 가지고 있기 때문에 모순적 존재이고, 모든 물질은 그 모순적 결합에서부터 생기는 성질에 따라 운동·변화·발전하기 때문에 변증법적이다. 1840년 마르크스와 엥겔스는 유물변증법적 세계관을 확립했다. 변증법적 유물론에 의한 세계의 물질성과 물질의 변화·발전법칙의 해명은 사람들이 세계를 인식하고 개조하는 데서 커다란 공헌을 하였다.

인간은 말할 필요도 없이 세계 속에서 살고 있다. 세계는 자연과 사회 그리고 인간으로 이루어진다. 우리는 인간도 물질이고 더구나 가장 발달된 사회적 성질을 가진 물질이라는 것을 알아야 한다. 그리고 세계에서 가장 발달한 인간도 무생명물질로부터 발전하여 오늘날 인류로 변모된 것이다. 이와 같이 인간은 무엇보다도 먼저 물질이라는 것, 이것이야말로 우리가 올바른 물질관을 가지지 않으면 안 되는 이유이다.

올바른 물질관을 확립한다는 것은 세계의 일반적 특징에 대해서 정확한 이해를 갖는다는 것이다. 우리들이 사는 세계는 자연과 사회, 인간으로 성립되고 그들 모두 발전단계를 달리하고 있지만, 역시 그들은 물질에 불과하기 때문에 물질일반에 대해 이해하는 것은 세계의 일반적 특징에 대해 이해하는 것이 된다.

즉 올바른 물질관과 인간관, 사회관을 갖게 됨으로써 비로소 우

---

1 이노우에 슈하치(井上周八) 지음, 최진성 옮김, 『사랑과 통일의 실천철학』, 도서출판 조국, 1990, p.34 참조.

리는 인간과 세계의 관계문제, 다시 말해 철학의 근본문제에 대한 해답을 얻을 수 있다.

과학이 가르치고 있듯이 무생명물질 속에 생명물질이 탄생할 수 있는 근거와 원인이 있고 발달한 생명물질 속에 사회적 존재인 인간을 탄생시키는 물질적 존재가 존재한다. 사회적 존재로서의 인간은 진화론에 의해서는 설명할 수 없으나 진화론 그 자체는 틀린 것이 아니다. 인간은 동물세계에서 가장 발달한 동물이었고 이것이 동물적 인간을 사회적 존재인 인간으로 변화시킨 빼놓을 수 없는 전제였다.

인간은 자연과 사회를 더욱 깊이 인식하고 자연과 사회의 발전 법칙을 이해함으로써 자연과 사회에 지배되는 종속적 존재로서가 아니라 그로부터 벗어나 자연과 사회의 주인으로서 살아갈 수 있다. 그래서 가장 발달한 물질인 인간과 인간을 둘러싸고 있는 세계와의 관계문제를 밝히고 인간이 자주적·창조적으로 살아가기 위해서는 먼저 올바른 물질관을 확립하지 않으면 안 된다.

2. 물질의 개념에 대하여

물질을 뜻하는 라틴어 materia라는 말은 '어머니', '원천'을 뜻하는 라틴어 matter에서 유래되었다고 한다.[2] 철학상 용어로는 공간을 채우고 있는 실체(實體), 즉 물리적 현상의 항존적 기체(恒存的

---

2 엘리자베스 클레망상·탈 드몽크·로렌스 한젠·피에르 칸 지음, 이정우 옮김, 『철학사전』 동녘, 2006, p.115

基體) 혹은 물체계(物體系)에 일어나는 변화를 지탱하고 있는 것이라고 말할 수 있다. 여기서 실체라는 말을 사용하였으나 그것은 물자체(物自體)를 의미하지 않고 단순히 물자체의 항존적 성질만을 가리키는 뜻이며, 또 항존적 성질이라는 뜻도 어떤 특수한 본질을 가리키는 것이 아니라 단지 인식하는데 긴요한 하나의 보조 개념을 의미하는데 불과하다[3]는 사실이다.

물질에 대한 개념의 내용은 고래(古來)로 여러 가지 서로 다른 내용으로 변천하여 내려왔다.

고대 그리스의 탈레스(Thales) · 아낙시만드로스(Anaximandros) · 아낙시메네스(Anaximenes) · 헤라클레이토스(Herakleitos) 등은 물질을 활력(活力)과 영혼(靈魂)을 가진 것으로 보는 물활론(物活論)적 사상을 가졌으며, 데모크리토스(Demokritos) · 에피크로스(Epikuros) 등은 물질의 요소로서 원자(原子)를 가정하는 원자론(原子論)을 주장한 바 있었다.

근세철학의 창시자인 데카르트(Descartes)는 물질은 힘을 갖고 있지 않고 연장(延長)만 갖고 있다고 보았으며, 록(J. Locke) · 흄(Hume)에 이르러서는 물질의 본질은 알 수 없는 것으로 여기게 되었고 칸트(Kant)는 물질을 가능적 경험(可能的 經驗)의 대상으로서만, 다시 말하면 현상으로서만 존재하며 물자체는 인식할 수 없는 것으로 보았다.

극단적인 관념론자인 버클리(G. Berkeley)는 물질의 존재를 무시하는가 하면 주로 유물론자들은 물질의 존재를 인정하고 정신적

---

3 세계철학대사전, 전게서, p.339.

근원을 물질에 두기도 하였다. 한편 변증법적 유물론에서는 감각에 의하여 인간의 의식에 모사되나 의식에서 독립하여 따로 존재하는 객관적 실재로 본다[4]고 하였다.

유물론의 초석인 물질관의 변천은 당대(當代)에 해결해야 할 철학적 과제의 변천과 더불어 자연과학의 발전에 힘입은 바가 다대하다고 하겠다. 이오니아(학파)의 자연철학자들이 만물의 아르케(arkhe)[5]를 물과 공기, 불과 같은 질료적 의미로서의 자연의 추구라는 자연을 문제로 삼는 자연철학에서 구하였다.

고대 중국과 인도에서 모든 물질은 땅(地), 물(水), 바람(風), 공기(空氣)로 이루어져 있다는 '5원소 설'이나, 고대 그리스의 땅(地), 물(水), 불(火), 바람(風)의 '4원소 설' 등을 주장했다. 동양에서는 우주를 지배하는 자연세력을 금(金), 목(木), 수(水), 화(火), 토(土)의 5가지 기본요소와 음기와 양기라는 2가지 기본요인으로 보고 이들을 배합하여 만물이 생성하고 있다는 이른바 음양오행설이 나타나고 있다.

서양철학은 기원전 6세기경 고대 그리스 지중해 남부도시 밀레토스에서부터 시작된 것으로 알려지는데, 고대 그리스사람은 '존재하는 모든 것'을 자연이라 부르고 자연을 탐구하기 시작했다. 그들은 자연이 생겨나고 없어지는데 그 밑바닥에는 불생불멸(不生不滅)하는 것이 있어 이것을 진실로 존재하는 것, 즉 '진실재(眞實在)'라고

---

4 세계철학대사전, 성균서관, 1980. p.339
5 근원(根原) 및 시원(始原)을 의미하는 말로, 고대 이오니아(Ionia)의 자연철학자들은 만물의 근원이나 세계의 원질(原質)이라는 의미로 이 말을 사용하였다. 라틴어의 principium에 해당되는 말이다.

생각했다.

또한 과거에는 모든 물체는 원소로 구성되고, 몇 개의 원소가 결합된 물질이 분자이고, 이 분자가 모든 화합물의 최소단위를 이룬다고 생각했다. 따라서 모든 물질의 기본을 이루는 물질이 곧 원소라고 보았다. 이 원소는 92가지의 기본적인 형태로 나누어진다.

변증법적 유물론에서 물질은 의식과 독립하여 존재하고, 우리의 감각의 원천이며 감각을 통하여 의식에 반영되는 객관적 실재를 말한다. 그것은 본원적·일차적 존재이며 무한하고 영원하다. 이런 의미에서 엥겔스는 '세계의 현실의 통일성은 그 물질성에 있다'(『반(反) 뒤링론』)라고 썼다.

지금까지 유물론은 단지 세계의 본원(本源)을 물질로 간주할 뿐만 아니라, 물질에 대해서 각각의 견해를 나타냄으로써 자기의 독자성을 주장해왔다. 이런 의미에서 유물론 철학의 발전과정이란 물질관의 발전과정이라고 말할 수 있다.

인간을 철학적 고찰의 중심으로 하는 인간중심철학은 유물론 철학의 전통 위에서 전개되고 있는 현대의 유물론 철학이다. 인간중심철학의 유물론적 성격은 세계의 본원에 대해서 유물론적 이해에 의해서만 규정될 뿐만 아니라, 존재와 운동의 발전단계를 대표하는 인간에 대한 과학적 해명과 나아가서 질적 발전단계를 달리하는 다양한 물질의 계층성과 운동의 제(諸)형태를 물질의 근본적 속성의 발현으로써 일원적으로 파악하고 세계와 인간과의 관계를 원리적으로 파악하는 새로운 세계관에 근거하고 있다.

한편 엥겔스도 서술한 바와 같이 자연과학분야만 획기적인 발견이 이루어질 때마다 유물론은 그 형태를 바꾸지 않으면 아니 되었고[6], 사회의 발전과 철학의 사명달성을 위해 끊임없이 심화되지 않으면 안 된다.

마르크스나 엥겔스의 물질관이 19세기 중엽 자연과학의 3대 발견에 입각해서 분자(分子)의 역할이 실증적으로 연구되기 시작한 시대[7]의 물질관이었다면, 레닌의 물질관은 전자와 원자핵의 발견[8]에 의해서 데모크리토스(Demokritos) 이래 「원자론」의 전통[9]이 붕괴되고, 철학이나 자연과학에 큰 충격을 준 시대의 물질관이었다. 그래서 현대는 더욱 큰 10^{-16}cm 이하라고 하는 쿼크(quark)[10]나 렙톤(lepton)의 단계에까지 물질의 규명(糾明)이 심화되고, 궁극물질(窮極物質)의 존재를 둘러싼 논의가 새로운 단계에 진입하고 있는 시대이다.

이 세계에 존재하는 것은 광대한 우주, 미세한 원자, 소립자, 구성자 등도 모두 물질이다. 그리고 세계에서 행해지고 있는 운동은

6　『마르크스·엥겔스 전집』, 21권, 大月서점, 283쪽 참조.

7　베네슈 호프만 저, 최혁순 옮김, 『철학속의 과학여행-아인슈타인』, 동아출판사, 1989, pp.73-78의 '분자론' 참조. 여기서 아인슈타인의 〈분자크기의 새로운 결정〉이라는 논문과 '아보가드로 수'(Avogadro's number)에 관한 설명이 나온다.

8　스토니의 최소전기량으로서의 전자의 지적(指摘)과 톰슨(Tomson)의 원자의 구성입자로서의 전자의 발견, 에르네스트 루스헤르포트(Ernest Rutherford), 가이거(Geiger), 한스(Hans) 등에 의한 원자핵의 발견 등.

9　데모크리토스(Demokritos)를 비롯한 원자론자의 주장의 특징은 엠페도클레스(Empedokles) 등과는 다른 자기 동일적인 원자가 불생불멸(不生不滅)의 것으로써 존재하고 있고, 그와 같은 원자론에 의해서 세계가 구성되고 운동이 일어난다고 하는 점과, 기본물질 아톰(atom)의 분할불가론이다.

10　강립자(强粒子)를 구성하는 기본 입자, 소립자의 복합 모델에서의 기본 구성입자의 한 종류이다. 대부분의 물질은 양성자와 중성자로 이루어져 있고 이들은 다시 쿼크로 이루어져 있다. 쿼크는 6가지 종류가 있으며 물리학자들은 이들을 up/down, charm/strange, top/bottom 등 3개의 쌍으로 분류하고 있다.

모두 물질의 운동이다. 물론 사람이 아직까지 해명할 수 없는 물질의 수수께끼는 많이 있다. 그러나 세계가 물질로 구성된다는 것은 과학이 증명하는 바이고, 세계에는 물질 이외에 어떤 신비하고 불가사의한 사물은 존재하지 않는다.

현대의 유물론인 인간중심의 철학은 당연히 이와 같은 물질의 구조나 성질에 대한 자연과학의 성과를 근거로 해서 물질에 대한 철학적 이해를 발전시키지 않으면 안 된다. 만일 이미 물질의 철학적 개념은 완성되었다고 하더라도 현재 자연과학의 성과를 철학적 물질개념의 심화에로 끌어드리지 않는다면, 그것은 인류의 인식발전의 변증법이나 또한 철학의 본성과도 상반되는 것이라고 할 수 있을 것이다.

본고에서는 이제까지의 유물론 철학의 전통을 계승하고, 마르크스·레닌주의 철학의 성과를 시인하면서도 시대의 요청과 과학의 발전에 따라서 철학의 물질개념은 더욱 발전하지 않으면 안 된다고 하는 인식에 기초하여, 인간중심의 철학에 의한 물질개념의 몇 가지 문제에 대해서만 논급하고자 한다.

3. 마르크스주의의 물질의 본질적 특성

세계는 물질로 성립되어 있다. 따라서 물질에 대한 올바른 인식은 극히 중요한 과제이다.

물론 고대 그리스의 유물론 학자나 18세기의 프랑스 유물론 학자들이 물질과 의식과의 관계의 문제를 철학 전체에 걸친 최고의 문제로써 자각적으로 정립되어 있었다고는 생각되지 않지만, 적어도 자연의 정신으로부터 독립해서 존재한다는 것을 근거 삼기 위하여, 시원(始原)물질의 탐구나 물질의 해명을 시도했다는 것은 분명하다.[11]

물질의 철학적 개념을 확립하는데 결정적 진보를 가져온 것은 역시 레닌이다. 레닌은 『유물론과 경험비판론』(1908년)에서 물질의 철학적 개념을 다음과 같이 규정하고 있다. "물질이란 인간의 감각을 통해 지각되고, 인간의 감각으로부터 독립하여 존재하며, 인간의 감각에 의해 모사되고 투영되며 반영되는 객관적 실재를 표현하기 위한 철학적 범주이다."

"물질의 개념은 인식론적으로는, 인간의 의식으로부터 독립해서 존재하고 인간의 의식에 의해 모사되는 객관적 실재 이외에 다른 것을 의미하지 않는다."

"왜냐하면 물질의 유일한 「성질」은 ― 철학적 유물론은 그것을 인정한다 ― 객관적 실재라는 성질, 곧 우리의 의식 바깥에 존재하는 성질이다."[12]

물리학적 물질개념은 물질의 구조 및 속성에 대한 과학적 지식으로부터 생겨나고, 물질구조에 대한 과학적 지식의 발전에 따라 변화한다. 그러나 철학적 물질개념은 물리학적 물질개념과 밀접히 연관되어 있지만 과학적 지식의 발전에 따라 끝없이 변화하는 것은 아니다. 왜냐하면 물질이라는 철학적 범주는 객관적으로 존재하는

11   배진구, 『사회과학연구』조선대사회과학연구소, 1985 《물질개념의 연구에 있어서의 몇 가지 문제》, p.83.
12   이노우에 슈하치, 전게서. p.43 참조.

다양한 물질의 총체로부터 추상(抽象)한 것이고 또한 발전 단계를 달리하는 물질인 동물, 인간까지 포함한 다양한 물질의 가장 기본적인 성질을 범주로 삼기 때문이다.

우리를 둘러싸고 있는 무한대의 우주도, 무한소(無限小)의 소립자의 세계도 모두 물질이고 인간 또한 물질이다. 그렇기 때문에 물질에 대한 올바른 철학적 개념은 모든 물질의 본질이 거기에 요약되어 있지 않으면 안 되고, 이런 의미에서 과학적 지식의 발전에 따라 변화될 수 있는 개념이어서는 안 된다. 위에서 레닌이 규정한 물질 규정은 다음의 2가지 점에서 긍정적 의의를 갖는다고 할 수 있다.

첫째는 물질과 의식과의 관계의 문제라고 하는 지금까지의 철학의 근본문제에 대하여 원리적인 해답을 부여하고, 단서(端緒)개념으로서의 물질개념을 확립한 것이다. 종래의 근본문제에 한한다면, 레닌의 물질개념은 물질과 더불어 가장 넓은 카테고리인 의식과의 관계만을 매개로 해서 규정되어 있고, 유물론 철학의 단서개념으로서의 내포할 만한 징표와 추상성을 갖춘 규정이다.

둘째는 이제까지의 오래된 유물론 철학이 불가피했던 물질의 철학적 개념과, 물질의 구성과 성질에 대해서 자연과학적 제(諸)견해와의 혼동을 극복한 것이다. 물질의 철학적 개념은 어떤 특정한 물질적 구성물과 동일한 것이 아니고 전체로서의 세계가 대상이며, 물질적 제구성물의 전총체(全總體)의 추상이다.

그럼에도 불구하고 마르크스·레닌주의 이전의 유물론은 대체로 물질개념을 무언가 개개의 자연물로써 이해하고 있었다.

이것에 대하여 레닌은 물질의 철학적 개념을 인식론적 카테고리로써 파악함으로써 물질개념의 이해를 새로운 단계로 발전시켰다.

레닌은 「물질의 여러 가지 구조에 관한 학설을 인식론적 카테고리와 혼동하는 것 — 즉 물질의 새로운 종류(예를 들면 전자)의 새로운 제성질의 문제를 인식론의 오래된 문제인 우리들의 지식의 원천, 객관적 진리의 존재 등의 문제와 혼동하는 것은 전적으로 허용하기 어렵다」[13]고 해서, 현실세계의 총체적 반영으로써의 철학적 물질개념과 자연과학적 물질개념과의 구별을 명확히 한 것이다.

이와 같은 레닌의 물질규정은 유물론 철학의 발전에 큰 기여를 했지만, 그것은 어디까지나 의식에 대한 물질의 1차성의 승인이라고 하는 철학적 과제가 유물론 철학의 근본문제로써 제기되었다. 이는 지금까지의 범위 내에서의 공적이라고 말할 수 있다. 이를 요약해 보자면 세 가지로 말할 수 있다.

첫째, 레닌이 규정한 물질의 유일한 「성질」이라고 하는 객관적 존재성은 어디까지나 의식과의 관계에서 파악되었다. 물질의 인식론적 성질에 있어서, 물질 자체의 내재적인 성질은 아니다.

둘째, 객관적 존재라고 하는 성질은 물질이 의식으로부터 독립적으로 존재한다는 것을 밝힐 뿐, 객관성만으로서는 물질의 속성에 기초한 자연의 계층적 구조의 설명은 할 수 없다.

셋째로, 객관적 존재라고 하는 성질은 운동의 객관성을 분명하게 할 뿐, 그것으로 직접 운동의 원인, 동력 및 운동 제형태간의 상호전화(相互轉化)를 설명할 수가 없다.

원래 물질과 의식성은 상호 대립의 차원에 서는(立) 개념은 아니다. 존재론적 견지에서는 의식은 어디까지나 물질의 속성이며, 따

---

13 「레닌 전집」, 14권, 大月서점, 149쪽. 배진구 전게서, p. 98에서 재인용.

라서 물질의 개념 하에 포섭되어야 할 것이다. 레닌도 지적한 바와 같이 물질과 의식의 대립은 다만 인식론적 차원 하에서만 절대적 의의를 갖는 것이며, 만일 이 범위를 넘어서 물질과 정신, 물리적인 것과 심리적인 것과의 대립을 절대적인 대립으로써 취급한다면, 이 것은 큰 잘못이다.[14] 따라서 레닌이 객관적 존재성을 물질의 유일의 성질이라고 한 것은, 어디까지나 인식론적인 유일의 성질을 말한 것이며, 레닌 자신이 이로써 철학적인 물질개념이 완성되었다고는 보지 않았다고 이해하여야 한다.

결론적으로 말하자면 마르크스주의자들은 인간의 의식으로부터 독립적으로 존재한다는 것 하나만을 물질의 본질적 특징으로 지적 한다. 동시에 그들은 이것이 물질에 대한 철학적 개념의 내용이며 그것은 물질에 관한 자연과학이 아무리 발전하여도 영원히 변하지 않는다고 주장한다.[15]

이러한 물질의 개념은 물질을 오로지 인식과의 관계에서만 규정 한 것이다. 물질이 의식과 관계없이 객관적으로 존재한다는 것만을 가지고서는 어떻게 하여 단순한 무기물질로부터 생명유기체가 발 생하게 되고, 더 나아가 사회적 존재인 인간이 어떻게 발생하게 되 었는가를 이해할 수 없다. 물질의 개념은 마땅히 가장 단순하고 저 급한 물질적 존재로부터 가장 복잡하고 고급한 존재인 인간에 이르 기까지, 모든 물질적 존재의 공통성과 함께 차이성의 발생, 발전을 해명하는 데 지침으로 되어야 할 것이다. 객관적 존재성 하나만 가 지고서는 어떻게 하여 운동과 변화발전이 일어날 수 있는지를 해명

---

14   배진구. 전게서, p.85.
15   황장엽 지음, 『세계관』 시대정신, 2003 p.54.

할 수 없으며, 또한 어떻게 하여 무생명물질과 생명유기체, 사회적 존재의 차이가 나오게 되었는지를 이해할 수 없다.[16]

인간중심의 철학이 종래의 근본문제를 지양하고, 세계에 대한 인간의 지위와 역할에 관한 문제를 철학의 최고의 문제로써 제기한 시점에서, 레닌의 물질규정은 이미 이 새로운 유물론 철학의 단서 개념으로서의 내용을 가질 수가 없으며, 따라서 이 철학의 근본문제에 해답을 줄 수 없는 것이다.

4. 인간중심철학의 물질관

1) 세계의 물질성과 물질의 객관적 실재성

인간중심의 철학은 물질세계의 일반적 특징을 해명하는 원리와 인간의 본질적 특성을 해명하는 원리, 나아가 세계에서 차지하는 인간의 지위와 역할을 해명하는 원리를 포괄하고 있는 이상, 세계의 일반적 특징에 대한 해명을 제외할 수는 없다. 인간중심철학은 종래의 물질세계를 해명하는 원리인 유물변증법을 전제로 하면서 인간중심, 즉 인간의 운명을 개척하는 유물변증법으로 전환시키고 있다.[17]

인간중심철학에서는 종래의 철학과는 달리 가장 발전된 존재이자 가장 고급한 운동을 하는 인간을 중심에 두고 세계의 존재와 운

---

16   동게서, p.p.57-58.
17   박용곤 지음, 『사랑의 세계관』시대정신, 2012 p.62 참조.

동을 고찰한다. 이리하여 인간중심철학은 세계의 일반적 특징에 대한 새로운 독창적인 견해를 확립하고, 유물론과 변증법을 인간의 운명개척에 봉사하는 새로운 것으로 발전시켰다.

세계는 물질로 이루어지고 물질세계는 인류가 탄생하기 이전부터 존재해왔다. 그렇기 때문에 물질세계는 인간의 의식으로부터 독립하여 존재한다. 물질은 인간이 의식하든 의식하지 아니하든 관계없이 객관적으로 존재한다. 물질은 무(無)에서 창조될 수 없고 또한 물질은 무로 돌리는 것도 불가능하다. 이런 의미에서 물질세계의 객관적 존재는 영원하고 절대적이다. 물질은 인류가 탄생하기 이전부터 존재해왔고 인류가 탄생한 이후에도 인간의 의식과는 독립해서 존재하고 있다.[18]

세계에는 다양한 존재가 있으며, 그것은 모두 물질이다. 인간과 같이 다른 존재와는 확연히 구별되는 특수한 존재도 역시 물질이다. 세계에는 다양한 속성이 있지만, 그것은 모두 물질의 속성이다. 생물과 인간의 생명과 인간의 의식과 같은 신비한 속성도 고급한 물질의 속성 이외에 아무것도 아니다. 세계에서는 다양한 운동이 수행되고 있으며, 그 담당자는 모두 물질이다. 자연 속에서 진행되고 있는 운동과 인간의 사회적 운동도 모두 물질의 운동이다. 이와 같은 점에서 세계는 물질성을 띠고 있다. 물질세계는 현실에 존재하는 유일한 세계이다. 바로 이것이 유물론의 기본사상이며, 세계를 구성하는 불가결한 부분이다.

유물론과는 달리 관념론은 세계의 시원을 정신 또는 관념으로

18　이노우에 슈하치 전게서, p.38 참조.

간주했다. 관념론은 세계의 본질이 정신이며, 물질은 그것에서 파생된 것으로 간주했다. 그러나 인류의 실천과 과학의 발전, 즉 생명 진화론과 에너지 보존 및 전화(轉化)의 법칙 등, 지금까지 달성된 과학의 발전은 물질을 낳는 정신적 실체나 초물질적이고 신비한 존재 등이 있을 수 없다는 것을 증명하고 있다.

세계는 물질로 이루어져 있는 이상, 존재 측면에서의 세계의 일반적 특징에 대한 해명은 물질의 보편적 특징에 대한 탐구를 통해 심화된다.[19]

물질은 인간의 사고방식에 관계없이 그 자체로서 실재하는 존재이다. 물질의 이러한 특징을 객관적 실재성 또는 객관적 존재성이라고 한다. 객관적 존재성은 인식론적 시각에서 찾아낸 물질의 보편적 특징이다. 레닌은 객관적 실재성을 물질을 특징짓는 기본적 징표로 간주하고 그것을 기초로 하여 물질을 정의했던 것이다. 물질의 객관적 실재성은 올바른 것이고, 그것은 의식이 1차적이고 물질은 그로부터 파생된다고 보는 관념론의 결함을 극복하는 데서 주요한 철학적 근거가 되었다.

그러나 물질에 대한 레닌의 규정에는 재음미해야만 하는 문제점이 있다. 레닌은 관념론을 극복하기 위해 의식에 대한 물질의 1차성을 규정하는 데 집중하는 나머지 물질의 유일한 속성은 객관적 실재성뿐이라고 간주했다. 이와 같은 점에서 레닌은 물질의 철학적 개념과 물질의 구조와 속성에 대한 자연과학적 견해를 엄밀히 구별해야만 하며, 물질의 철학적 개념 그 자체는 물질에 대한 자연과학

---

19   동게서. p.63.

의 심화 발전에 관계없이 변화하지 않는다고 강조했던 것이다.[20]

레닌의 이와 같은 견해를 교조주의적으로 해석하는 일부 마르크스주의 철학자들은 물질의 객관적 실재성에 대한 정의를 절대적 진리로서 받아들였다. 마르크스주의 철학자들은 물질의 구조와 속성에 대한 개별 과학의 연구 성과를 관념론적으로 왜곡하는 것을 부정하고 유물론적 해석에 대해서는 일정한 주의를 기울였지만, 물질의 보편성에 대한 새로운 해명과 물질에 대한 정의를 발전시키는 연구 성과에 대해서는 거의 무관심했다.

물질의 보편적 특징에 대한 철학적 해명은 물질의 객관적 실재성의 해명으로 끝나는 것이 아니다. 객관적 실재성은 세계에 존재하는 다양한 물질의 공통된 보편적인 특징이다.

물질은 발전 수준에서 차이가 있다. 무생명물질과 생명물질의 발전 수준이 다르다는 것은 말할 필요도 없고, 생명물질 가운데서도 발전 정도가 다른 많은 동식물이 있다는 것은 명백한 사실이다. 인간은 어떠한 생명물질보다도 발전 수준이 높은 물질이다.

객관적 실재성은 물질의 다양성을 표현하는 특징도 아니며, 물질의 변화 발전이 실현됨에 따라 새롭게 태어나는 특징을 보여주는 것도 아니다. 마르크스주의 유물론에서 물질은 변화발전한다고 하면서도 그것과는 관계없이 객관적 실재성을 물질의 본질을 특징짓는 유일한 보편적 특징이라고 간주하고 물질의 변화발전하는 본질적 특징 중에서 물질의 보편적 특징을 탐구하지 않은 것은 분명히 문제점이 있다.[21]

---

20   동계서. p.64.
21   동계서. p.64~65 참조.

2) 물질의 변화발전하는 보편적 특징과 주체성

앞에서 언급한 바와 같이 마르크스주의의 유물론은 세계가 물질로 성립되어 있으며, 그 물질은 객관적으로 실재하는 것이라는 점을 해명했다. 물질의 객관적 실재성은 모든 물질에 공통된 보편적 특징이며, 유물론의 기본을 이루는 것이다. 그러나 이와 같은 물질의 철학적 개념이 물질에 대한 해명을 모두 완성한 것은 아니다.

물질세계의 다양한 존재의 발전 수준과 그것에 상응하는 속성은 객관적 실재성만을 기준으로 해서 파악할 수 없다. 물질적 존재에는 그 발전 수준과 속성을 재는 기준이 되는 보편적 특징이 반드시 존재한다.

물질은 객관적 실재성과 함께 물질의 발전수준에 조응해서 각자 요구와 능력을 갖고 있다. 즉 무생명물질은 자신의 속성을 보존하고자 하는 능력을 갖고 있으며, 생물학적 존재는 생존하고자 하는 요구와 생존능력을 갖고 있으며, 사회적 존재인 인간은 자주적으로 생존하고자 하는 요구와 그것을 실현하는 창조적 능력을 갖고 있다. 한편 보존성은 생존성에 포섭되고, 생존성은 자주성에 포섭된다.

뒷부분의 〈그림1〉에서 볼 수 있는 바와 같이 발전단계를 달리하는 물질이 지니고 있는 보존성, 생존성, 자주성을 보편적인 철학적 개념으로써 명명한다면, 물질의 객관성에 대한 주체성이라고 말할 수 있다. 따라서 물질은 객관성과 더불어 주체성을 갖고 있다는 것이 밝혀지게 되었다. 종래 주체사상이라고 말한 것은 이 주체성의

발견에 의한 것이다.[22]

엄밀히 말하자면 주체사상은 정확한 표현이 아니다. 주체적 세계관이라고 해야 한다. 주체적 세계관에서 보면 종래의 유물론은 객관적 유물론이며, 주체적 세계관이 해명한 유물론은 주체적 유물론이다. 변증법에 있어서도 마찬가지이다. 물질은 모두 운동한다. 물질의 운동은 개관적 실재성을 전제로 하지만, 주체성이 물질의 운동에 있어서 주도적 역할을 수행한다.

종래 마르크스주의는 "물질이란 인간의 감각 밖에 존재하고, 인간의 감각에 반영되며, 촬영되고 묘사되는 객관적으로 존재하는 것"이라고 해명했다. 그것은 전적으로 올바른 해명이며 보편적 진리이다. 이것을 간단히 '물질의 객관성의 발견'이라고 말할 수 있다.

인간중심철학에서는 객관성을 기초로 해서 물질에는 각각 발전 단계에 조응해서 물질의 요구와 힘을 갖고 있다는 것을 발견했다. 이 물질의 요구와 힘이야말로 단적으로 말해서 진정한 물질의 주체성이다.

따라서 물질의 객관성뿐만 아니라 주체성을 갖고 있는 것을 해명했다.

물질은 무기물, 유기물 및 인간으로 대별할 수가 있다. 무기물질은 자기를 보존하려고 하는 요구와 보존하려고 하는 힘을 갖고 있다. 유기물은 보존하는 요구와 힘뿐만 아니라 생존하려고 하는 요구와 생존할 수 있는 힘을 갖고 있다. 인간은 보존과 생존의 힘뿐만 아니라 다른 어떠한 물질도 가질 수 없는 자주적 요구와 그것을 실

---

22   박용곤. 미 출판 원고(2016.4). p. 5 참조

현하는 창조적 힘을 갖고 있다. 이것을 추상적 개념으로서 정식화한다면 물질은 요구와 힘을 갖고 있다고 말할 수 있을 것이다.[23]

이와 같이 발전 단계를 달리 하는 물질이 지니는 보존성, 생존성, 자주성을 보편적인 철학적 개념으로서 명명한다면, 물질의 객관성에 대한 주체성이라고 말할 수 있을 것이다. 그러므로 물질은 객관성과 함께 주체성(주관성)을 지니게 된다. (그림1) 참조

그림1 물질의 객관성과 주체성과의 관계

물질의 주체성	자주적 요구와 창조적 힘			★
	생존의 요구와 힘		★	★
	자기보존의 요구와 힘	★	★	★
구분		무기물	유기물	인간
		물질의 객관성		

물질의 운동은 객관적 실재성을 전제로 하지만, 이러한 주체성이 그 운동에서 주도적 역할을 수행한다. 인간의 운명은 물질의 객관적 실재성에 기초하여 인간의 주체성, 즉 자주적 요구와 창조적 능력에 의해 개척된다.

물질의 객관적 실재를 전제로 하는 물질의 주체성[24]에 대한 해명

---

23 박용곤. 앞의 원고, p.216 참조
24 인간중심의 철학에서 '주체성'이라는 용어는 협의의 의미와 광의의 의미로 구분하여 사용된다. 전자는 물질의 객관성에 대응되는 개념으로서의 주체성이다. 여

은 물질의 발전 방향을 규정하며, 특히 인간의 운명을 개척하는 열쇠가 된다. 물질이 객관적으로 존재한다는 규정만으로는 인간의 운명 개척의 길을 직접적으로 해명할 수 없다. 물질의 주체성에 대한 파악은 인간의 본질적 특성에 대한 해명의 출발점으로 된다.

인간의 본질적 특징은 자주성과 창조성, 사회적 협조성과 의식성을 지니는 사회적 존재라는 점에 있다. 사회적 존재란 사회적 재부를 가지고 사회적 관계로 결합되어 생활하는 사회적 인간을 의미한다. 사회적 존재의 본질적 속성은 자주성과 창조성, 다시 말하면 자주적 요구와 창조적 능력이다. 자주적 요구가 세계를 자기에게 복무하게 하면서 그 주인으로서 살며 발전하고자 하는 생활적 요구라고 한다면, 창조적 능력은 세계를 자기의 요구에 따라 개조하고 이용하면서 살며 발전할 수 있는 생활능력이다. 이러한 자주적 요구와 창조적 능력이야말로 인간의 운명을 향상시키는 것이다.[25] 자주적 요구와 창조적 능력은 모든 물질의 속성 중에서도 가장 발전된 속성이다. 그렇다면 인간 이외의 물질의 속성은 어떠한 것일까?

세계는 다양한 물질에 의해 성립되어 있지만, 그것을 발전 수준에 비추어 분류하면 무생명물질(유기체), 생명물질(생물학적 존재), 인간(사회적 존재)의 셋으로 크게 구별할 수 있다. 인간에게 자주적 요구와 창조적 능력이 있듯이 무생명물질과 생명물질에게도 수준의 차이는 있어도 각각 나름의 요구와 능력이 있을 것이다.

사회적 존재는 고유한 사회적 특징을 지니는 존재이며, 자주적

기서는 물질이 지니는 자기보존성과 생존성, 자주성을 의미하며, 후자는 인간중심 철학 자체를 '주체철학'이라고 칭하는 경우로서 광의의 의미로 사용된다.

25 박용곤, 전게서, p.70.

요구와 창조적 능력은 사회적으로 형성되어 발전하는 사회적 속성이다. 따라서 사회적 존재가 물질적 존재로서의 공통성을 전혀 갖지 않는다는 것을 의미하는 것이 아니라 사회적 속성에는 물질의 속성으로서의 공통성이 있다는 것을 의미한다. 인간은 생명물질의 유구한 진화 발전의 산물이며, 생명물질은 무생명물질의 유구한 진화 발전의 산물이다.

이 세 가지는 물질의 역사 발전의 기본적 단계를 이루는 물질적 존재이다. 물질적 존재가 발전하면 그것에 체현되어 있는 속성도 발전하고, 그 발전은 계승과 혁신의 두 측면을 가지기 때문에 발전단계를 달리 하는 물질적 존재 사이에서는 질적 차이가 있을 뿐 아니라 그와 같은 질적 차이 가운데 일정한 유사성도 존재한다.

가장 발전된 물질의 본질적 속성 그 자체는 저급한 물질에게는 존재하지 않지만, 그것을 암시하는 유사성은 저급한 물질에게도 있을 수 있다. 이와 같은 시각에서 인간의 자주적 요구와 창조적 능력과 같은 것은 아니지만 그것을 암시하고 일정한 유사성을 띤 속성은 생명물질과 무생명물질에서도 발견할 수 있을 것이다.

무생명물질과 생명물질 및 사회적 존재는 물질로서의 공통성을 가짐과 동시에 차이를 지닌다. 무생명물질과 생명물질은 생명을 지니는 것과 지니지 못하는 것의 질적 차이를 가진다. 생명물질과 사회적 존재는 모두 생명을 지니는 공통성을 가지고 있지만, 자주적 요구와 창조적 능력을 가지는 것과 가지지 못하는 것의 질적 차이를 가진다.[26]

---

26 동게서, pp.70-71 참조.

생명물질이 생명을 지니고 있다는 것은 그것이 생존하고자 하는 요구와 그와 더불어 합목적적으로 작용하는 생활능력을 가지고 있다는 점에서 표현된다. 인간도 생명을 지니는 물질인 이상, 생존하려고 하는 요구와 생존능력을 지니고 있다는 점에서는 동물과 공통점을 지닌다. 그러나 인간의 생존하고자 하는 요구와 생활능력을 동물의 그것과 대비할 때 인간의 그것이 훨씬 우월하며 질적으로 고차원의 발전단계에 있는 속성이라는 것을 알 수 있다.[27]

물론 생명물질과 무생명물질은 질적으로 상이한 물질이기 때문에 무생명물질에도 생명물질과 같이 개체 보존과 종 보존의 본능적 요구 및 그에 따라 작용하는 생활능력이 있다고는 생각할 수 없다.

그러나 물질 자신이 운동의 원인과 원동력을 가진다는 유물론적 원리에서 보면 무생명물질에도 일정한 성질이 있다는 것은 분명하다. 현대의 물리학이 이것을 증명하고 있다.

빅터 · F. 바이스코프 교수는 그의 저서 「지식과 경이」(1966) 속에서 원자의 3가지 기본적 특징으로 (1) 안정성 (2) 동일성 (3) 복원성을 들면서 다음과 같이 설명하고 있다. 즉 안정성이라는 것은 원자가 심한 충격이나 기타 영향을 받아도 특유의 성질을 보존하는 성질이고, 동일성이라는 것은 같은 종류의 모든 원자(같은 전자 수 Z)는 거의 동일한 성질을 보인다는 것으로 같은 진동수의 빛을 흡수하기도 하고 방출하기도 하며 똑같은 크기, 형태, 내부운동을 가진다는 성질이다. 복원성이라는 것은 만일 원자가 왜곡되어 높은 압력이나 가장 가까운 원자에 의해 전자궤도가 변화되었다 해도 왜곡

---

27   동게서, p,72.

된 원인이 제거되면 정확히 원래와 똑같은 형태와 궤도로 되돌아간다는 성질이다.[28]

이처럼 원자가 가진 안정성, 동일성, 복원성 등의 성질은 무생명물질이라도 모든 물질은 물질로써 고유한 성질을 보존하려는 성질을 가진다는 것을 보여준다. 즉 무생명물질이라도 인간처럼 목적의식적이거나 동물처럼 본능적 생명활동은 아닐지라도 자기의 고유한 성질을 보존하려는 지향성을 가진다는 것을 보여 준다. 이와 같은 지향성은 물질이 자기특성을 보존하기 위해서는 자기를 발전시키지 않으면 안 되기 때문에 자기보존성에는 자기발전성까지 포함할 수 있을 것이다. 그렇기 때문에 물질이 지닌 자기를 보존하려는 성질과 자기를 보존하기 위해 자기를 발전시키지 않으면 안 되는 성질을 우리는 무생명물질 운동의 근본원인이라고 본다. 그리고 우리는 무생명물질이라도 자기를 보존 발전시키려는 성질을 운동의 주체로써 무생명물질이 지닌 본질적 속성이라고 본다.[29]

인간중심의 철학에서 무생명물질도 자기존재를 유지하려는 성질이 있다고 가정하는 것과 과학자들이 물질에게는 자기안정을 유지하려는 성질이 있다고 가정하는 것은 똑같은 것이다. 따라서 자기를 보존하려고 하는 성질과 그것을 실현할 수 있는 능력이 물질적 존재에 따른 차이는 있어도 공통된 속성이라고 볼 수 있다. 무생명물질의 자기를 보존하려고 하는 성질과 그것을 실현할 수 있는 능력은 생명물질의 생존하려고 하는 요구 및 생활능력과는 질적으로 다른 것이고, 동물의 생존하려고 하는 요구와 생활능력은 인간의

---

28 이노우에 슈하치. 전게서, p.56.
29 동게서, p.58 참조.

자주적으로 살고자 하는 생활적 요구 및 창조적인 생활능력과는 질적으로 다르다.

발전 단계별로 물질이 질적인 차이가 나타나는 것은 이들 물질이 모두 물질의 결합체라는 공통성을 가지고는 있지만 그 결합수준에서는 큰 차이가 나기 때문이다. 물질의 결합수준이 높은 물질일수록, 즉 대립물의 통일수준이 높을수록 더 발달한 물질이다. 그래서 인간은 복잡한 대립적 요소의 결합체로써 가장 정밀한 유기적 통일체이고 가장 발달한 물질적 존재이다.

이와 같이 물질이 보존하려고 하는 요구와 힘, 생존하고자 하는 요구와 힘, 자주적 요구와 창조적 힘은 물질의 발전 수준에 따라 다르지만, 어떠한 물질도 요구와 힘을 지니기 때문에 물질은 존재하고 발전하는 것이다. 물질이 지니는 이 요구와 힘이야말로 물질의 객관적 실재성에 대한 주체성이다. 인간의 자주적 요구가 높아지고 창조적 힘이 발휘됨으로써 비로소 운명은 개척된다. 물질이 지니는 요구와 힘은 인간중심 철학의 기본적 내용으로 규정한다.[30]

이상과 같은 물질 개념의 분석에 따른 결론은, 마르크스주의 이전의 유물론을 소박한 기계론적 혹은 주관적 유물론이라고 한다면 마르크스주의 유물론은 과학적이고 객관적인 유물론이라고 말할 수 있으나, 인간중심의 세계관이 해명하는 유물론은 과학적이며 객관적인 것을 전제로 하여 물질의 주체성을 밝힌 주체적 유물론이라고 말할 수 있다는 것이다.

30　박용곤, 전게서, p.75.

3) 물질의 구조, 성질, 운동과 그 관계

물질의 기본구조는 대립물의 통일이고, 물질의 성질은 어떤 대립물이 통일되는가 하는 물질의 구체적 구조에 따라 생겨난다. 또한 물질의 성질은 물질의 운동에 의해 드러나고 우리들은 물질의 운동을 통해서 그 물질의 성질을 알 수 있다.

세계에 존재하는 여러 가지 물질은 모두 물질이라는 점에서 동일성을 가진다. 이렇게 볼 때 존재의 기본적 구조는 동일성과 차이성의 통일, 곧 대립물의 통일이다. 세계에 존재하는 이러저러한 물질은 모두 물질로써 공통성을 가지고 있음과 동시에 다른 물질과 구별되는 그 자체의 특성을 가지고 있다. 동시에 각각의 물질적 존재는 다른 물질적 존재와 구별되는 그 자체의 특성을 가지고 있다. 모든 물질적 존재는 공통성을 가지고 있기 때문에 하나의 물질세계로서 연관을 가지고 있다.

동시에 각각의 물질적 존재는 다른 물질적 존재와 구별되는 특수성을 가지고 있기 때문에 다른 물질과는 다르게 존재한다.

세계에 존재하는 물질은 전체로서 눈에 보이지 않는 연관 속에 있으면서 눈에 띄는 하나의 실체로서 완전히 독립된 사물로 존재한다. 세계에는 완전히 고립해서 존재하는 물질은 있을 수 없다. 오히려 모든 물질은 물질세계의 전체적 연관 속에서만 존재한다. 또한 모든 물질은 무질서하게 결합된 것이 아니고 일정한 법칙에 따라 결합하면서 운동·변화·발전하고 있다. 변증법적 유물론의 물질관은 물질세계에 존재하는 모든 사물을 연관성과 독립성으로 파악한다.[31]

즉 어디까지나 물질세계는 전체로서 서로 떼어낼 수 없지만 각각의 사물은 어느 한계(限界) 안에서 상대적 독립성을 가지고 변화한다는 것, 곧 사물은 상대적 독립성을 가지고 존재한다는 점을 인정한다. 세계에 존재하는 각각의 물질은 모두 다른 물질과는 다른 독자성, 특수성을 가지고 있기 때문에 서로 대립하면서도 각자 공통성에 근거하여 하나의 물질세계로 통일되어 있다. 물질세계의 통일은 대립을 포함하고 있기 때문에 상대적이고, 물질세계의 대립은 그들의 통일에 근거하고 있기 때문에 상대적이다.

모든 물질의 내적 구조는 대립물의 통일이고, 물질은 그 모순적 구조에 의하여 성질을 규정받고 있다. 아울러 물질은 그 성질에 의해 일정한 공간을 차지하면서 시간의 흐름에 따라 자기운동을 행한다. 이것은 소립자와 같은 기본적인 물질에서도 확실히 볼 수 있다.[32]

물질세계의 변증법적 성질은 시간과 공간에서도 이것을 볼 수 있다. 물질은 일정한 공간을 차지하면서 시간의 흐름 속에서 운동한다. 세계는 시간적으로 영원한 옛날부터 존재하고 공간적으로는

31　이노우에 슈하치 . 전게서, pp.48-49 참조.
32　우주는 소립자의 결합으로 볼 수 있는데 그들 소립자는 끊임없이 매우 짧은 시간동안 발생과 소멸을 반복하며 다른 소립자로 전환하고 있다. 소립자는 이미 알려진 물질 중에서 가장 불안하고 가장 능동적이다. 아무것도 없는 진공 중에 1개의 소립자, 예를 들면 중성자(뉴트론)가 존재한다면 이것은 다른 물체로부터 아무런 작용을 받지 않아도 일정한 평균수명을 가지고 다른 소립자 곧 양자와 전자, 반뉴트리노로 변한다. 이 경우 진공속의 1개의 중성자가 자연붕괴하는 것은 다른 물질과 상호작용 없이 변화 운동하는 것으로 보이지만 사실은 그렇지 않다. 1개의 중성자가 주어진 때부터 거기에 존재하는 것은 단순히 한 개의 중성자가 아니다. 그것은 양자장, 전자장, 뉴트리노장과 상호 작용하고 있는 중성자장이며 그들 사이의 상호작용에 의해 연속적·인과적인 변화가 일어난다. 즉 하나의 중성자운동은 양자, 전자, 뉴트리노의 자립인 장속에서의 중성자운동이고, 자립적으로 존재하면서 서로 다른 것을 전제로 하고 그들과의 연관 속에서 전개하는 운동이다.

무한히 존재하는 물질로 이루어진다. 물론 개개의 물질은 시간적으로도 공간적으로도 한정되지만 물질일반은 시공과 함께 영원히, 무한히 존재한다. 물질과 공간과 시간은 따로 구별되는 것이 아니고 서로 떼어 놓을 수 없는 연관을 맺고 있다. 우리는 물질의 운동 없이는 시간과 공간에 대하여 생각할 수 없다. 물질은 시간과 함께 운동하고 물질이 운동하는 곳이 공간이다.

시간과 공간은 무한함과 동시에 무한히 나눌 수 있기 때문에 연속적이면서도 불연속적이다. 연속적인 것과 불연속적인 것과의 통일이라는 점에 시간과 공간의 중요한 특징이 있다. 모든 물질은 시간적 공간적으로 존재하고 운동한다.

사물의 운동은 전체로서 파악할 때 끊임없는 연속선상에 있다. 그러나 부분적으로 볼 때 가는 곳마다 중단되고 여러 가지 요소로 나누어진다. 운동의 참모습은 연속성과 불연속성과의 통일이고 사물의 운동은 불연속을 포함한 연속이다.

뉴턴역학은 물질존재에 영향을 받지 않는 시간과 공간을 가정함으로써 거대한 체계를 형성했다. 뉴턴은 시간은 외적 관계에 대해 독립해서 흘러가고 공간도 어디에 있든 그 자신 똑같은 크기라고 생각했다. 그러나 20세기에 들어와서 아인슈타인은 공간과 시간은 운동하는 물질의 존재형식이기 때문에 물질과 운동을 떠난 뉴턴의 이른바 '절대공간'이나 '절대시간'은 존재하지 않는다고 밝혔다. 즉 물질의 운동이 거기에서 생기고, 존재하고, 소멸해 가는 것이 시공(時空)이다. 물질은 시공에 의해서만 존재할 수 있고 물질의 존재양식 그 자체가 시공인 것이다.

일반상대성이론에서는 시공과 물질의 관계는 단순한 시공이 물질의 존재양식이라는 이해에서 한걸음 더 나아가 규정되고 있다. 곧 장(場)[33]이라는 물질의 존재와 시공의 존재방식은 서로 규정되며 서로 떼어 놓을 수 없는 것으로 파악한다. 장(場)은 시공에서만 존재하고 또한 장이 존재하지 않는 시공은 어떠한 점도 없다. 이러한 의미에서 장의 이론에서 시공의 존재와 장이라는 물질의 존재는 일원적으로 연결되며 서로 떼어낼 수 없다. 장의 이론에서는 모든 물질은 장이고 물질이 존재하지 않는 시공은 없기 때문에 시공은 장이라는 물질이라고 한다. 장의 이론에서는 어떤 경우에 각각의 소립자를 대응하는 장으로 표현하며 쿼크, 글루온(gluon)[34], 렙톤(lepton)[35], 광자(Photon)[36] 등은 장에 의해 각각 소립자장을 구성한

---

33 현대 물리학에서는 장(場)이라는 것은 공간의 각 점에서 그 점에 속하는 양이 정해져 있는 경우 그 공간을 가리키는 개념이다. 예를 들어 질량, 온도 등과 같이 하나의 수량에 의해 완전히 표현되는 양은 스칼라장이라고 부르고 크기, 방향을 가진 백타라면 백타장이라고 하며 전장, 자장이라고 부른다. 양자역학에서 전자장의 일종인 광(光)은 광자라는 입자로 되어 있기 때문에 장은 동시에 입자를 나타내는 수도 있다.

34 원자는 원자핵과 전자로 이루어져 있고, 원자핵은 양성자와 중성자로 이루어져 있다. 양성자와 중성자는 6종류의 쿼크(quark) 중 3개의 쿼크가 모여 만들어지는데, 글루온은 바로 이 쿼크들을 엮어 놓는 힘인 힘이 강한 상호작용을 전달하는 소립자(素粒子)이다. 출처 두산백과

35 자연계에는 두 종류의 기본적인 입자가 있다. 원자핵 속의 입자와 원자핵 바깥에 있는 입자다. 원자핵 속의 입자는 양자와 중성자 등으로 하드론(강하다는 뜻의 그리스어)이라고 불린다. 원자핵 바깥에 있는 입자를 렙톤(약하다는 뜻의 그리스어)이라고 하며, 경입자(輕粒子)라고도 한다. 렙톤은 쿼크로 구성돼 있지 않고 그 자체가 기본 입자라고 알려져 있다. 렙톤의 종류는 6개다. 이 가운데에서 전자(electron), 뮤온(muon), 타우온(tauon)은 음의 전하를 가지고 있고, 각각에 대응되는 3개의 중성미자(뉴트리노, neutrino)는 전하를 가지고 있지 않다. 출처 시사상식사전, pmg 지식엔진연구소, 박문각

36 빛을 입자로 이해할 때 에너지가 h · v이고(h 플랑크 상수, v 진동수) 광속으

다. 이와 같이 장의 이론에서는 물질적 존재와 시공은 내용적으로는 나눌 수 없는 한 몸을 이룬다고 볼 수 있다.[37]

앞에서 서술했듯이 세계에 존재하는 모든 사물은 대립물의 통일로 이루어지고, 세계의 다양한 물질은 그 물질성에 의해 물질세계를 형성한다. 동시에 각각의 물질이 지닌 독자적인 성질에 의해 끊임없이 상호작용을 하면서 운동·변화·발전하고 이 과정에서 다른 물질과 결합하여 그 양을 증대하고 질을 높여나간다. 모든 물질은 다른 물질에 대해서 물질로서 동일성을 가지면서 동시에 다른 물질과는 서로 다른 상이성을 갖는다. 그리고 물질은 동일성을 지닌 다른 물질과 결합할 뿐 아니라 자기를 보존·발전시키기 위해 도움이 되는 상이성을 가진 다른 물질과도 결합한다. 보통 무생명물질의 상호작용에서는 각각의 물질이 똑같은 수준에서 서로 영향을 주고 있다. 이 경우 어느 것이 주동적이고 어느 것이 수동적인가를 구분하기는 곤란하다. 그런데 생명유기체가 환경과 상호작용을 행하는 경우는 주동과 수동의 차이가 확실하고, 생명유기체는 주동적으로 자기의 특성을 보존하고 또 발전시키는 방향에서 환경을 이용한다.

생명유기체는 생활환경 중에서 주위의 물질을 동화하면서 그 존

___

로 이동하는 빛의 입자를 광자라 한다. 많은 에너지를 가진 감마선과 X선부터 가시광선을 거쳐 적은 에너지를 가진 적외선과 라디오파에 이르기까지 모든 에너지 상태에 걸쳐 존재한다. 광자의 개념은 1905년 아인슈타인이 광전 효과를 설명하기 위해 도입했는데, 그는 빛이 전파되는 동안 불연속적인 에너지 다발이 존재한다는 광양자설(光量子說)을 제안했다. 1923년 미국 물리학자 아서 콤프턴(Arthur Compton, 1892~1962)이 X선의 입자성(粒子性)을 밝힌 뒤 이 개념이 널리 사용되었으나, '광자'라는 용어는 1926년에 와서야 사용되었다. 출처 지구과학사전, (사)한국지구과학회, 2009.8.30, 북스힐

37 이노우에 슈하치, 전게서, pp.50-51 참조

재를 유지하고 번식한다. 그리고 환경에 더 잘 순응할 수 있도록 자기의 구성요소(構成要素)와 결합구조(結合構造)를 변화시켜 나간다. 마침내 각기 다른 환경 속에서 다른 특성을 가지고 성장해온 생명유기체가 서로 결합해서 더욱 다양한 생활요소와 생활능력을 가진 새로운 생명유기체가 생긴다.

이처럼 물질의 성질과 구조, 운동은 불가분의 관계에 있다. 곧 물질은 그 성질에 따라 더 복잡한 구조를 가진 물질로 발전하고, 더 복잡한 구조를 가지게 됨으로써 더욱 발전된 성질에 의해 더 복잡한 물질로 발전한다.

물질운동의 성질을 결정하고 이 운동을 추진하는 힘은 어디까지나 물질 그 자체에 있다. 물질은 그 본질적 속성에 의해 운동하고 이 운동을 자기의 힘으로 전개한다. 그리고 물질의 발전이란 것은 우선 물질적 요소가 다양해져 그들 간의 결합구조가 변화·발전하면서 새롭고 더욱 고급한 통일체로 이행하는 것을 의미한다.[38]

물질의 성질이 달라지는 것은 물질의 구성요소와 결합구조가 달라지기 때문이며, 물질의 운동이 달라지는 것은 물질의 성질이 달라지기 때문이다. 다른 한편 물질의 운동을 통하여 물질의 구성요소와 결합구조가 달라질 수 있고, 이렇게 되면 물질의 성질이 달라지고 이에 따라 물질의 운동도 달라질 수 있는 것이다.

운동은 상호작용을 의미하며 상호작용 과정에서 물질이 결합되거나 분해되어 그 구성요소와 결합구조가 달라질 수 있다. 따라서 물질의 성질과 운동을 규정하는 기본 요인은 물질의 구성요소와 결

---

38 동계서. pp.52-54 참조.

합구조(물질의 존재)이지만, 물질을 변화하게 만드는 요인은 운동이라고 볼 수 있다.[39]

물질의 구성요소와 결합구조, 물질의 성질, 물질의 운동의 상호관계를 인식한데 기초하여 인간은 임의의 성질을 가진 물질을 만들어 낼 수 있다는 결론을 짓게 된다. 만일 인간이 어떤 성질을 가진 물질이 필요하다면, 그 성질을 가지기 위해서는 우선 어떤 구성요소와 결합구조가 필요한가를 과학적으로 확정하여야 한다. 그 다음에는 그러한 구성요소가 해당한 결합구조를 가지고 결합되기 위해서는 어떤 운동이 필요한가를 과학적으로 확정하여야 한다. 즉 우리에게 필요한 성질을 가진 물질을 만들어 내기 위해서는 그러한 물질의 구성요소와 결합구조를 인식한 다음, 결합시키는 방법을 밝히는 것이 필요하다.[40]

4) 물질의 존재와 속성

물질의 존재와 그 속성은 불가분하게 연결되어 있다. 성질 그 자체가 물질은 아니다. 물질의 성질은 물질이 가지고 있는 성질을 말하는데 그것은 눈으로 볼 수도 손으로 만질 수도 없지만 물질에 속하는 성질이다. 그렇기 때문에 그것을 물질의 속성이라고 부른다.

물질이 없다면 성질도 없고, 성질을 갖지 않는 물질도 또한 존재하지 않는다. 물질의 속성 중에는 여러 물질에 공통된 것도 있고 특정한 물질에만 고유한 것도 있다. 보통 어떤 물질의 질이라고 하는

---

39   황장엽 지음, 『세계관』 시대정신, 2003 p.58.
40   동계서, 같은 면

경우는 그 물질에 고유한 속성을 가리킨다. 물질의 속성은 다른 물질과 관계에서 반응으로 나타나기 때문에 그 자체로는 볼 수도 만질 수도 없다.

어떤 물질이 다른 물질과 상호작용에서 그것을 끌어들인다면 그 물질이 다른 물질을 끌어들일 수 있는 속성을 가지고 있기 때문이라고 볼 수 있다.[41]

물질의 속성인 질은 어디까지나 그 물질에 속해 있고 단지 다른 물질과의 관계에서 그것이 작용하고 표현될 뿐이다. 물질에 양적 규정성밖에 다른 물질과 반응하는 속성이 없다면 물질의 운동·변화·발전은 일어날 수 없을 것이다. 실로 물질이 다른 물질에 대해 반응성을 가지고 있기 때문에 물질의 상호작용이 일어나고 변화·발전이 생기는 것이다.

물질 그 자체와 성질을 똑같은 것으로 보아서는 안 된다. 물질의 성질은 어디까지나 물질을 떠나서는 작용할 수 없고 또 물질의 속성이 작용할 때에는 반드시 물질의 운동이 뒤따르지 않으면 안 된다. 그러나 속성은 물질이 아니다. 물질의 속성(질)은 눈으로 볼 수도 만질 수도 없지만 그렇다고 이해할 수 없는 신비한 것은 아니다. 왜냐하면 물질의 성질은 직접 눈으로 볼 수 없어도 성질을 체현하고 있는 물질은 눈으로 볼 수도 있고 양적으로 파악할 수도 있다. 또한 물질의 성질은 물질의 운동으로 나타나기 때문이다. 물질의 성질은 물질과 떨어져 있는 것이 아니고 물질 속에 있는 성질, 바로 물질의 속성인 것이다.

---

41   이노우에 슈하치 전게서, p.76.

관념론자들은 물질의 속성을 물질로부터 떼어내서 객관적으로 존재하는 독립된 물질적 존재인 것처럼 이해한다. 그래서 헤겔은 세계사를 절대정신의 자기발전이라고 생각했다.

물질의 존재와 속성은 동일한 것이 아니다. 때문에 우리가 물질의 발전 정도를 비교할 때 속성과 존재를 동일한 차원에서 비교해서는 안 되고 반드시 존재는 존재와 비교하고 속성은 속성과 비교하지 않으면 안 된다.[42]

정신은 존재가 아니고 물질의 속성이기 때문에 존재와 속성을 비교해서 어느 것이 먼저이고 어느 것이 나중이냐고 논하는 것은 어리석다. 물론 물질적 존재가 있고서 속성이 있기 때문에 속성은 존재를 전제하지 않으면 안 된다. 그렇기 때문에 정신과 물질 중 어느 것이 먼저 존재했는가를 밝히기 위해서는 정신작용을 가진 물질이 먼저 존재했는가, 정신작용을 갖지 않는 물질이 먼저 존재했는가를 밝히지 않으면 안 된다. 또한 정신작용을 가진 물질에서 정신작용을 갖지 않은 물질이 발생한 것인가, 아니면 정신작용을 갖지 않는 물질의 발전결과로써 정신작용을 갖는 물질이 발생했는가를 해명하지 않으면 안 된다. 애초에 정신과 물질 가운데 어느 것이 먼저 존재했는가 하는 식으로 문제를 설정하는 것 자체가 비과학적이다.

이미 과학은 정신작용을 갖지 않는 단순한 물질이 먼저 존재하고 그들 물질이 결합해서 더욱 고급한 물질로 진화·발전하는 과정에서 가장 발달한 물질적 존재의 속성인 정신작용이 발생했다는 것

---

42   동계서, p.77 참조.

을 밝히고 있다. 이로써 정신이 물질과 똑같이 독립적으로 존재하는 실체로 생각하는 관념론자의 오류가 밝혀졌다.

그러나 의식이 물질이 지닌 속성이라고 해서 의식이 수행하는 역할을 낮게 평가하는 것은 잘못이다. 원래 정신은 존재가 아니고 속성이기 때문에 물질적 존재에 의해 규정되기는 하지만 가장 발달한 물질의 가장 고도한 기능이기 때문에 발전이 느린 물질의 저급한 기능보다 우위에 있고 물질의 상호작용에서도 주동적인 역할을 수행한다. 물질의 선행성을 강조하는 나머지 정신작용의 주동적인 역할을 부정하는 것은 유물론의 원칙과 관계없다. 정신은 존재가 아니기 때문에 물질과의 관계에서는 선행성을 가질 수 없으나, 의식이나 정신은 가장 발달한 물질의 속성이기 때문에 속성의 면에서는 발전이 느린 물질의 속성에 비교해서 우월성을 갖는 것은 당연하다.[43]

의식이나 정신은 물질로부터 생겨나고 물질로부터 규정되지만, 정신적 작용이 수행하는 주동적 역할은 부정할 수 없을 뿐 아니라 그 역할은 매우 크다.

5) 물질의 양과 질

물질은 일정한 양을 가지고 존재한다. 따라서 물질의 존재는 물질의 양에 있어서 더욱 구체적으로 나타난다. 그러나 물질의 존재, 존재하는 물질은 단지 양만을 가질 뿐 아니라 일정한 질도 가지고

---

43 동게서, p.78 참조.

있다. 모든 물질은 양적 규정성과 질적 규정성의 통일이다.

물질의 양과 질은 밀접한 연관 속에서 상호작용을 하고 서로 의존하면서 통일되어 있다. 물질의 양은 질의 기초이다. 왜냐하면 물질은 먼저 양적으로 존재하고, 양적으로 존재하지 않고 질적으로만 존재하는 물질은 세상에 없기 때문이다. 이런 의미에서 물질의 양적 규정성이 질을 규정한다고 말할 수 있다. 물질의 양적 규정성에는 반드시 일정한 질적 규정성이 상응한다. 한편 물질의 질이 양을 규정하는 면이 있다.

물질의 양적 존재 자체를 변화시키는 것은 물질의 질이다. 왜냐하면 물질의 질이 물질운동의 원인으로 되고 그 운동에 의해 다른 물질과 결합하기도 하고 배척하기도 하여 물질의 존재양식을 규정하기 때문이다. 이런 의미에서 물질의 양은 질에 의존한다고 말할 수 있다. 곧 물질의 양적 발전과 질적 발전 사이에는 물질의 양적 변화에 따라 질이 변화하는 면이 있을 뿐 아니라 질의 작용에 의해 양이 변화하는 측면도 있다.[44]

물질의 양적 규정성과 질적 규정성은 모두 존재를 규정하는 지표이다. 물질은 오직 다른 물질과 상호작용을 통해서만 변화한다. 상호작용 과정에서 물질은 분열하기도 하고 결합하기도 한다. 다른 물질을 끌어들이기도 하고 끌려가기도 하며 물질이 서로 결합하기도 하고 분리하기도 한다. 그리고 이와 같은 과정에서 물질의 양이 변하고 질이 변화한다. 다른 물질과의 이와 같은 상호작용은 물질의 속성, 즉 질의 작용이다.

---

[44] 동게서, p.79.

물질의 능동적인 측면을 대표하는 것은 양이 아니고 질이다. 물질운동의 원인과 원동력은 질적 규정성에 속한다. 물질운동의 원인과 원동력으로 되는 자기특성을 보존하려고 하는 성질과 이 성질에 의해 운동하는 능력이 다름 아닌 물질의 질이다.

인간이 물질에 대해 절실한 이해관계를 갖는 것은 물질의 양이 아니고 그 성질이다. 물질의 성질 중에는 인간에게 유익한 것도 있지만 해로운 것도 있다. 따라서 우리에게 중요한 것은 물질이 얼마나 유익한 성질이 있고 얼마나 불리한 성질이 있는가를 밝히는 것이다. 그러므로 인식의 출발점은 물질의 양에 대한 인식이 아니고 그 성질에 대한 인식이다.[45]

인간은 현존하는 물질의 성질을 이용할 뿐 아니라 물질의 성질을 자기 요구에 맞게 개조하는 것에도 이해관계를 갖는다. 인간의 창조적 활동의 기본내용은 물질의 성질을 자기 요구에 맞게 개조하는 것이다. 일반적으로 인간에게 유익한 물질의 성질을 만들기 위해서는 여러 가지 물질요소의 일정량을 일정한 구조로 결합하지 않으면 안 된다. 그것은 물질의 성질이 그것을 구성하는 각종 물질의 결합구조에 따라 달라지기 때문이다.

헤겔은 순수한 유(有)(순수한 존재)로부터 출발했는데 그는 어떤 규정성도 없는 이 순수한 유는 무(無)와 똑같다고 보았다. 그에 의하면 순수한 유가 현실적으로 존재하기 위해서는 반드시 존재에 대한 어떤 규정성을 갖지 않으면 안 되는데 이 규정성이 질이고 질이 다름 아닌 존재양식이라고 보고 질과 존재를 동일시했다. 이처럼

---

45 동게서, pp.79-80 참조.

질과 존재를 일치시키는 것이 헤겔관념론의 특징이다. 관념론은 사물의 성질 그 자체를 존재 또는 실체로 보는 견해이다. 관념론자는 물질의 속성인 정신을 존재로 간주하고 물질적 존재는 정신 이외의 존재형식이라고 주장한다. 그러나 정신작용은 물질의 존재가 아니고 물질의 고도한 성질의 작용이다. 물질의 성질을 존재로 보아서는 안 되고 그와 같은 성질을 지닌 물체의 실체를 존재로 보아야 한다.[46]

모든 물질은 양적 규정성과 질적 규정성의 통일적 존재다. 양적 규정성만 가지고 있는 물질이나 질적 규정성만 가진 물질 등은 있을 수 없다. 그렇기 때문에 양과 질 중에서 어느 것을 출발점으로 삼든 상관 없는 듯이 보인다. 그러나 유물론은 물질이 있고 비로소 운동이 있기 때문에 일정양의 물질이 존재하여 비로소 그 물질에 체현되는 성질이 있다는 관점에서 출발한다.[47]

물질의 양과 질은 물질구조에 의해 보장되고 규정된다. 원래 양과 질은 물질 그 자체의 규정성이기 때문에 그들의 통일은 물질 자체에 의해서만 보장된다. 어떤 물질이 하나의 물체로 통일되어 일정한 양과 질을 갖는다는 것은 물질이 일정한 내부구조로 결합된다는 것이다. 내부구조가 파괴되면 물질의 통일도 파괴되고, 물질의 통일이 파괴되면 물질의 양과 질의 통일이 파괴된다. 이것으로부터도 물질의 양과 질을 통일시키는 것은 물질의 내부구조라는 것을 알 수 있다.[48]

46　동계서, p.81.
47　동계서, 같은 면.
48　동계서, p.82.

물질의 양적 발전과 질적 발전은 상호 연관되어 있다. 물질이 서로 결합하면 더욱 발전된 물질이 생길 수 있다. 다른 특성을 가진 물질이 많이 결합할수록 더 복잡하고 고급한 성질과 우수한 운동능력을 가진 새로운 물질이 발생한다.

물질의 결합수준이 높아짐에 따라 더욱 고도의 주체적 속성과 주동성을 가진 새로운 물질이 발생한다는 진리로부터, 우리는 무생물의 진화 과정에서 생명물질이 생기고 단순한 생명물질이 진화해서 가장 고급한 생명물질이 생겼다는 것을 이해할 수 있다. 생명은 물질의 양적 규정성이 아닌 질적 규정성에 속한다. 생명은 물체가 아니라 속성이기 때문에 볼 수도 만질 수도 없지만 결코 신비한 것은 아니다. 그것은 고급한 물질의 속성에 불과하다.[49]

인간의 생명은 가장 발달한 물질의 속성이다. 그것은 인간의 육체적 존재에 체현되고 있는 물질의 속성이다. 육체를 떠난 생명은 존재하지 않는다. 그러나 육체의 운동을 지배하는 것은 물질의 속성인 생명이다.

생명체의 속성을 떠나서는 생명체의 존재 그 자체를 생각할 수 없다. 인간의 정신작용은 생명체의 속성이다. 그것은 뇌수라는 물질적 조직을 가진 육체를 떠나서는 작용할 수 없지만 그것이 육체의 운동을 지배하는 것도 사실이다. 관념론자가 정신이 육체를 지배하는 초(超)물질적인 실체라고 착각하는 것도 이 때문이다.

세계의 사물은 상대적인 질적 안정성과 끊임없는 변화·발전과의 통일이다. 모든 사물이 일정한 질을 가지고 있다는 것은 모든 사

---

49 동계서, pp.83-84 참조.

물이 상대적인 안정 상태에 있다는 것을 의미하고, 모든 사물이 운동·변화 과정에 있다는 것은 그 안정성이 절대적이지 않고 상대적이라는 것을 보여 준다. 물질의 양적 변화는 상대적 안정성을 가진 같은 질의 틀 안에서의 변화이고, 물질의 질적 변화는 낡은 질의 틀이 파괴되어 새로운 질이 생기는 변화이다. 양적 변화에서도 양적 규정성만이 아니고 질적 규정성의 변화까지도 뒤따르는데 이 변화는 낡은 질을 파괴하는 정도까지는 아니고 그 틀 안에서 행해진다. 보통 하나의 질적 상태 안에서의 변화는 상대적 안정 상태에서의 변화이기 때문에 서서히 진행하지만 낡은 질이 파괴되어 새로운 질이 생길 때의 변화는 상대적인 안정상태가 파괴되는 변화이기 때문에 급격하고 비약적으로 일어난다.[50]

5. 결론

이상과 같은 물질 개념의 분석에 따른 결론은, 마르크스주의 이전의 유물론을 소박한 기계론적 혹은 주관적 유물론이라고 한다면 마르크스·엥겔스는 세계는 객관적으로 존재하는 물질로 이루어지고 그것은 끊임없이 변화·발전한다는 변증법적 유물론의 진리를 밝혔다.

따라서 마르크스주의 유물론은 과학적이고 객관적인 유물론이라고 말할 수 있으나, 인간중심의 철학이 해명하는 유물론은 과학적

---

50 동게서, p.85 참조.

이며 객관적인 것을 전제로 하여 물질의 주체성을 밝힌 주체적 유물론이라고 말할 수 있다는 것이다. 동시에 물질세계에서 가장 발달한 존재는 인간이고 인간만이 세계에서 유일하게 자주성과 창조성, 사회적 협조성과 의식성을 가진 물질적 존재라는 점을 해명했다. 그리고 이 해명을 출발로 하여 마침내 무생물에 관해서도 인간중심철학의 물질관을 확립한 것이다.[51]

물질개념에 대해서 이와 같은 연구는 그동안 알려졌던 소위 철학적 개념과 자연과학적 개념 사이의 「대립」의 고차(高次)적인 지양(止揚)을 의미하고 있다. 철학적 제(諸)개념은 자연과학적 제성과를 자신의 것으로 받아들이며 그것을 철학적으로 추상화함으로써 끊임없이 자기를 발전시키지 않으면 안 된다.[52]

본고에서 논급한 물질의 근본적인 속성해명을 위한 연구는 자연과학적 성과의 철학적 일반화의 과정을 거치므로 일조일석에 이루어지는 것은 아니다. 그러나 가장 발달한 물질인 인간에 대한 연구와 물질의 구극(究極)에 대한 현대자연과학의 연구의 일정한 단계에서 반드시 달성될 것이며, 그렇게 하는 것이야말로 세계의 모든 존재와 운동을 물질의 근본적 속성으로부터 설명하는 유물론의 새로운 단계가 도래할 것으로 확신하고 있다.

---

51 박용곤, 전게서. p.75.
52 동게서. 같은 면.

참고문헌

황장엽 지음, 『인간중심철학의 몇 가지 문제』 시대정신, 2003

황장엽 지음, 『세계관』 시대정신, 2003

박용곤 지음, 『사랑의 세계관』 시대정신, 2012

박용곤. 미출판 원고, 2016.4

『세계철학대사전』 성균서관, 1980

『지구과학사전』 (사)한국지구과학회, 북스힐, 2009

엘리자베스 클레망·샹탈 드몽크·로렌스 한젠·피에르 칸 지음/이정우 옮김,
　　『철학사전』 동녘, 2006

『철학사전』, 도서출판 중원문화, 1987

북한사회과학원 철학연구소 지음, 『철학사전』 북한사회과학원 철학연구소, 도서
　　출판 힘, 1988

이노우에 슈하치(井上周八) 지음/ 최진성 옮김, 『사랑과 통일의 실천철학』 도서
　　출판 조국, 1990

배진구, 《물질개념의 연구에 있어서의 몇 가지 문제》 『사회과학연구』 조선대사
　　회과학연구소, 1985

베네슈 호프만 저/최혁순 옮김, 『철학속의 과학여행－아인슈타인』 동아출판사,
　　1989

제3장
사물의 변화와
발전의 논리로서의
변증법

변증법은 사물의 운동, 변화발전에 관한 일반적 이론이다. 운동론은 존재론을 전제로 한다. 헤겔은 절대정신(이성)을 절대적 존재로 보았으며, 절대정신의 운동, 변화발전 과정의 일반적 특징을 변증법으로 보았다. 마르크스주의는 유물론적 입장에서 물질의 변화발전의 일반적 특징을 변증법으로 인정하였다.

첫째, 사물은 그 상호관련과 그것의 환경과의 관계에서 이해한다.

둘째, 사물은 운동, 생성, 발전, 소멸에서 이해한다.

셋째, 발전은 단순한 성장과정이 아니며 양적 발전에서 돌연히 질적 변화로 이행하는 과정으로서 그것을 이해한다.

넷째, 발전은 모순에 의한 대립물의 통일과 투쟁으로서 이해한다[1]는 것이다.

이와는 반대로 형이상학적 사고의 기본 특징은 사물을 변화발전

---

1   변증법적 유물론 비판, 구스타프A · 베터 저, 강재륜 역 태양사 1983. pp.291~295

과정에서 보지 못하고 불변한 정지 상태에서 고찰하는 것이다. 형이상학적 사고방식은 결국 형식논리학에 의거한 사고방식이라고 볼 수 있다. 형식논리학은 사물을 정지 상태에 놓고 그 특징을 분석하고 종합하는 인식활동에서 지켜야 할 사유의 법칙을 취급하고 있다.

그러나 사물을 변화발전시켜 나가는 인간의 창조적 활동이 인간 생활에서 차지하는 비중이 높아짐에 따라 사물의 변화발전의 논리를 파악하는 것이 인간의 절실한 요구로 제기되었으며 그러기 위해서는 사물의 운동, 변화, 발전의 과정에 놓고 변증법적으로 고찰하는 것이 필요하게 되었다. 이런 점에서 변증법적 논리의 개발은 인식활동과 사고방식에서 중요한 새로운 면을 보강 발전시킨 것으로 높이 평가하여 마땅할 것이다.

변증법적 유물론은 운동을 원환운동(圓環運動)으로 이해하지 않고 발전하는 운동, 즉 부단하게 새로운 것이 나타나고 새로운 '질(質)'이 나타나게 되는 것으로 이해한다.

마르크스주의 창시자들은 헤겔의 관념변증법을 유물론적으로 개작하는 데서 탁월한 기여를 했다. 헤겔이 아무런 규정성도 없는 순유(純有: 순수한 존재)를 존재의 출발점으로 삼았다면, 마르크스주의는 객관적 존재성만을 가진 가장 단순한 물질을 출발점으로 삼았다.

마르크스주의는 헤겔 변증법의 모든 법칙과 범주를 그대로 계승하였으며, 그것을 계급투쟁과 폭력혁명의 정당성을 논증하는 데 적용해 보려고 시도하였다. 지금까지 적지 않은 사람들이 변증법에 대하여 논의하였지만, 주체가 없는 추상적인 범주만 가지고 논의하다 보니 사회를 발전시키는 데 실천적으로 도움이 되지 못하였다.

우리는 마땅히 세계에서 차지하는 인간의 지위와 역할이 변화발전하여 나가는 변증법, 인간의 창조적 역할에 의하여 인간과 세계가 변화발전하는 변증법을 발전시켜 나가야 할 것이다. 비록 선행한 변증법에는 주체가 없었지만 발전의 일반적 특징을 밝히는 데서는 역사적 공적을 쌓았다.

우리는 헤겔에 의하여 처음으로 전면적으로 집대성되고 마르크스주의에 의하여 정식화된 변증법의 기본법칙을 알아보고 이를 인간중심의 변증법으로 개작하여 그 실천적 의의를 살펴보기로 한다.

1. 양질의 법칙

1) 마르크스주의의 양질의 법칙

양질의 법칙은 물질의 변화발전을 규정하는 기본요인이 무엇인가를 밝혀주는 법칙이다. 스탈린은 마르크스주의적인 변증법적 방법의 양질의 법칙의 기본 특징을 다음과 같이 정식화했다.

"형이상학과 달리, 변증법은 발전의 진행을 양적 변화가 질적 변화에로 진전되지 않는 단순한 성장과정으로 보지 않고, 대수롭지 않고 눈에 보이지 않는 양적 변화가 눈에 보이는 변화로, 기본적 변화로, 질적 변화로 넘어가는 발전으로 본다. 여기에서는 질적 변화는 점진적이 아니라 급진적, 저돌적이며 어떤 하나의 상태에서 다른 상태에로의 비약적 이행이라는 형태로 나타나며, 우연이 아니라 합법칙적이며 눈에 띄지 않는 점진적 양적 변화의 집적(集積)의 결과로 나타나는 것이다."[2] 이것이 변증법적 유물론에 있어서 가장 본질적인 문제점의 하나이며, 발전의 진행에 있어서 새로운 질의 출현을 이론적으로 정당화하는 것이 '양의 질화법칙'이라고 했다.

이 법칙의 내용은 다음과 같다. 세계 속에서의 사물과 현상들의 발전은 점진적으로 순전히 양적 변화, 즉 양적 증감의 형태로 일정한 한계까지 진전한다. 그러나 이 양적 변화가 각개 사물의 성장에 의해서 규정된 한계를 넘어서는 데까지 계속되면, 양적 변화는 급격한 질적 변화에로 전환되어 그 사물은 그 자신이 아닌 다른 것이 되고 하나의 새로운 '질'이 나타나게 된다.

질의 범주와 관련되는 것이 양의 범주이다. "양은 수, 크기, 템포, 정도, 범위와 같은 것으로 특징하는 대상과 현상들의 규정이다."라고 했다.

양적 변화와 질적 변화는 두 개의 본질적으로 다른 종류의 발전을 일으킨다. 즉 진화(Evorlution)와 혁명(Revolution)이 그것이다. "변증법적 방법은 말할 것도 없이 운동이 두 종류의 운동, 즉 진화적 운동과 혁명적 운동을 가진다는 것을 말하는 것이다."[3]

전자의 특징은 점진성(漸進性)인데 반하여 후자는 급격하게, 폭풍처럼, 폭력적으로 진행된다. 변증법적 유물론은 진보에 대한 신념을 전파한다. 그 진보란 "발전과정이 순환운동으로서가 아니고,

---

2 I.V. Stalin, 『변증법적 유물론과 사적 유물론』p. 537.V. 콘스탄티노프 저, 철학의 기초이론, p.263에서 재인용

3 I.V. Stalin, 「무정부주의냐 사회주의냐?」Anarchizm. ili socializm? P.300./ 앞의 책, 구스타프A · 베터 저, P.304에서 재인용

단순한 과거의 반복으로서가 아니며, 전진적 운동으로서 상향적 운동, 낡은 질의 상황에서 새로운 질의 상황에로의 전환으로서, 단순한 것에서 복잡한 것으로 그리고 낮은 단계에서 보다 높은 단계로의 발전으로서 파악되어야 한다.[4]고 규정하였다.

2) 마르크스주의자들의 양질의 법칙에 대한 오류

첫째, 종래 변증법의 질량의 법칙 전개에서의 결함은 양적 변화와 질적 변화의 형태상의 차이를 해명하는 데 몰두하고, 그에 기초하여 사회의 질적 변화의 급격한 수행을 강조하는 데 그쳤다. 따라서 지금까지 많은 사람들은 이 법칙을 사물 발전의 형태에 관한 법칙으로 이해함으로써 사물의 운동은 양적으로 완만하게 변화하고 일정한 한계에 이르면 급격한 질적 변화를 초래한다고 생각했다.

둘째, 또한 그들은 헤겔 변증법을 유물론적으로 개작하여 그것을 계급투쟁과 폭력혁명을 정당화하기 위해 이용하는 데 관심을 집중하였다.

마르크스주의자들은 사물의 변화는 처음에는 서서히 양적으로 진행되지만 일정한 단계에 이르러서는 급격하게, 비약적으로, 폭발적으로 질적 변화로 이행된다고 주장한다. 그러므로 혁명 시기에 사회가 급격하게 비약적으로 질적 변화를 일으키는 것은 변증법의 보편적 법칙에 맞는 만큼 낡은 것을 청산하고 새것을 창조하는 사

---

4   I.V. Stalin, 『변증법적 유물론과 사적유물론』, P.537. 앞의 책, 철학의 기초이론, p.268에서 재인용

회적 변혁을 혁명적으로 해야 한다고 주장한다.

셋째, 마르크스주의자들의 양질의 법칙은 주체가 없는 변증법이다.

마르크스주의자들이 사물의 변화발전의 출발점으로 삼은 것은 객관적인 양적 존재성만 가진 가장 단순한 물질적 존재이다. 양이 없는 질이나 질이 없는 양이나 다 같이 사물의 변화발전의 주체로 될 수 없다. 이런 점에서 마르크스의 변증법 역시 주체가 없는 변증법이라고 볼 수 있다.

3) 양질의 법칙에 대한 인간중심철학의 입장

첫째, 양과 질은 물질의 존재와 속성 간의 관계로 볼 수 있다.

모든 물질적 존재는 일정한 양의 구성요소들이 결합하여 존재한다. 구성요소와 결합구조가 달라지면 물질의 성질(속성)이 달라지며 물질의 성질이 달라지면 물질의 운동이 달라진다. 양과 질은 물질존재의 기본 특징이다.

즉, 양질의 법칙은 인간의 창조적 활동을 통해 물질의 양과 질을 변경시킴으로써 인간 발전의 끝없는 가능성이 있다는 것을 해명하는 법칙이다. 물질의 질의 변화 발전은 물질의 양의 변화에 기초하여 진행된다.

둘째, 급속히 진행되는 양적 변화가 있을 수 있으며, 완만하게 진행되는 질적 변화도 있을 수 있다. 원자가 결합하여 분자를 형성할 때 나타나듯이 존재의 양의 변화와 그것에 체현되어 있는 질의 변화가 동시에 수행되는 경우 이 두 가지 변화 속에서 어느 것이 급격하고 어느 쪽이 완만한지의 문제는 제기되지 않는다.

셋째, 마르크스주의 혁명애호가들이 주장하듯이 낡은 사회로부터 새로운 사회로의 변혁, 사회혁명이 인간의 운명개척에 커다란 영향을 미친다는 것은 확실하다. 그러나 세계에서의 인간의 지위와 역할을 높이기 위해서는 일시적, 급변적인 질의 변화도 필요하지만, 그 이상으로 인간의 요구를 충족시키는 물질의 양의 확대와 질적 개량이 끊임없이 진행되어야만 한다. 따라서 질량의 법칙은 실천 활동에서 사회의 질적 변화를 반드시 급격하게 수행해야만 한다는 근거로는 될 수 없다.

양과 질의 관계에서 가장 기본적인 것은 존재를 특징짓는 양적 규정성의 변화에 따라 속성을 특징짓는 질적 규정성이 달라진다는 점이다.

4) 양질의 법칙이 갖는 세계관적 의미

인간중심의 철학에서 밝힌 바와 같이 "모든 물질적 존재는 일정한 양의 구성요소들이 결합하여 존재한다. 구성요소와 결합구조가 달라지면 물질의 성질(속성)이 달라지며 물질의 성질이 달라지면 물질의 운동이 달라진다."는 원리를 밝힘으로써 이것은 세계관적 의미를 갖게 되었다.

첫째로, 그것은 어떻게 하여 새것이 창조될 수 있으며 어떻게 하여 이 세상에 인간과 같은 발전된 존재가 출현할 수 있었는가 하는 문제에 해답을 준다.

이를테면 어떻게 하여 새로운 질을 가진 물질, 새로운 물질적 존재가 발생하게 되는가, 어떻게 하여 무생명물질과 생명유기체의 차이, 동물과 인간의 차이가 발생하게 되었으며, 어떻게 하여 단순하고 저급한 물질로부터 복잡하고 고급한 물질로의 발전이 가능한 것인가 하는 문제에 대한 해답을 주게 된 것이다. 이러한 문제는 결국 저급한 물질과 고급한 물질의 차이는 물질의 구성요소와 결합구조의 차이라는 것이 밝혀지게 됨으로써 해명되었다.

둘째로, 양과 질의 관계가 해명됨으로써 인간은 세계를 자기의 요구에 맞게 개조하면서 세계의 주인으로서 끝없이 발전할 수 있다는 확신을 가질 수 있게 되었다.

물질의 양적 규정성이 물질의 질을 규정한다는 것이 진리라면 인간이 물질의 양적 규정성만 인식하게 되면 자기가 요구하는 어떤 물질이든 만들어 낼 수 있다는 결론에 도달하게 된다. 양적 규정성은 사물의 구성요소와 그것들의 결합구조이다.

모든 사물의 질적 차이는 결국 사물의 구성요소와 결합구조의 차이에 귀착된다. 보다 더 많은 다양한 구성요소들이 물질의 주동성과 능동성을 강화하는 방향에서 결합될 때 보다 더 발전된 질을 가진 새로운 물질이 발생한다.

이 모든 것은 양과 질의 변증법이 세계의 주인, 자기운명의 주인으로서의 인간의 지위와 역할과 역사발전의 주체로서의 인간의 숭고한 사명을 밝혀주는 세계관적 진리로서 중요한 의의를 갖는다는 것을 말하여 준다.

2. 대립물의 통일과 투쟁의 법칙

1) 마르크스주의의 대립물의 통일과 투쟁의 법칙

변증법적 유물론은 세계운동의 기원을 어디에서 찾아야 하느냐 하는 문제에 대한 해답을, 모든 운동을 '자기운동'으로 파악하는 데서 찾았으며 그 자기운동의 기원은 사물들이 각자 지니고 있는 '내적 모순'에서 도출하려고 했다.

레닌에 따르면, 철학의 역사는 본질적으로 발전에 관하여 두 가지 견해를 제시하고 있다는 것이다. 즉 "그 두 개의 근본적 발전(진화)관은 축소 또는 확대로서의, 즉 반복으로서의 발전과 그리고(서로 배척하는 대립물에 있어서의 통일성의 분열과 이들 간의 교호관계인) 대립물의 통일로서의 발전이다."[5]라고 했다.

그 첫 번째의 견해에 따르면 사물들은 어떤 현실적이고 내면적 변화도 있지 않고, 언제나 동일한 상태에 머무는 것이 된다. ……이런 생각의 약점은 운동의 기원도 새로운 것의 출현도 설명할 수 없다는 데 있다.

---

5   V. I. Lenin, 『철학 노트』, p.327. 앞의 책, 철학의 기초이론. P.272에서 재인용.

두 번째의 견해에 있어서는 주의가 주로 '자기'운동의 근원에 대한 인식에 바로 지향된다. 첫째의 견해는 생명이 없고 빈약하며 메마른 것이다. 두 번째 견해는 생명력이 있다. 두 번째의 견해만이 모든 사물의 '자기운동'을 이해하는 열쇠가 된다. 그것만이 '비약', 즉 '연속성의 단절', '대립물에로의 전화', '낡은 것의 소멸과 새로운 것의 발생'을 이해하는 열쇠가 된다.

이처럼 레닌과 그 변증법적 유물론에 따르면 세계 내의 운동은 기계적인 것으로 파악되어서는 안 된다. 그렇게 하면 외부에 운동의 원인이 있다는 것을 가정하게 되고 결국 어떤 '최초의 운동자', 신적(神的)인 제1원인을 가정하지 않을 수 없게 될 것이다. 운동이란 그런 게 아니라 '자기운동'의 의미에서 이해되어야 하며 모든 현상과 사물들에 존재하는 내적 대립, 즉 '모순'을 그 동인으로 보아야 하는 것이다.

운동은 '실제적인 모순'에 의존한다는 것, 즉 모든 사물과 현상들은 그 내부에 분열을 가지고 있으며 여러 가지 서로 대립하는 측면과 요소들을 가지고 있기 때문에 사물을 변화시키고 운동케 하는 데서 구체적으로 나타나는 모순에 운동이 의존한다는 것이다.

따라서 자기운동은 무엇보다도 "사물과 현상 자체 내에 객관적으로 존재하고, 그리고 말하자면 생명력을 발휘하는" 실재적 모순이 있다는 것을 의미한다. 레닌은 다음과 같이 말했다. 즉 "운동은 (시간과 공간의) 연속성과 (시간과 공간의) 불연속성의 통일이다. 운동은 하나의 모순이며, 모순들의 통일이다."[6]라고 한다.

---

6   V. I. Lenin, 앞의 책, p.241. 같은 책. P.273에서 재인용.

대립물의 통일과 투쟁의 법칙의 본래의 의미는 마르크스에 의해서 발견된 계급투쟁과 혁명의 사회현상을 철학적으로 정당화하는데 있었다. 마르크스가 본래 사회발전의 법칙으로 인식했던 것이 여기에서는 일반적인 존재론적 존재법칙이 된 것이다. 그러나 이 법칙이 일반적 존재법칙이라는 일반적 성격을 가지게 되면, 그것은 사회분야에서 자본주의에 대해서만 타당할 뿐 아니라 사회주의와 공산주의 사회에서도 타당한 것이 된다.

2) 대립물의 통일에 대한 마르크스주의자들의 왜곡

마르크스주의가 내부 모순을 운동 발전의 원인과 동력으로 보는 견해를 받아들였던 것은 이론적으로는 마르크스주의의 물질관의 한계와 관련되어 있다. 마르크스주의는 운동 발전의 담당자인 물질의 객관적 존재성으로부터 그 보편적 특징의 추구에 머물며, 물질의 변화발전하는 본질적 속성에 그 운동을 규정하는 보편적 원인이 있다는 것을 볼 수 없었다. 따라서 운동 발전의 원인과 동력이 되는 물질의 속성에 대해 탐구하는 데 이르지 못했다. 이를 요약 정리해 보면 다음과 같다.

첫째, 마르크스주의는 대립물이 통일되어 있다는 것 자체가 모순이지만 그 모순을 발전의 원인으로 간주하고 그로부터 모든 사물이 끊임없이 변화발전하는 것이 변증법의 기본명제라고 규정했다.

둘째, 종래에 변증법은 모순에 기초하여 분열과 투쟁이 불가피하며 비타협적인 투쟁을 통해 분열된 것의 한편이 다른 편을 타도함으로써 발전이 가능하다는 것을 강조하고 모순, 분열, 투쟁을 미화했다.

셋째, 계급주의자들은 대립이 절대적이거나 내부 모순이 발전의 원천이라고 함으로써 변증법의 기본원리를 왜곡할 뿐 아니라 투쟁과 폭력이 이른바 혁명가가 갖추어야만 하는 가장 숭고한 미덕인 것처럼 주장했다.

그러나 변증법을 사물의 변화발전의 법칙으로 이해하지 않고 발전의 법칙으로 오인한 사람들은 사회주의 제도는 영원히 발전할 것으로 생각했다. 올바른 정책이 없으면 어떠한 사회도 퇴보하고 붕괴한다는 것을 역사는 증명하고 있다.

이와 같이 마르크스주의 변증법은 내부 모순과 대립물의 투쟁을 물질의 운동 발전의 원인과 동력으로 간주하고 있다. 이것은 지금까지 널리 공인되어 왔지만 재검토할 필요가 있다.

3) 인간중심철학의 입장

첫째, 인간중심의 주체적 변증법은 발전의 원인과 동력을 물질의 주체성에서 찾고 있으며, 주체와 객체의 대립은 발전의 필수적 조건이라고 인정한다.

따라서 발전의 기본 특징을 주체의 창조적 역할을 통해 대립물의 통일이 확대 강화되는 것으로 간주한다. 인간의 창조적 역할의 본질을 투쟁으로만 보는 것은 옳지 않다. 헤겔을 비롯해 많은 사람들은 대립물의 통일 자체를 신비화하고 모순을 발전의 원천으로 간주했다. 그것은 그들의 변증법에 발전의 주체가 없었기 때문이다.

둘째, 모든 물질이 대립물의 통일을 이루고 있다는 것은 대립을 보존하기 위한 운동과 통일을 보존하기 위한 운동을 모두 수행하고 있다는 것을 의미한다. 이것은 물질이 차이성과 동일성을 보존하고자 하는 속성을 갖고 있다는 것을 의미한다.

그러나 차이성과 동일성만으로는 운동은 일어나지 않는다. 운동이 이루어지기 위해서는 차이성을 보존하고자 하는 속성과 동일성을 보존하고자 하는 속성이 없으면 안 되며, 이 속성의 발현으로서 서로 상반되는 운동인 만물의 인력 운동과 척력 운동이 이루어진다.

셋째, 대립물의 통일은 물질적 존재의 근본방식이기 때문에 자연과 사회 및 인간의 모든 것을 인식하고 개조하는 데서 보편적 의의를 지니지만, 그것을 가장 명백히 하는 것은 이해관계가 대립하고 있으면서 통일되어 있는 인간의 집단으로서의 사회이다. 따라서 대립물의 통일과 투쟁의 법칙은 사회를 인식하고 개조하는 활동에서 더욱 중요한 지침이 된다.

넷째, 대립물의 통일 자체는 발전의 원인도 아니고 또한 발전의 필연성을 규정하는 요인도 아니다. 대립하고 있으면서도 통일되어 있는 모순된 사실 자체로부터 발전의 원인과 동력을 찾는 것은 잘못이다. 대립하고 있으면서 통일되어 있다는 사실은 대립이 통일의 틀 내에서의 대립이고 통일이 대립을 내포하는 통일이기 때문에 대립과 통일이 모두 상대적이라는 것을 처음으로 밝힌 것이 바로 인간중심의 주체적 변증법의 새로운 대답이다.

다섯째, 일부 마르크스주의자들은 대립은 절대적이고 통일은 상대적이라고 하면서, 대립이 절대적이기 때문에 절대적 대립에 기초하고 있는 투쟁도 절대적이라고 주장하였다. 그들은 이러한 논리에 기초하여 계급투쟁의 절대적인 필요성을 주장하면서 계급투쟁이 사회발전의 동력이라는 주장을 정당화하려고 하였다.

폭력과 투쟁 자체를 미화하는 것은 변증법과는 아무런 인연도 없으며, 계급주의자의 폭력적 독재를 영구화하고자 하는 이기주의적 표현에 불과하다.

더구나 모순을 발전의 원천으로, 투쟁을 발전의 동력으로 보면서 모순이 많을수록 좋고, 투쟁을 비타협적으로 진행할수록 좋다고 주장하는 것은 대립물의 통일의 변증법에 대한 왜곡이다.

대립물의 통일의 변증법을 사회적 실천과 결부시켜 '대립물의 통일과 투쟁의 법칙'이라고 정식화한 것은 마르크스주의자들의 공로에 속한다. 그러나 투쟁은 운동의 형태이지 발전의 동력은 아니다. 발전의 동력은 어디까지나 주체인 인간의 창조적 힘이다.

결국 사물의 발전은 대립물의 통일의 발전, 즉 대립의 측면의 발전과 통일의 측면의 발전이 같이 이루어지고 있는 것이다. 사회의 경우에는 개인적인 존재로서의 인간의 자주성, 창조성과 집단적 존재로서의 인간의 협조 협력의 발전이 동시에 진행된다. 여기서 대립을 강화하는 데 치우치고 통일을 약화시켜도 안 되며, 반대로 통일을 강화하는 데 치중하고 개인들의 대립성(자주성과 창조성의 특수성)을 약화시켜도 안 된다.

3. 부정의 부정의 법칙

1) 부정의 부정의 법칙에 대한 레닌의 해설

변증법적 유물론의 이 부분은 변화무쌍한 역사를 가진다. 엥겔스는 이 문제를 『반듀링론』에서 한 장을 온통 할애했고, 레닌은 변증법의 16개 원리 가운데 이 법칙을 13과 14번째로 열거하고 있다. 1938년까지 이 법칙은 소비에트의 변증법을 설명하는 데서 볼 수 있었다. 그 뒤에 이 법칙은 어떤 이유에서인지 환영받지 못했다.

제1의 법칙(양의 질화)은 발전의 형식을 표현하는 것이고,

제2의 법칙(대립물의 통일 및 투쟁의 법칙)은 왜 발전이 일어나는지의 문제(발전의 본질과 근원을 대상)에 대한 해답인 것이고,

제3의 법칙(부정의 부정)은 어디로 발전이 진행하는지에 대하여 해답을 하는 것이다.[7]

부정의 부정의 법칙의 내용은 간단하게 말하면 다음과 같다. 즉 양의 질화법칙이 문제 삼는 새로운 질에로의 급변은 최초의 질에

---

7 M.F. Vorob'ëv, *O Soderžanii iformach zakona otricanija otricanija*, p.58. 앞의 책, 철학의 기초이론, p.282에서 재인용

대한 부정을 의미한다. 그 새로운 질은 다시 발전과 진행의 출발점이 되고, 발전이 진행됨으로써 다시금 새로운 질은 부정되기에 이른다. 최초의 부정은 새로운 부정에서 '지양(止揚)'된다. 이처럼 변증법적 진행은 부정의 부정을 그 속에 포함한다.

'부정의 부정'은 지나간 것에 대한 전적인 부정이 아니라 과거에 이룬 모든 긍정적인 것을 간직하는 부정이다. 즉 "변증법의 특징과 본질은 부정 일변도의 부정, 경솔하고 분별없는 부정, 회의적인 부정, 즉 동요나 회의가 아니라…… 긍정적인 것을 보존하는 연결의 계기로서의 부정, 발전의 계기로서의 부정이다"[8]라고 레닌은 말했다. 따라서 변증법적 발전진행은 나선형의 형식을 가진다.

엥겔스는 이 법칙의 보편성을 증명하기 위하여 다음과 같은 사례를 들고 있다. "보리알이 땅에 떨어지고 썩어서 이삭이 돋고(부정) 이것이 다시 새로운 보리알들(부정의 부정)이 되는 것이다." 비슷하게 인간 사회에도 이것이 적용된다는 것이다.

모택동(毛澤東)은 "한 모순은 양면을 가지는데 그 하나는 반드시 주요한 모순이고 다른 하나는 부차적인 것이다. 주요 모순은 모순에 있어서도 주도적인 역할을 하는 것이다. 사물과 현상들의 성질은 대체로 지배적 지위를 차지하는 모순의 주요한 측면에 의해서 규정받는다."[9]는 것이다.

소위 부정의 부정의 법칙은 이처럼 기껏해야 일반적 형식으로 된 세계의 일정한 진화과정에 대한 서술이지 결코 그 진화에 대한 설명은 아니며 또한 소위 진화의 '경향과 방향'에 대한 설명도 아니다.

---

8 V. I. Lenin, 『철학노트』, p.193. 앞의 책, 철학의 기초이론, p.283에서 재인용
9 같은 책, 같은 면

2) 부정의 부정의 법칙에 대한 철학적 의미

양질의 법칙이 존재와 속성의 관계에 관한 원리와 결부되어 있다면 대립물의 통일과 투쟁의 법칙은 물질의 결합과 분리, 운동·변화·발전의 가능성을 규정해 주는 원리와 결부되어 있다.

여기서 말하는 부정의 부정의 법칙은 주체의 자기갱신 법칙이라고 말할 수 있다. 즉 주체는 개인일 수도 있고 민족이나 인류 전체가 될 수도 있다. 여기서 주체는 사회적 운동을 담당하고 있는 인간을 의미한다.

또한 부정의 부정의 법칙은 연속성과 불연속성의 상호관계에 관한 원리와 결부되어 있다고 볼 수 있다. 연속성과 불연속성의 통일은 존재와 속성의 통일, 대립물의 통일의 원리와 함께 모든 존재와 운동을 규제하는 보편적 특징이다.

(1) 역사의 계승성과 혁신성의 통일

인간은 혈연적으로나 사회적으로 서로 연결되어 운명을 같이하는 하나의 집단적 생명체를 이루고 있으며, 세대에 세대를 이어 생존과 발전을 계속하고 있다. 이 점에서 인간의 생존과 생존활동은 연속적인 것이라고 볼 수 있다. 그러나 집단을 이루고 있는 각 개인들은 서로 다른 삶의 요구와 생활력을 지니고 생명활동에서 독자성을 보존하고 있다. 이 점에서 인간의 존재와 생존활동은 불연속적이라고 볼 수 있다.

역사는 끊임없이 발전하는 만큼 각 세대가 창조한 정치, 경제, 문화는 모두 다 역사적 제한성을 지니지 않을 수 없다. 이런 점에서 모든 세대는 태어날 때부터 역사적 제한성을 물려받고 있다고 말할 수 있다. 이 때문에 전 세대로부터 물려받은 생활에 만족하지 않고, 전 세대보다 높은 요구와 목표를 내세우며 그것을 실현하기 위해 투쟁한다. 여기에 혁신주의의 뿌리가 있다.

한편으로 전 세대로부터 물려받은 유산에 대한 강한 애착심에 근거하여 그 유산을 신성화하고 지속적으로 유지하려는 보수적 경향, 다른 한편 전 세대의 유산의 테두리에서 빨리 벗어나 낡은 것을 새것으로 바꾸려는 혁신적 경향, 이 양자 사이에 모순이 생겨난다. 여기서 역사적 발전에 있어서의 계승성과 혁신성을 어떻게 배합할 것인가 하는 문제가 제기된다.

즉 전 세대의 유산에는 새 세대의 발전에 계속적으로 필요한 긍정적인 것과 불필요한 부정적인 것의 양면이 있다. 따라서 새 세대는 자기를 발전시키기 위하여 전 세대의 유산 가운데 긍정적인 것은 계승하고 부정적인 것은 배제하는 것이 합리적이다.

여기서 낡은 것에 내제하는 요인들 가운데서 긍정적인 요인이 새것의 하나의 긍정적인 부분이 됨으로써 다시 승리자의 자리로 되돌아오게 된다. 이것이 바로 부정의 부정의 과정이다.

이때 부정의 부정을 통해 새것과 낡은 것 사이의 투쟁이 끝나고 새것은 낡은 것을 포섭하고 동시에 낡은 것이 새것의 구성부분으로 들어가는 과정은, 마치 낡은 것을 부정했던 새것이 낡은 것으로 되돌아온 것 같은 인상을 줄 수 있다. 그러나 그것은 단순한 복귀가 아니라 새로운 차원에서의 발전된 복귀이다.

역사를 발전시키기 위해서는 복고주의적 입장에서 낡은 문화와 전통을 고집하고 혁신을 반대하는 것도 옳지 못하지만, 혁신을 서

두른 나머지 유산의 계승을 소홀히 하는 것도 잘못이다. 새것은 다 좋고 낡은 것은 다 나쁘다든가, 혁신은 모두 좋고 보수는 모두 나쁘다고 보는 것은 옳지 않다.

마르크스주의자들의 가장 큰 결함은 역사발전의 동력을 계급투쟁으로 보면서 과거 유산에 대해 계급적 적대감을 가지고 대하는 것이다.

그들은 새것과 낡은 것의 관계를 계급적 적대관계로 보면서 낡은 사회의 사상과 문화를 모두 지배계급의 사상과 문화라고 배격한다. 그들은 역사를 발전시켜온 것은 피압박 근로대중이었으며, 온갖 지배계급은 역사발전에 역행한 반동적 집단이라고 보았다. 그 결과 노동계급의 진보성과 혁명성을 절대화하였다.

결국 계급주의자들은 과거를 무시하고 혁신 일변도만 고집함으로써 역사발전에 돌이킬 수 없는 악영향을 미쳤던 것이다.

사회발전을 원만히 보장하기 위해서는 낡은 것을 계승하기 위한 보수와 낡은 것을 새것으로 바꾸기 위한 혁신을 옳게 배합하는 것이 필요하다.

(2) 자기갱신의 변증법

사물의 발전은 기존 상태의 부정을 통해서 수행된다. 사물의 변화발전은 기존의 상태를 이어받아 긍정만 해서는 이루어지지 않는다. 기존의 상태를 포기하는 부정의 계기가 없다면 사물은 하나의 형태로부터 다른 형태로 변화발전할 수 없다. 기존 상태의 부정은 사물 발전의 필수적 계기이다.

그러나 기존의 상태를 한 번 부정만 하면 그것으로 사물의 발전이 이루어지는 것이 아니다. 사물 발전은 기존의 상태를 부정할 뿐 아니라 부정된 상태를 다시 부정하여 보다 높은 수준에서 자기를 긍정하는 부정의 부정까지 거쳐야만 한다. 그것은 사물의 발전이 일정한 대립물의 통일로부터 그것보다 높은 수준의 대립물의 통일체로의 이행이어야만 한다는 사정과 관련되어 있다.

인간은 자기를 사랑하며 자기 자신을 긍정적으로 대하는 것에서 출발한다. 이러한 자기긍정이 없이 인간은 자기존엄을 지킬 수 없으며 자주적으로 행동할 수 없다. 그러나 인간이 현존 상태보다 더욱 발전하려면 자기의 부족한 점을 비판하고 고쳐 나가지 않으면 안 된다.

그러므로 자기를 부정하는 것은 자기를 사랑하는 마음이 약해서가 아니라, 바로 자기를 사랑하는 마음이 강하기 때문에 자기의 결함에 반대하여 싸우는 것이다. 자기 자신의 주인이 된 사람만이 자기의 결함과 과오를 비판하고 고칠 수 있는 용기를 가질 수 있다.

자기에게 만족하여 자기비판을 하지 않는 개인과 사회는 발전하지 못할 뿐 아니라 파멸을 면치 못한다. 자기비판은 자기부정과 동시에 자기긍정이 되어 자기갱신으로 된다. 이와 같은 의미에서 부정의 부정 법칙은 자기비판의 법칙, 자기갱신의 법칙이라고 말할 수 있다.

계급주의자들은 모든 면에서 자기가 제일이라고 자화자찬하며 허장성세하기를 좋아하며, 남을 깎아 내리는 데서 쾌감을 느낀다. 그들은 다른 계급으로부터 배우는 것을 거부할 뿐 아니라, 심지어 자기보다 앞선 나라들로부터 배우는 것조차 수치스럽게 여긴다. 그리고 완고하게 계급적 입장을 지키면서 쇄국배타주의로 나간다. 역사는 어느 시대에나 쇄국배타주의는 망국의 길이라는 사실을 우리에게 보여 준다. 우리는 장구한 기간에 걸친 자기나라 역사에서 배울 뿐 아니라 세계인민들로부터 배워야 한다.

(3) 정반합(正反合) 나선적(螺線的) 발전

역사는 직선적으로 발전하는 것이 아니라 우여곡절을 거치면서 발전한다. 역사가 직선적으로 발전하지 않는 것은 근본적으로는 역사 발전이 긍정과 긍정의 연속이 아니라 반드시 부정을 거쳐 보다 높은 긍정으로 발전하는 사정과 관련되어 있다.

이 과정을 단순화하여 도식화한다면 현 상태를 정상상태로 보아 정(正)이라고 할 때 다음 단계는 정(正)을 부정한 상태, 즉 반(反)상태가 될 것이다. 이러한 반(反)상태를 다시 부정하여 정(正)상태로 복귀하는 경우에 복귀된 정(正)은 처음 정(正)보다 높은 단계로 발전된 정(正)으로서의 정(正)이라고 표시해야 할 것이다. 이와 같은 정반합(正反合)의 도식은 부정의 부정의 법칙과 결부하여 설명될 때가 있다.

긍정과 부정이 교체하면서 때로는 긍정이 우위를 차지하고 때로는 부정이 우세하게 되며, 기회주의적 편향과 극좌적 편향이 엇갈리기도 한다. 자연계에서는 때로는 인력이 우세하게 되고 때로는 척력이 우세하게 되어 수축운동과 팽창운동이 교체한다.

역사 발전에 있어서도 대립이 우위를 차지하는 시기도 있고 역으로 통일이 우세를 차지하는 시기도 있다. 노예제사회가 대립의 우위를 차지한 사회였다고 한다면, 봉건사회는 통일이 우세한 사회라고 볼 수 있으며, 자본주의사회는 대립이 우세하다는 점에서 노예제사회와 유사성을 갖고 있지만 노예제사회와는 비교할 수 없는 발전된 사회이다. 역사는 반복된다고 말하지만, 그것은 단순한 반복이 아니라 발전 단계가 다른 나선적인 반복이라고 말할 수 있다.

자본주의적 자유민주주의자가 소련식 사회주의와의 대결에서 승리한 것은 역사상 유례없는 대승리라고 말할 수 있을 것이다. 그러나 투쟁이 완전히 끝난 것으로 보는 것은 잘못이다. 승리자도 자기를 절대적인 존재로 생각할 때 패배자로 전환될 수 있다. 상대방의 성공에서 배울 뿐 아니라 실패에서도 배워야 할 것이다. 냉전체제의 승리에 의해 자유민주주의가 절대적 진리이고 하물며 인류의 이상인 것처럼 선전하는 것은 올바르지 않을 것이다.

자유민주주의자는 현대 자본주의사회를 이상화하는 보수주의를 고집할 것이 아니라 사회주의 사상도 연구하고 자기의 사상을 한층 더 높은 수준으로 발전시키기 위해 노력해야 할 것이다. 역사는 한 번은 비극으로, 한 번은 희극으로 반복한다고 한다.

인류가 나아갈 길에는 우여곡절은 있지만 자주화의 길을 걸어갈 것이다. 변화는 부정을 의미하며 안정(상대적 불변)은 긍정을 의미한다. 부정과 긍정, 변화와 안정이 서로 교체하는 가운데 양면의 장점과 단점을 다 같이 체험한 기초에서만 올바른 발전의 길을 개척할 수 있다.

참고문헌

황장엽 지음, 『세계관』 시대정신. 2003

황장엽 지음, 『인간중심철학의 몇가지 문제』 시대정신. 2003

박용곤 지음, 『사랑의 세계관』 시대정신. 2012

박용곤 · 서정수 지음, 『사랑의 세계관 입문』 시대정신. 2012

구스타프A · 베터 저, 강재륜 역 『변증법적 유물론 비판』 태양사. 1983

F.V. 콘스탄티노프 저, 편집부 역 『철학의 기초이론』 두레. 1986

제4장
인간중심철학의
세계관에 대한 성찰

1. 서론

전통적으로 '세계'란 용어는 '사람이 살아가는 과정에서 관계를 맺고, 보고, 생각하는 주변의 모든 사물과 현상, 그리고 자기 자신을 포함한 것'을 의미한다. 즉 '존재하는 모든 사물현상들의 총체'가 세계이다.[1] 이에 대해 세계관이란 원래 철학 용어로서 세계 전체에 대한 일정한 견해를 뜻한다. 즉 인간 행동의 규범에 대한 견해까지 포함하여 자연, 사회 및 인간 전반에 대한 견해가 하나의 체계를 이루는 것을 가리킨다.

흔히 세계관이라고 하면 세계의 바깥쪽에서 세계를 대상적(對象的)으로 바라보면서 이해하는 것처럼 생각될지도 모르지만, 사실은 그렇지 않다. 아무리 초월적인 관점에서 세계를 바라보는 사람이라 하더라도 그 자신이 세계를 구성하는 한 부분임을 부정할 수는 없

---

1   정광수, 『과학적 세계관과 인생관』 범한철학논문집 『범한철학』 제60집 2011년 봄, p.175.

기 때문이다. 세계관은 역사적 현실 속에서 이루어지나 또한 끊임 없이 역사를 바꾸어나간다. 이런 의미에서 세계관에서의 주체적 · 실천적 요소가 자주 강조되기도 한다.

과학과 세계관의 대립이라는 것도 이러한 관점에서 문제를 삼을 수 있다. 과학은 사물의 상호관계를 관찰하고 법칙적으로 기술(記述)할 뿐, 그런 방법으로 세계를 보는 인간의 주체적 현실을 고려하지 않는다. 과학은 관측이 가능한 현상의 객관적 기술에만 시종하기 때문에, 세계를 통일적으로 파악하고 해석할 수 없다. 그래서 과학은 우리에게 '세계상(世界像)'을 줄 수는 있지만 '세계관'을 줄 수는 없는 것이다.

이에 반해서 세계관은 객관적으로 대상을 이해하는 데 그치지 않고 객관적으로 보는 주체의 실천적 파악을 목적으로 한다. 따라서 세계관은 세계에서의 인간의 위치를 분별할 뿐만 아니라, 어떠한 방향으로 나아가야 하는가 또 어떻게 살아야 하는가를 반성하는 경지에까지 이르지 않으면 안 된다. 다시 말해서 세계관은 근본적으로 인생관과 관련되었다고 할 수 있다.

그러므로 어떤 세계관(삶의 자세, 삶의 태도)을 갖고 있느냐에 따라서 우리의 삶의 구조와 방향과 의미는 다양한 모습으로 그려진다. 다시 말하면 세계관은 "세계는 어디로부터 왔는가, 세계는 어떤 의미를 지니고 있는가, 세계는 무엇을 위해 있는가, 그리고 그곳에서 우리는 어떻게 살고, 삶의 의미와 방향을 어디에 두어야 하는가?" 등을 논할 장(場)을 제공해준다. 따라서 세계관은 우리가 보고 경험하는 모든 것을 해석하는 총체적 신념체계로 우리 삶의 선택을 결정하는 방향타이다.[2]

그러나 지금까지 세계관의 구성부분에 관해서 그토록 많이 논의가 있었으나 명확한 해답을 주지는 못했다. 세계관이 추구하는 대상이 무엇이건 간에 세계관은 무엇을 위해 필요한 것인가를 명확하게 하는 것은 인간과 인류의 운명을 올바르게 개척하는데 있으며, 이는 매우 중요한 문제이다.

인간은 세계 속에 생존하고 있다. 따라서 자신이 살고 있는 주거(住居), 즉 세계가 어떻게 되어 있는가를 정확하게 알 필요가 있다. 이 문제를 취급하는 것이 철학적 세계관이다.

더구나 인간은 세계 속에서 고립해서 살 수 있는 것은 아니고, 인간에 의한 사회적 집단을 형성하고 오랜 역사의 발전에 기여하면서 생활한다. 이 사회와 역사에 대한 올바른 관점을 확립하는 것이 사회역사관이다. 인간이 올바른 철학적 세계관과 사회역사관을 확립하는 것은 스스로의 운명을 힘 있게 개척하는 가치 있는 인생을 보내기 위한 것이다.

아무튼 사람이 어떤 세계관을 택할 것인가 하는 문제는 단순한 이론적 태도만으로 결정되는 것이 아니며, 그 사람이 어떤 역사적 상황 속에서 그리고 어떤 실천적 방향을 지향하면서 사색하고 결단하고 행동하는가의 문제와 깊은 관계가 있다고 할 수 있다.

본고에서는 세계관의 일반적 이론으로써 세계관의 정의와 기능·특성을 살펴보고, 세계관의 변화과정을 '신중심의 세계관'과 '물질중심의 철학적 세계관'을 검토한 다음 '인간중심의 철학적 세계관'의 주요 관점이 무엇인가에 대하여 논점을 맞추어 전개하고

---

2 성현창, 『기독교 세계관과 주자학의 비교를 통해서 본 유교와 기독교의 만남』 한국동서철학논문집 『동서철학연구』 제54호, 2009. 12 pp.256~257 참조

자 한다.

2. 세계관의 정의

세계관이란 세계를 보는 관점(A perspective viewing the world)이다. 세계관이란 세계를 해석하고 행동하는 틀이다. 세계는 어떤 논리적 체계가 아니라 우리의 인식과 사유에 근본 전제로서 활동하는 신념체계이다. 직업선택, 도덕적 결단, 시간활용, 경제적 관리, 배우자 선택, 가족생활의 운영, 사회생활과 대인관계 등은 세계관의 영향을 받는다. 이러한 모든 사항들은 각자가 지니고 있는 세계관에 의하여 결정된다. 우리는 세계관을 다음 6가지로 정의할 수 있다.[3]

1) 인식의 틀

세계관이란 우리가 사는 세계를 해석하는 인식의 틀이며 사물과 세계를 인지하는 방식이다. 세계란 무엇인가? 라는 질문에 대한 해답은 세계를 바라보는 인식의 틀에 의하여 다양하게 대답되어진다. 유신론자(관념론자)는 세계를 하나님의 창조로서, 무신론자(유물론

---

3 김영한『세계관에 대한 철학적 성찰』-기독교적 관점에서- 한국기독교철학회 『기독철학』 2009. p.3 참조, ※세계관의 정의에 대해서는 매우 한정적인 자료에서 나마 김영한 교수가 정리한 내용이 필자의 입장에서는 합리적인 정의라고 사료되어 이를 토대로 소개한다. 김영한 교수는 숭실대학교에서 30여 년 동안 현대신학, 개혁신학, 문화신학, 기독교철학, 청교도사상, 영성신학 등을 가르쳐 왔다.

자)는 세계를 그냥 있는 자연의 소산으로, 허무주의자는 세계를 맹목적으로 있는 허상 등으로 인식한다. 여기에 세계관이란 인식의 틀이 된다.[4]

2) 사고의 준거 내지 지침

세계관이란 세계를 바라보는 사고의 준거이다. 이 세상을 이해하고자 할 때 우리는 수많은 자료와 관념과 이론이 제시되어 있는 것을 본다. 그것들 가운데 우리는 하나를 선택해야 한다. 이때 필요한 것이 바로 세계관이다. 우리는 우선순위를 정하며 그리고 결정적으로 어느 자료와 이론과 관념을 선택하여 세계를 돌아보게 된다. 세계관은 이때 우리 사고의 지침이 된다.

세계를 해석하는데 있어 관념론자는 모든 것을 창조주와 구속주[5]와 관련하여 생각한다. 유물론자는 모든 것을 자연적 발생으로 생각하며 우연히 존재한다는 신념을 갖는다. 여기에 작용하는 사고의 준거(reference) 내지 지침이 세계관이다.[6]

3) 사고와 행동의 근본 전제

세계관이란 우리가 사고하고 행동하고 결단할 때에 수행되는 전

---

4 동게서, p. 4.

5 구속주(救贖主: Redeemer)란 예수그리스도는 그의 속죄를 통해 인류의 죄값을 치르고 모든 사람의 부활을 가능하게 하였기 때문에 인류의 위대한 구속주라는 생각이다.

6 김영한, 상게서. p 4 참조.

제이다. 그런데 이것을 전제 내지 가정하고 있기 때문에 우리는 무의식적으로 행동한다. 가정(假定) 내지 전제하고 있다는 사실조차 모르고 있다. 어떤 가정들은 너무 명백하기 때문에 사람들은 자신들이 가정하는 것이 무엇인지도 모르고 있다. 왜냐하면 그들에게는 그 외에 달리 생각할 방도가 전혀 없기 때문이다. 이 전제들은 일반적으로 각자가 의문 없이 받아들이고 있다.

이 자명하게 설정된 사고의 근본 전제에 따라서 실재가 무엇인가? 물질이란 무엇인가? 정신이란 무엇인가? 인간이란 무엇인가? 역사의 의미는 무엇이며 목적이 있는가? 내세는 있는가? 등의 질문에 대한 해답은 인간 사고의 근본 전제에 따라서 긍정적으로 또는 부정적으로 응답한다. 힌두교 신자들은 카스트제도의 세계관 아래서 인생을 산다. 현대인들은 인간을 집단적인 사회의 구조에서 벗어나 있는 원자적 개인주의에서 본다.[7]

4) 삶의 비전

세계관이란 우리가 인생을 그것을 위해 산다고 설정하는 삶을 위한 비전이다. 우리는 삶에 대한 조망과 인식의 틀을 가지고 자기의 삶에 대한 비전을 설정한다. 사물이란 눈과 귀를 통하여 소박하게 인식되는 것이 아니라 일단 세계관이라는 삶의 비전에 의해서 해석된다. 실재(實在)는 있는 그대로 소박하게 있는 것이 아니라 인간이 해석하는 방식으로 있다. 우리가 이러한 세계를 보는 틀

---

7 동게서, p. 5 참조.

(framework) 안에서 우리는 자기 삶의 목표와 가치체계를 정한다. 이러한 세계관이 없다면 인간의 삶은 유지될 수 없다.[8]

5) 세계상

세계관이란 우리가 인생을 사는 지침 내지 지도를 그리는 세계상(world picture)이다. 인간은 자기가 추구하는 자기의 세계상을 가지고 있다. 인간은 누구나 막연하나마 자기가 그리는 인생의 지도인 세계상을 가지고 있다. 이 인생의 지도에 따라서 인간은 친구를 사귀고 직업을 선택하고 배우자를 만나 결혼하고 집과 차를 장만하고 종교를 택하고 모임을 선택하고 일생의 과제를 기획하고 실행하며, 은퇴한 후의 일을 기획하고 여생을 쉬면서 지난 생애에 의미부여를 하면서 죽음을 준비하다가 세상을 떠난다. 자기 개인의 세계상, 모임의 세계상, 민족의 세계상, 각 시대의 세계상 등은 각기 다르다.

문명 이전의 원시인류가 가졌던 세계상은 신화론적 세계관이다. 이에 대하여 계몽시대 이후의 세계상이란 과학기술에 의하여 통제될 수 있는 합리적인 세계상이다. 현대인들은 다양성과 포용성으로 특징지워지는 이성과 감성과 도덕성이 균형 잡힌 세계상을 산출하고 있다.[9]

8 　동게서, p. 6 참조.
9 　동게서, p. 7 참조.

6) 행위의 지침

세계관은 우리가 행동할 때의 행위의 지침이다. 우리가 직업 선택, 도덕적 결단, 시간 활용, 경제적 관리, 배우자 선택, 가정생활 운영에 있어서 우선순위에 따라서 행동을 하게 된다. 우리는 생활하고 직업을 수행하고 사람을 만나고 큰 삶의 목적을 수행하면서 우리 행동의 지침을 필요로 한다. 세계관은 이때 우리 행위의 지침이 된다.

이처럼 세계관은 특정한 과제를 명령하고 전반적인 목적을 부여하며 도덕적 판단과 근거를 제공해 준다.

3. 세계관의 기능과 특성

1) 세계관의 기능

세계관의 기능이란 무엇인가? 찰스 크라프트(Charles Kraft)에 의하면 세계관은 그 시대 사람들의 사고와 문화를 설명, 평가, 심리적 재강화, 통합, 적응의 5가지 기능[10]을 한다고 하였다. 그러나 이 글에서는 '적응'을 제외하고 '역사의 원동력'을 추가하기로 한다.

---

10 Charles H. Kraft, Christianity in Culture. A Study in Dynamic Biblical Theologizing in Cross-Cultural Perspective, Maryknoll, New York: Orbis Book, 1979, pp.54~57. 김영한, 상게서 p.8에서 재인용.

(1) 실재(實在)에 관한 설명의 기능

세계관은 한 사물이 어떻게 그런 상태에 있으며 왜 그것들이 지속하거나 변하는가를 설명하는 기능을 한다. 세계관은 그 시대의 사람들의 삶의 기초로서 궁극적인 일에 관하여 가지는 근본 가정(假定)을 명료한 또는 암묵적 방법으로 구체화한다.

세계관은 그 세계관을 가진 사람들로 하여금 실재를 이해하도록 하고 이에 대하여 반응하도록 영향을 준다. 한 문화 안에서 자라난 젊은 세대는 그 문화의 체계를 가지고 주어진 실재를 해석하게 된다. 이러한 문화의 체계에는 문화의 핵이 되는 세계관이 있다. 젊은 시대는 자기 시대의 세계관을 가지고 사물을 평가하고 가치를 판단한다. 원시인의 경우에는 번개가 쳤을 때 신이 진노하는 것으로 보고 두려워하였다. 여기에는 신화적 세계관이 깔려 있다.

현대인들은 번개가 쳤을 때 두려워하지 않는다. 공기 중의 양전기와 음전기가 만나면서 전류가 발생한 것으로 본다. 여기에는 과학적 세계관이 깔려 있다. 현대인들은 자연적 우주가 예측가능하며 이해할 만하고 과학적으로 기술될 수 있다고 본다. 폭풍 등 기후, 질병 등 건강, 불행이나 성공 등은 모두 예측할 수 있다.[11]

(2) 평가의 기능

세계관은 사회제도의 형성 및 가치와 목표를 판단하고 정당화하는 기능을 한다. 세계관은 하위문화로서 문화를 조직화하거나 패턴화한다. 문화 참여자의 행위와 실행과 관련하여 세계관은 실재와 관

---

11   김영한, 상게서, pp. 8~9 참조.

계에 대한 문화의 개념화를 지배한다. 사회의 기본 제도, 가치와 사회의 목표는 그들 구성원이 가진 문화의 세계관에 의하여 승인된다.

조선시대의 신분제도는 유교적 세계관 아래서 이루어진 것이다. 인도의 카스트제도는 힌두교의 세계관 아래서 이루어진 것이다. 세계관은 사회집단의 가치와 목표를 설정할 뿐 아니라 그 얼을 지배한다.

여기에는 종교와 관련되어 있다. 종교는 세계관과 밀접한 관계 속에서 세계관 형성에 근본적인 영향을 끼친다.[12]

(3) 심리적 재(再)강화

세계관은 개인과 사회구성원들에게 심리적 재강화를 제공한다. 세계관은 걱정과 비판의 시점에 지속하거나 다른 행동을 취하는 자극을 위하여 개념적 체계를 향한다. 심리적 재강화는 많은 사람들이 참가하는 의식(儀式)이나 축제의 형식을 갖는다.[13]

세계관은 기존 신념들을 역사의 후대에 전달하고 유지하는 보수 기능을 한다. 자연주의 세계관, 휴머니즘의 세계관, 종교적 세계관은 이미 역사상에 나타났던 각종 신념체계를 후대에 전달하는 기능을 한다. 무속적인 세계관은 인류 역사에 있어서 가장 오랜 역사를 가진 세계관이다. 이러한 세계관은 자연주의 세계관의 한 종류로서 물활론[14]과 무속신앙 등의 풍습을 보수 유지하고 있으며, 이것을 후

---

12 동계서, pp. 9~10 참조.
13 의식이나 축제의 형식은 예컨대 장례식, 추수감사제, 성년식, 결혼축제나 기도, 황홀경, 과학적 실험 등 개인적 심리적 재강화도 있다.
14 물활론(animism, 物活論)이란, 모든 사물은 영혼이 있으며 그 영혼이 인간에게 영향을 미친다는 믿음이다. 피아제(J, Piaget)에 따르면 물활론은 대개 4~6세

대에 전하고 있다. 농경시대를 거쳐 도시화를 이룩하고 후기 현대로 나아가는 개화된 한국에서도 이러한 무속적 세계관은 여전히 유지되고 있다.[15]

(4) 통합의 기능

세계관은 새 생각과 행동 양태를 흡수하는 기능을 한다. 세계관은 실재(實在)를 일반적인 고안(考案)으로 지각하며 체계화한다. 통합된 그리고 통합하는 관점과 관련하여 사람들은 실재가 무엇이어야 하며, 개념화하여 그들이 노출된 다양한 사건들을 해석한다. 사람들의 세계관은 세계와 그 속의 인간에 관한 기본 전제를 세우고, 정당화한다. 설명적이고 평가적이며 재강화하며 통합하는 기능에 있어서 세계관은 문화의 가슴(the heart of a culture)에 놓여 있다.[16] 그러면서 세계관은 객관적인 실재와 실재에 대한 지각 사이의 틈을 연결하는 역할을 한다. 세계관은 사회구성원들에 대하여 그들이 실재를 지각하는 개념화를 공식화한다. 세계관은 실재가 있어야 할 방식에 관한 신념에 적합하지 않는 실재에 대한 관점을 걸러낸다.

세계관은 보수하는 기능만이 아니라 새로운 사고를 여는 혁명적

무렵에 현저하게 나타난다. 유아는 생명이 없는 대상에게 생명과 감정을 부여하는 식으로 생각하는 경향이 있는데, 물활론은 다음과 같은 4가지 단계를 거치면서 변화한다. ① 1단계(4~6세경)는 모든 사물은 살아 있다고 생각한다. ② 2단계(8~9세경)는 움직이는 것은 모두 살아 있다고 생각한다. ③ 3단계(8~12세경)는 스스로 움직이는 것만 살아 있다고 생각한다. ④ 4단계(11~12세경)는 생물만 살아 있다고 생각한다.

15   동게서, pp.10~11 참조.
16   동게서, p.11 참조.

인 기능을 한다. 갈릴레오가 지동설을 주장하자 로마교황청은 이 것이 교회의 세계관과 맞지 않는다고 하면서 취소를 명령하였다. 그러나 교황청은 현대에 와서 갈릴레오 사건의 오류를 시인하였 다. 이것은 하나의 세계관을 바꾸는 운동이었다. 세계관은 서로 부 딪치며 끊임없는 대결과 갈등 속에 있으며 흡수되고 융합되기도 한다.

(5) 역사의 원동력

세계관은 역사발전의 원동력이 된다. 인간의 역사는 자연현상과 같이 어떤 제일성(齊一性)에 의해 반복되는 것이 아니라 외적 환경 과 인간의 이에 대한 응전에 의하여 형성된다. 1917년 러시아에서 일어난 볼셰비키 혁명은 소련연방과 공산주의를 탄생시켰고 72년 간 공산권 세계를 마르크스 레닌주의 세계관에 의하여 지배하였으 나 1989년 동구권 사회주의 국가에서의 민주화의 물결로 쇠퇴하였 다. 사회주의 정권의 붕괴의 원동력은 민주화이었고 그것은 자유주 의 이념의 세계관이었다. 역사의 과정 속에서 서로 다양한 세계관 은 서로 투쟁하고 그 시대에 있어서 정신적으로 우세한 세계관은 열세한 세계관을 점유한다. 이것은 무력에 의한 것이 아니라 세계 관의 승리이다.

공산주의 붕괴와 더불어 역사는 자유주의가 승리했다고 선언했 으나 아직도 세계는 여전히 인종, 종교, 이념 등의 갈등 속에서 몸 부림치고 있다.

2) 세계관의 특성

세계관의 특성이란 무엇인가? 세계관은 가정한 신념들, 이론 이전의 사유로서 사람들의 행동 근거가 되는 신념이나 태도, 가치로 이루어진 신념체계이다.[17] 세계관은 개인적이 아니라 공유적이며, 형성되어 가고 다원적이며 문화적인 패턴으로 표출되며, 통일적인 관점이라는 몇 가지 특징을 지닌다.

(1) 신념체계

세계관은 우리의 사고에 선 구조로서 우리의 사고에 영향을 주는 무의식화되어 있는 가정한 신념들이다. 그것은 우리의 삶의 방식으로서 우리의 모든 행동과 판단에 함축되어 있다.

이러한 은밀한 신념은 단편적인 것이 아니라 하나의 체계를 이루고 있다. 한 개인이나 한 사회는 각기의 우주관, 자연관, 인간관, 사회관, 신관, 내세관 등을 가지고 있다. 그리고 이러한 관념들은 서로 분리된 것이 아니라 서로 연결되어 하나의 통일적인 신념체계[18]를 이루고 있다. 이러한 은밀한 신념들이 하나의 체계를 이루어 우주, 자연, 인간, 사회, 가족, 결혼, 신, 내세 등에 대하여 의미를 부여하고 구성원의 삶의 형태로 나타난다.

찰스 그래프트(Charles Kraft)는 세계관을 "한 사회성원들이 가지고 있는 서로 맞물려 있는 일련의 신념체계"라고 정의하였다. "세계관은 무수한 역사요인들이 장구한 세월 동안 다양한 상호작용

---

17   Arthur Holmes, 전게서, p.56 김영한 전게서, p.15에서 재인용.
18   이원설, 『기독교세계관과 역사 발전』 혜선출판사, 1990 p.44.

을 한 결과로 산출되는 것이며, 그 사회의 성원들의 경험, 사물의 해석 또는 행동을 조정하는 역할을 한다.[19]라고 하였다.

(2) 개인적이 아니라 공유적이다

세계관은 어느 개인에만 속하지 않고 그 시대에 사는 사람들에게 공유된다. 세계관은 모든 사람들이 공유하고 있다. 그리고 어느 정도의 공통적인 인식의 틀을 가지고 있다. 조선시대 사람들은 유교적 세계관을 공유하면서 살았다. 고려시대나 삼국시대 사람들은 불교적 세계관을 공유하면서 살았다. 신화, 설화 및 전설에 세계관이 반영되어 있다. 단군설화에는 곰에 대한 숭배 사상이 포함되어 있으며, 심청전에는 불교신앙과 효도사상이 내포되어 있으며, 춘향전에는 유교적 효부(孝婦)사상이 내포되어 있다.

오늘날 북한사회는 왜곡된 김일성주체 사상과 선군주의에 의하여 모든 것이 지배되고 있으며, 한국사회는 자유주의와 자본주의에 의하여 모든 것이 지배되고 있다. 1965년에 일어난 중국의 문화혁명은 모택동이 주도한 공산주의 이데올로기에 의하여 주도되었으며, 이것은 교조주의적 공산주의 세계관에 의하여 지배되던 시기였다. 이에 반하여 등소평이 정권을 잡아 실용주의적 정치가 시행된 이후 중국은 사실상 사회주의 세계관을 버리고 경제적인 자본주의를 헌법에 수용하기에 이르렀다. 현대에 와서 공산주의가 무너지기 전까지 동구권이나 소련연방은 사회주의 세계관을 공유하면서 살았다.

---

19 Charles Kraft. Christianity and Culture. p.53 김영한 전게서 p.16에서 재인용

그러나 세계관이 무력과 강압에 의하여 강요된 것이기 때문에 소련의 개혁운동에 힘입어 공산주의 세계관은 무너지고 말았다. 세계관의 붕괴 내지 변천도 역시 그 세계관에 속한 사람들의 인식의 변화에 기인한다.[20]

(3) 고정되지 않고 형성되어 간다

세계관은 고정되지 않고 부단히 형성되어 간다. 세계관은 두 가지의 발전단계를 지닌다.

첫째는 신화와 설화와 전설의 단계이며, 둘째는 철학과 사변과 이성의 단계이다. 첫째 단계는 원시적이고 미개한 시대의 세계관이며, 둘째 단계는 이성적 반성을 통하여 보다 세련된 시대의 세계관이다. 전자는 신화와 설화와 전설에 얽혀 있는 세계관으로서 범신론적이고 주술적이고 마술적인 단계에 머물러 있다. 그러나 후자는 이성과 사변과 역사의식에 의해 반성된 세계관으로서 철학적이고 형이상학적이며 이성적인 단계에 와 있다.

그러나 각 세계관을 이루는 핵인 자연, 하느님, 인간으로 이루어지는 세계관 자체는 변하지 않는다. 그러나 자연주의 유형은 역사의 각 시대에 따라서 플라톤주의, 아리스토텔레스주의, 낭만주의 등 그 내용은 다양하게 펼쳐진다. 유신론적 세계관도 역사의 각 시대에 따라서 어거스틴주의, 토마스주의, 종교개혁사상, 정통주의, 개혁주의, 신자유주의, 신정통주의 등 다양하게 펼쳐진다. 인간주의 세계관도 계몽주의, 휴머니즘 등 역사의 각 시대에 따라서 다양

---

20 김영한, 전게서, p.17 참조

하게 펼쳐진다. 우리가 역사에 따라서 다양하게 나타나는 세계관의 유형을 말하는 것은 다양하게 나타나나 그 세계관의 본질은 자연주의, 유신론, 유물론, 인간주의 중 어느 하나에 들어가기 때문이다.

세계관은 무모하지 않으며 절대적인 것이 아니다. 세계관은 고립된 것이 아니다. 세계관은 세계에 대한 우리의 지식이 증가함에 따라 수정되고 교정된다.[21]고 한다.

(4) 다원적이다

우리의 인식은 유한하며 제한적이다. 그리고 상대적이다. 이 지구상에는 여러 문화와 풍습을 지닌 여러 민족이 살기 때문에 그들의 세계관 역시 다르다. 그리고 이러한 세계관들은 폐쇄적이지 않고 개방되어 있고 건전한 자기수정과 비판의 기능을 가진 한에 있어서, 세계관들이란 여러 가지가 존재할 수 있다. 자유를 염원하는 사람들은 자유주의 세계관을, 사회적 평등을 원하는 사람들은 사회주의 세계관을, 불교인들은 불교적 세계관을, 유교인들은 유교적 세계관을 가지고 있다. 중동지역에 사는 사람들은 이슬람적인 세계관을 지니고 있다.

오늘날 포스트모던 시대의 특징의 하나가 다원성이다. 다양한 지식과 이데올로기가 서로 엮이면서 세계는 더욱 개방적이고 다원적인 방향으로 나아가고 있다.[22]

---

21 김영한, 동게서, p.18 참조
22 동게서, p,19~20 참조

(5) 문화적 패턴으로 표출

어느 사회가 어떤 특정한 세계관에 의하여 지배될 때 거기서 하나의 문화적 패턴이 나타난다. 문화는 "인간의 의미를 담은 세계를 가리킨다. 그리고 문화는 가지각색의 의미 있는 활동들, 예컨대 예술, 철학, 언론, 광고, 패션 등을 포함하는 그런 활동들을 통해서 사회질서를 전파하고 재생하는 의미체계이다.[23] 한 사회의 문화적인 여러 패턴들, 예술 활동, 학문 활동, 경제 활동 등은 그 사회가 가지고 있는 세계관에서 나온다. 우리의 문화적인 삶은 문화가 그 속에서 산출된 세계관에 뿌리를 내리고 있다. 정치, 교육, 보건위생, 법, 환경보호, 예술, 가족, 종교 제도 등은 세계관의 영향 아래서 형성되며 또한 세계관에 부응하도록 방향 지워진다."[24]는 것이다.

(6) 세계를 보는 통일적 관점

세계관은 이 세상을 보는 통일적인 관점이다. 그 시대를 사는 사람들은 항상 무의식적으로 하나의 통일적인 관점에서 자기들이 사는 세계를 해석하고 그런 관점에서 세계를 이해해 왔다. 거츠 (Clifford Geerz)[25]는 세계관을 "한 문화의 특유한 성격, 가치, 도덕, 심미감 등의 종합인식체로서 종교와 사회의 기반"이라고 본

---

23 Raymond Williams, Cultures, Lon: Fontana,1981, p.13. 김영한, 상게서. p.21에서 재인용

24 김영한, 전게서. p.22 참조.

25 클리퍼드 거츠(Clifford Geertz: 1926.8.23~2006.10.30) 미국의 인류학자로 인도네시아 연구의 권위자이다. 그의 학설은 문화를 상징체계로서 파악하는 문화이론으로 알려져 있으며, 지역 연구에 생태학적 관점을 도입하였다.

다. 인간의 모든 사고가 이 세계관을 중심하여 이루어지고 움직인
다.

톨레미시대[26]에 살았던 사람들은 천동설이라는 세계관에서 지구
가 우주의 중심이고 이 지구를 중심으로 하여 모든 천체들이 회전
운동을 한다는 세계관 속에서 살았다.

세계관은 다양하나 인간이 갖는 통일적인 사고방식이기 때문에
각 역사를 통하여 그 내용은 다르나 그 근본 유형은 동일하다. 딜타
이는 역사 전체를 통하여 나타나는 세 가지 근본적인 형태의 세계
관을 자연주의와 객관적 관념론과 자유의 관념론이라고 말한다. 이
세 가지 형태의 세계관은 인간의 세 가지 기능인 이성과 감정과 의
지에 상응한다.

이 세 가지 유형의 세계관은 인간이 자기들이 사는 세계에 대한
기본적인 반응이다.

이에 반하여 화란의 기독교철학자인 헤르만 도이베르트(Her-
man Dooyeweed)는 세계관을 유신론적 세계관과 무신론적 세계관
으로 나누고 있다. 전자는 하나님에 대해 순종하는 신앙에서 나오
는 세계관이요, 후자는 배교적 동기에서 나오는 세계관이다[27]라고
하였다.

---

26 톨레미(Ptolemy)는 '프톨레마이오스'의 영어 이름. 클라우디오스 프톨레마이
오스(AD 83년경~168년경)는 고대 그리스의 수학자, 천문학자, 지리학자, 점성학
자이다.
27 김영한, 전게서. pp. 22~24 참조.

4.세계관과 그 근본원리의 변화발전

1) 신(神)중심의 세계관

종교적 세계관은 인간의 생활환경, 주위 세계에 있는 요인을 환상적으로 신비화하고 신으로써 떠받들고 그것을 세계만물의 지배자, 창조자로 보는 세계관이다. 이와 같은 의미에서 종교적 세계관은 환상적으로 신비화된 외부세계 중심의 세계관 또는 신중심의 세계관이라고 말한다. 종교적 세계관은 신이 세계만물을 지배하는 주인이고, 세계만물의 운명변화를 결정한다는 것을 근본원리로 하고 있다고 말할 수 있다.

종교적 세계관에 앞서 산, 하천, 바다, 태양, 달 또는 어떤 동물 등의 특정 사물을 숭배하는 물신숭배(物神崇拜)사상이 있다. 물론 원시신화의 형태에서 등장한 종교적인 세계관은, 그와 같은 물신숭배 사상보다 발전된 사상이었다. 종교적 세계관에서는 인간이 전지전능의 신에게는 종속되어 있어도, 자연의 구체적인 사물보다는 높은 지위에 있다고 인정한다. 이 세계관에 의하면 인간은 신의 의지에 따르는 한, 자연의 구체적인 사물을 숭배할 필요는 없고 자기의 의지에 따라서 행동해도 괜찮다는 것이다. 이와 같은 의미에서 종교적 세계관의 출현은, 물신숭배의 사상을 갖고 있었던 것보다 사람들의 자주성과 창조성이 높아졌다는 표현이라고 볼 수가 있을 것이다.

종교적인 세계관은 사람들이 전지전능한 신의 보호를 받는 특수한 존재라고 하는 관점을 갖고 자연의 구체적인 사물에 대해서 이

전보다도 주도적으로 대응할 수 있게 되고, 사람들의 견고한 사회적 집단을 형성하고 발전시키는 집단의 통일을 정신적으로 보장하는데 기여했다.

그러나 신이라고 하는 정신적인 존재를 가정해서, 그것에 의해서 인간의 운명이 결정된다고 보는 종교적 세계관의 약점은, 계급사회에 이르러 지배계급에 의해서 이용되었다. 지배계급은 근로자를 억압하고 착취하는 그들의 특권적 지위를 신으로부터 부여받은 것으로 해서 신성화했다.

종교적 세계관이 지배계급에 의해서 악용됨에 따라 그의 부당성을 논증하고, 사람들의 자주성과 창조성을 높이는 데 기여하는 새로운 세계관을 추구하는 것이 사회적 요구가 되었다. 한편 사람들 사이에서는 세계의 다양한 사물현상에 대한 지식이 축적되고, 그것을 분석하고 일반화할 수 있는 논리적 사고의 수준이 높아졌다. 그 과정에서 사람들은 초자연적이고 신비적인 존재가 있는가 없는가, 세계는 어떠한 상태에 있는가 등의 문제를 학문적으로 논하게 되었다. 이렇게 해서 학문적 사유가 시작되고, 철학적 세계관이 태어났다.[28]

종교적인 세계관과 운명의 비과학성을 극복한 마르크스주의의 유물변증법적 세계관은 세계가 물질로 이루어져 있고, 끊임없이 변화발전한다고 하는 세계에 대한 견해는 제시했지만 인간의 운명에 대한 견해와 그 개척의 길에 대해서는 직접적으로 설명하지 않았다. 세계가 물질로 되어 있다고 하는 마르크스주의 유물론의 원리

28　박용곤 지음, 『사랑의 세계관』 시대정신 2012 pp.191~193 참조.

에서는, 인간도 물질이라고 하는 견해는 제시하지만 인간이 물질세계와 자기운명의 주인이라고 하는 결론은 나오지 못했다. 세계가 변화발전한다고 하는 마르크스주의 변증법의 원리에서는, 인간도 변화발전한다고 하는 견해는 제시하지만 인간이 물질세계의 발전과 자기운명 개척에 있어서 결정적 역할을 한다는 것은 해명하지 못했다.

마르크스주의의 유물변증법적인 철학적 세계관은, 세계에는 물질이 아닌 어떠한 존재도 고정 불변한 것도 존재하지 않는다고 보는 세계에 대한 견해를 통해서, 신비주의와 숙명론을 극복하기 위한 철학적 근거를 부여하는데 머물렀다.[29]

2) 물질중심의 철학적 세계관

종교적 세계관의 출발점이 되어 있는 신이라고 하는 신비적인 존재의 유무를 둘러싸고 학문적으로 추구하는 과정에서, 철학적 세계관으로써의 유물론과 관념론이 발생했다.

초기의 유물론은 세계에 대하여 깊은 과학적 인식으로 뒷받침되지 않는 소박한 유물론이었다. 그 가장 큰 약점은 정신현상의 본질을 과학적으로 설명하지 못하고, 종교적 세계관의 소위 영혼불멸설의 부당성을 전면적으로 해명할 수 없었던 것이었다.

지배계급은 그들의 특권적인 지위를 신성화하는 종교적 세계관이 소박한 유물론의 출현에 의해서 위협을 받으면, 그것을 이론적

---

29 박용곤, 전게서, p.217.

으로 합리화하는 철학적 세계관을 필요로 하게 되었다. 이와 같은 필요성에서 출현한 것이 관념론이다. 소박한 유물론이 종교적 세계관을 논박하는데 있어서 신이 존재하지 않는 것을 증명하는 것에 기본논점을 두었다고 한다면, 관념론은 종교적 세계관을 합리화하기 위해 신이 존재하는 것을 이론적으로 근거를 짓는 데 기본논점을 두었다.

철학적 세계관은 결국 2가지로 대립하는 조류인 유물론적 세계관과 관념론적 세계관으로 나누어지게 되었다. 고대의 관념론이 유물론에 반대해서 출현했을 때부터, 철학적 세계관은 세계의 시원이 물질인가 정신인가, 물질이 1차적인가 정신이 1차적인가에 초점을 두고 유물론과 관념론의 논쟁이 전개되었다. 이 양자의 논쟁은 본질에 있어서 세계와 인간의 운명이 초자연적이고 초인간적인 존재에 의해서 지배된다고 하는 신비주의를 근거로 하는 철학적 세계관과 이와 같은 세계관은 있을 수 없다고 하는 현실주의를 근거로 하는 세계관과의 논쟁이다.[30]

종교적 세계관이 사람들의 창조성을 억압하는 것은, 신의 의지에 의해서 세계만물의 운동변화가 결정된다고 하면서 인간이 자기의 운명을 변경할 수 없다고 하는 숙명론을 설교하는데 있다. 만일 인간의 운명이 변경될 수 없다면, 창조성을 발양하는 것은 무의미한 일이 된다.

운명이 바뀌어진다는 것을 근거 짓는 구극적(究極的)인 논거로 되는 것은, 모든 사물이 변화발전하는 것이다. 세계만물이 변화발

---

30   동게서, pp. 193~194.

전하면 인간의 운명도 변경될 수 있는 것은 명백하다. 그래서 창조성을 구속하는 종교적 세계관에 반대하고, 창조적 활동의 길을 넓혀 세계관을 탐구하는 과정에서, 세계만물이 변화발전하는 것을 근본원리로 하는 변증법적 세계관이 출현하게 되었던 것이다.[31]

인간의 운명이 변경되는지 아닌지를 둘러싸고 진행한 서로 대립하는 2개의 견해 논쟁은, 결국 세계만물이 변화발전하는가 그렇지 않으면 고정불변하는가를 기본논점으로 한 서로 대립하는 철학적 세계관의 논쟁에로 확대해 갔다. 유물론적 세계관의 발전에 있어서 현저하게 전진을 가져온 것은, 반봉건투쟁의 사상적 준비의 일환으로서 출현한 근대유물론이었다. 이 유물론이 출현함으로서 유물론은 처음으로 사회에 큰 영향을 가진 하나의 사상적 조류로서 등장한 것이다.

근대유물론은 근대과학의 성과에 기초하여, 초자연적이고 초인간적인 신 등은 존재하지 않는다는 것을 명백히 논증했다. 그러나 근대유물론은 본질적인 결함을 갖고 있다. 그것은 무엇보다도 세계만물이 고정불변하다고 보는 형이상학과 결부되어 있기 때문이다. 세계는 물질로 되어 있고, 세계만물은 고정불변하다고 하는 것이 근대유물론의 근본원리다.

이와 같은 계급적 이해관계를 반영해서 반봉건투쟁의 시기에 출현한 근대유물론은, 사적소유에 기초한 자본주의사회를 영원한 것으로 보고 사회생활의 담당자를 고립적인 개인적 존재로 보았다.[32]

자본주의사회를 영원한 것으로 보는 한 사회를 끊임없이 변화

---

31   동게서, p.195 참조.
32   동게서, pp. 196~197참조

발전하는 것으로 볼 수는 없다. 이렇게 해서 근대유물론은 결국 사회에 대한 형이상학적 견해에 빠지게끔 되었다. 근대유물론은 사회와 인간뿐만 아니라 물질세계 전반이 변화발전 과정 속에 있다고 하는 견해에 이르지 못했다. 이것은 당시의 물질세계에 대한 과학적 인식이 아직도 얕고, 사물의 변화발전의 역사적 연관에 대해서 체계적 지식이 부족했던 것과 관련되어 있다.

반봉건투쟁의 시기에 새롭게 등장한 유물론적 세계관에 대항해서, 관념론적 세계관은 그 형태를 바꾸어 근대관념론이 출현했다. 근대관념론은 독일 고전관념론으로서 완성되었다. 관념론은 지금껏 유물론이 거의, 대부분 파고들 수 없었던 인간의 인식능력을 상세히 분석하고, 그 견해를 주장함으로써 종교적 신앙을 옹호했다.

그 대표적인 것이 헤겔의 관념론적 철학이다. 헤겔의 철학은 존재와 사유의 관계를 관념론적으로 설명하고, 세계의 다양한 사물을 이념(사유)의 현실화된 반영으로 보면서 전개된 인식론이고 논리학이며 변증법이다.

형이상학적 유물론과 관념론적 변증법의 근본적 결함을 극복하는 과정에서 마르크스주의 유물변증법이 출현했다. 마르크스주의는 자연과 사회를 유물론적 견지에서 파악할 뿐만 아니라 역사적인 변화발전의 과정을 고찰함에 따라, 유물론과 변증법을 통일시키고 유물변증법적 세계관을 확립했다. 이것은 세계는 물질로 되어 있고 끊임없이 변화발전하는 것을 근본원리로 하는 철학적 세계관이다.[33]

---

33 동게서, pp. 198~200 참조

존재와 사유의 관계를 기본문제로 해서 다루는 관념론 가운데서 가장 높은 경지에 도달한 것이 독일의 고전적 관념론이라고 한다면, 존재와 사유의 문제를 기본문제로 해서 취급하는 유물론 가운데서 가장 높은 경지에 도달한 것이 마르크스주의 유물변증법이라고 말할 수 있다. 마르크스주의는 유물변증법적 세계관을 확립함으로써 관념론과 형이상학에 대한 유물론과 변증법의 이론적 승리를 가져왔고, 세계만물을 창조해서 인간의 운명을 결정하는 신(神) 등은 존재하지 않는 것을 철학적으로 근거를 짓는 문제를 해결했다.

3) 인간중심의 철학적 세계관

마르크스주의는 존재와 사유의 관계 문제를 여전히 철학의 근본문제로 보았으나, 결코 철학적 탐구를 이 문제에 한정한 것은 아니다. 그들은 인간과 환경과의 관계를 철학적 문제로서 제기하고 연구해왔다.

마르크스는 인간과 환경과의 관계를 고찰하면서, 인간은 환경의 산물이라는 해명에 치우치고 있었던 구유물론의 사회적 환경론의 약점을 간파했다. 그는 인간이 환경의 산물이라고 하는 점뿐만 아니라 환경의 개선자라고 하는 점도 다 같이 인정하지 않으면 안 된다고 간주했다. 그는 환경이 인간의 활동을 제약함과 동시에, 인간의 능동적 실천에 의해서 환경이 변혁되는 것, 즉 환경의 변화와 인간 활동의 일치가 추상적인 논리는 아니고 객관적 대상을 개조하는 적극적인 실천에 있어서 가장 분명히 표현되는 것을 강조한

것이다.[34]

그러나 마르크스는 인간과 환경과의 관계에 있어서 어느 쪽이 주동적이고 어느 쪽이 수동적인지, 어느 쪽이 결정적이고 어느 쪽이 부차적인가의 구별에 충분한 주의를 기울이지 않았다. 인간이 환경과의 관계에서 주체적이고 주도적이라고 하는 것을 근거 짓기 위해서는 주체로서 환경에 대해 주도적·능동적으로 작용할 수 있는 인간의 본질적 속성을 해명하지 않으면 안 된다. 그것을 위해서는 무엇보다도 의식을 인간의 생명과 결부시켜 고찰함으로써, 그것이 창조적인 활동을 보장하는 뇌수의 고급한 기능이라는 것을 분명히 하지 않으면 안 된다.

마르크스주의는 그 이후, 환경과의 관계에 있어서 인간이 주체적이라는 것을 철학적으로 해명하는데 큰 전진을 할 수 없었다.

마르크스·레닌주의에 있어서 환경이 아니라 인간이 주체라고 하는 것에 대해서 철학적 해명을 보다 전진시킬 수 없었던 것은, 관념론적인 주관주의에 반대하면서 의식을 객관적 세계의 반영이라고 보는 반영논적 이해를 전면에 내세운 것과 관련하고 있다.

의식을 인간의 우월성을 대표하는 본질적 속성으로 보는 것이 아니라 객관적 세계의 반영이라고 하는 데서 의식의 본질을 찾아내는 한, 객관적 세계와의 관계에서 인간이 주체라고 하는 것을 논증하는 것은 불가능하다. 왜냐하면 인간의 행동을 지휘하는 의식이 단지 객관적 세계의 반영이라면, 결국 의식을 통해서 환경이 인간의 행동을 규정한다고 하는 결론이 나오기 때문이다.

34　동게서, p. 201.

마르크스 · 레닌주의에 있어서 환경에 대한 인간의 능동적 작용은 결국 환경을 반영한 의식의 환경에 대한 반작용으로써 해석되기에 이르렀다. 그 결과 환경과 인간과의 관계는 객관과 주관과의 관계로서 고찰되고, 물질과 의식과의 관계가 여전히 철학의 근본문제로서 논의되었다.

인간이 의식을 지니고 주관이 의식현상이라는 것은 사실이지만, 의식과 주관자체가 인간이라는 것은 아니다. 인간은 가장 발전한 물질적 존재이고 의식은 어디까지나 인간의 뇌수의 기능이다. 인간과 환경과의 관계는, 가장 발전한 물질적 존재와 그것보다 낮은 단계에 있는 물질적 존재와의 관계이다. 따라서 그것을 주관과 객관, 의식과 물질과의 관계로서 고찰해서는 인간을 주체로서 내세우는 인간중심의 세계관을 확립할 수는 없다.

인간중심의 세계관을 확립하기 위해서는 인류의 세계관 발전에서 이룩하였던 가치 있는 유산인 유물변증법의 원리를 전제로 하면서, 새로운 기초에 서서 철학적 세계관을 전개하지 않으면 안 된다.[35]

마르크스주의 유물변증법은 신중심의 세계관에서 인간중심의 세계관으로 발전하는데, 주된 철학적 저해요인이었던 관념론과 형이상학을 극복했지만 인간중심의 세계관에는 이르지 못했던 세계관이다. 세계관 발전에 있어서 마르크스주의의 역사적 지위는, 신비주의와 숙명론의 철학적 기초를 무너뜨리고, 유물론적이며 변증법적인 세계관을 확립함으로써 신중심의 세계관에서 종국적으로 탈피하고 인간중심의 철학적 세계관으로 발전하는 이론적 전제를 형

---

35 동게서, pp.202~203 참조.

성한 것이다.

인간중심의 철학적 세계관의 확립은 주체인 사람의 자주적인 사상의식과 창조적 능력의 성장에 기초하고, 그들의 지위와 역할의 근본적인 변화를 떠나서는 생각할 수가 없다.[36]

따라서 인간의 운명을 지배하는 주인은 신과 인간을 에워싼 세계가 아닌 인간자신이고, 인간의 운명이 세계에 의해서 제약된다고 하는 측면보다도 인간이 세계에 주도적 작용을 하면서 자기의 운명을 창조적으로 개척해 가는 것이 운명의 변화발전의 주된 측면이라는 것을 해명하고, 전면에 내세우는 것이 필요하게 되었다.

5. 세계의 일반적 특징과 인간의 본질적 특성

1) 세계의 일반적 특징

(1) 물질의 개념에 대하여

마르크스주의는 물질의 본질적 특징으로서 객관적 존재성 하나만을 지적한다. 그리고 물질에 관한 철학적 개념은 영구불변하다고 주장한다. 이러한 물질의 개념은 물질을 오로지 의식과의 관계에서만 규정한 것이다.

물질이 의식과 관계없이 객관적으로 존재한다는 것만을 알아 가지고서는 어떻게 하여 단순한 무기물질로부터 생명유기체가 발생

---

36   동게서, p. 204.

하게 되고, 더 나아가 사회적 존재인 인간이 어떻게 발생하게 되었는가를 이해할 수 없다. 물질의 개념은 마땅히 가장 단순하고 저급한 물질적 존재로부터 가장 복잡하고 고급한 존재인 인간에 이르기까지, 모든 물질적 존재의 공통성과 함께 차이성의 발생, 발전을 해명하는데 지침으로 되어야 할 것이다.

세상 만물을 서로 비교해 보면 꼭 같은 것은 하나도 없고 또 완전히 다른 것도 없다. 모든 물질은 물질로서 공통성을 가지고 있는 동시에 서로 다른 특성을 가지고 있다. 물질적 존재가 다양한 만큼 물질의 성질도 그만큼 다양하며, 물질의 성질이 다양한 만큼 운동도 그만큼 다양하다. 이것을 통해 물질의 존재와 물질의 성질, 그리고 물질의 운동 사이에는 필연적 연계가 있다는 것을 알 수 있다.

물리, 화학 등 과학이 발전함에 따라 모든 물질은 그것을 구성하고 있는 구성요소들과 그것들의 결합구조를 가지고 있으며, 이에 따라 물질의 성질이 달라지며 물질의 성질에 따라 물질의 운동이 달라진다는 것이 명백히 드러나게 되었다. 이것은 물질을 인식함에 있어서 물질의 구성요소와 결합구조, 물질의 성질(속성), 물질의 운동이라는 세 가지 징표를 기본으로 삼아야 한다는 것을 말하여 준다.

물질의 성질이 달라지는 것은 물질의 구성요소와 결합구조가 달라지기 때문이며, 물질의 운동이 달라지는 것은 물질의 성질이 달라지기 때문이다. 다른 한편 물질의 운동을 통하여 물질의 구성요소와 결합구조가 달라질 수 있고, 이렇게 되면 물질의 성질이 달라지고 이에 따라 물질의 운동도 달라질 수 있는 것이다.

운동은 상호작용을 의미하며 상호작용 과정에서 물질이 결합되거나 분해되어 그 구성요소와 결합구조가 달라질 수 있다. 따라서 물질의 성질과 운동을 규정하는 기본 요인은 물질의 구성요소와 결합구조(물질의 존재)이지만, 물질을 변화하게 만드는 요인은 운동이라고 볼 수 있다.[37]

물질의 구성요소와 결합구조, 물질의 성질, 물질의 운동의 상호관계를 인식한데 기초하여 인간은 임의의 성질을 가진 물질을 만들어 낼 수 있다는 결론에 도달하게 된다.

그러면 물질의 가장 본질적인 성질(속성)은 무엇인가? 물질이 어떤 성질을 가지고 있기에 단순한 물질이 결합하여 인간까지 진화 발전하는 길을 걸을 수 있었는가?

마르크스주의는 모든 물질은 예외 없이 다 운동하며 따라서 운동은 물질의 존재방식이라고 볼 수 있다는 이유를 들어 물질이 왜 운동하는가, 그리고 물질운동의 원인과 목적에 대하여 생각하는 것은 무의미하다고 주장한다. 즉 물질의 경우에 운동하는 것이 곧 물질의 속성이기 때문에 물질이 운동하는 것이지, 어떤 원인이 있어 운동하는 것은 아니라는 것이다.

그러나 인간이 운동할 때 보면 다 원인이 있고 목적이 있다. 동물의 경우에도 자기의 본능적 요구를 충족시키려는 운동의 목적이 있고 원인이 있다. 무생명물질도 어떤 대상은 끌어당기는데, 어떤 대상은 배척하는 운동을 한다. 이것은 물질운동의 원인으로 되는 성질을 물질이 체현하고 있다는 것을 말해준다.

동물에게서 볼 수 있는 본능적 욕망이나 인간에게서 볼 수 있는

---

37   황장엽 지음, 『세계관』 시대정신 2003 p.57~58 참조

이해관계 등 활동의 원인이나 동기가 되는 성질의 공통성을 추상해 보면, 그것은 결국 자기 삶을 보존하자는 것이다. 자기 삶의 보존이라는 것은 좀 더 추상해 본다면 곧 자기 존재의 특성을 보존하려는 성질이라고 볼 수 있다. 그렇다면 생명이 없는 단순한 물질에는 자기를 보존하려는 성질이 없겠는가 하는 의문이 제기된다.

인간과 동물을 비교하여 보면 인간이 동물보다 자기 보존의 요구 수준이 더 높다. 또한 사회가 발전하고 인간의 생활력이 강화될수록, 즉 발전된 인간일수록 자기 보존의 욕구 수준이 더 높다는 것을 알 수 있다. 반대로 덜 발전된 생명체일수록 자기 보존의 성질의 수준이 낮고 뚜렷하지 않다.

여기서 우리는 가장 단순한 물질은 가장 단순한 운동을 한다고 가정할 수 있다. 이 경우 그 가장 단순한 운동이 무엇인가에 대하여 생각해 볼 필요가 있을 것이다.[38]

가장 단순한 물질이라 하더라도 모든 물질적 존재에 공통적인 특징과 다른 물질과 구별되는 특징, 즉 다른 물질과 같다는 '동일성'의 특징과 다른 물질과 다르다는 '차이성'의 특징을 가지고 있을 것이다. 자기를 보존하려는 성질이 있다면 동일성과 차이성을 보존하려는 최소한의 두 가지 운동을 하게 될 것이다.

우주는 한마디로 말하여 동일성과 차이성이 대립의 통일을 이루고 있다. 이와 같은 통일은, 대립과 통일을 다 같이 보장하기 위한 운동을 통해서만 실현될 수 있는 것이다. 인력운동과 척력운동은 결국 물질존재의 초보적이며 보편적인 구조인 대립물의 통일, 대립

---

[38] 동게서, p.59~60 참조

성과 통일성을 다 같이 보장하기 위하여 필요한 것이라고 볼 수 있다.

물질적 존재의 발전수준은 무엇에 의하여 규정되는가?

그것은 물질의 구성요소와 그 결합구조의 수준에 의하여 규정된다. 물질을 구성하고 있는 요소가 다양하고 그 요소들의 운동능력이 강할수록 그리고 그것들을 결합시키는 구조가 그 물질적 존재의 안정성과 운동능력을 더욱 강화하는 데 도움이 될 때 물질의 구성요소와 결합구조의 수준이 높다고 볼 수 있다. 이것을 대립물의 통일의 범주로 해석한다면, 구성요소들은 대립의 면을 대표하고 결합구조는 통일의 면을 대표한다고 볼 수 있다. 아울러 대립의 수준과 통일의 수준이 다 같이 높을수록 물질존재의 발전수준이 높다고 볼 수 있는 것이다.

무생명물질과 생명유기체, 사회적 존재(사회적 생명체)는 그 구성요소와 결합구조의 수준에서 질적인 차이를 가지고 있다.

이상에서 본 바와 같이 물질의 본질적 특징에는 객관적 존재성 하나만이 아니라 몇 가지 중요한 요인을 포함시켜야 한다.

첫째, 모든 물질은 자기 존재의 특징을 보존하려는 성질을 가지고 있으며, 이 성질이 물질운동의 원인으로 된다.

둘째, 물질의 운동은 물질의 성질에 의하여 규정되며, 물질의 성질은 물질을 구성하고 있는 요소들과 그것들의 결합구조에 의하여 규정된다.

셋째, 물질의 구성요소와 결합구조가 단순한 것으로부터 복잡한 데로, 저급한 것으로부터 고급한 데로 발전할수록 자기를 보존하려는 물질의 성질과 그것을 실현할 수 있는 물질의 적극적이며 능동적인 운동능력도 높아진다.

넷째, 물질은 서로 분리되어 불연속적으로 존재하는 동시에 결합되어 연속적으로 존재한다.

연속성과 불연속성은 물질의 존재와 운동의 보편적 형식이다. 이와 결부되어 있는 객관적 특성이 차이성과 동일성, 다양성과 통일성이다. 동일성과 차이성도 존재의 보편적 특징이지만 자기 존재를 보존하려는 주관성을 가진 특징이 아니라 객관적인 특징이다.

따라서 무생명물질과 생명유기체, 생물학적 존재인 동물과 사회적 존재인 인간의 차이가 아무리 크다 하더라도 그것들은 모두 물질로서의 공통성을 가지고 있으며, 그 차이는 그것들의 구성요소와 결합구조의 차이에 기초하고 있는 것으로서 결국 자기를 보존하려는 주동적 성질과 그것을 실현할 수 있는 능동적인 운동능력의 차이에 지나지 않는다는 결론을 짓게 된다.[39]

발전된 물질일수록 자기를 보존하고 발전시킬 수 있는 능력이 크다. 인간은 가장 발전된 물질적 존재로서 가장 강한 발전 능력을 가지고 있다. 따라서 물질세계를 날이 갈수록 더 잘 인식하고 인간의 생존과 발전을 위하여 더 잘 이용할 수 있게 된다는 것이 인간중심철학의 물질관이라고 말할 수 있다.

(2) 우주에 관한 문제

천문학자들의 연구결과에 의하면 대우주는 반경(半徑)이 약 150

---

39   동게서, p.61~66 참조

억 광년이 되는 넓이를 가지고 있는 데, 거기에는 우리 태양계가 속해 있는 은하계와 같은 동일한 은하계가 약 1,000억 개 가량 있다고 한다. 이것만 가지고도 우주는 사실상 무한히 넓다고 볼 수 있다. 하지만 그래도 이것은 우주가 무한하다는 것을 의미하지 않기 때문에, 우주는 무한한가 유한한가, 우주의 발생의 시초가 있는가 없는가, 우주의 종말이 있는가 없는가 등의 중요한 문제들이 제기되고 있다.

물론 우주론은 자연과학의 끝없는 발전을 통하여 계속 완성되어 나가야 하겠지만, 아직까지 많은 가설에 기초한 여러 학자들의 주장도 완전히 일치되지 않고 있다. 이런 조건에서는 우주론에 대한 철학적 해석이 필요하다.

우주론에 대한 철학적 해석에서 출발점이 되는 것은, 대립물의 통일이 물질세계의 기존 존재방식이며 자기의 존재를 보존하려는 것이 물질의 기본속성이라는 견해다.

물질의 세계의 가장 단순한 운동은 끌어당기는 운동과 배척하는 운동이며, 이것이 가장 단순한 대립물의 통일이 동일성과 차이성의 통일이라는 사정과 관련되어 있다. 아무리 단순한 물질이라도 물질로서의 공통성, 즉 동일성이 있고 동시에 다른 물질과 구별되는 차이성을 가지 있다. 그리고 동일성을 보장하기 위해서는 인력운동이 필요하며 차이성을 유지하기 위해서는 배척하는 운동이 필요하다.[40]

우주 전체에서 볼 때에도 이 단순한 두 가지 운동이 우주의 물질

---

40   동게서, pp.66~69 참조.

로서의 동일성과 차이성을 보장하기 위한 기본운동이 되고 있다. 만일 만유인력만 있고 만유척력이 없다면 물질세계는 하나로 뭉치기만 하고 분리될 수 없어 실질적인 상호작용이 불가능하게 될 것이다. 또한 만유척력만 있고 만유인력이 없다면 서로 배척하기만 하여 물질들이 결합되지 못하고 서로 분리되기만 하여 상호작용이 불가능하게 되며 아무런 변화도 있을 수 없게 될 것이다.

우주에 대한 철학적 견해를 세우는 목적은 자연과학을 대신하여 철학적 우주론을 정립하는 데 있는 것이 아니다. 자연과학이 상당히 발전하였다고 하지만 우주 전체를 인식하기에는 아직 초보단계라고 볼 수 있다. 자연과학이 해명하지 못하는 문제가 있다고 하여 우주를 신비화하여 불가지론을 주장하거나 인류발전에 종말이 있는 것처럼 주장하는 것은 옳지 않다.

인간이 가장 발전된 존재이고 가장 빨리 발전할 수 있는 존재이기 때문에 우주의 주인의 지위를 차지하고 있으며, 인간이 발전할수록 우주의 주인으로서의 지위는 더욱 확대되고 높은 수준으로 올라가게 된다. 인간이 인식할 수 없고 이용할 수 없는 존재란 있을 수 없다.

사람들이 새로 발견하였다고 주장하고 있는 암흑물질이나 암흑에너지도 발전의 수준에서 보면 원자나 소립자들보다 낮은 단계의 물질일 것이며 따라서 그것들의 특성과 운동도 단순할 것이다. 우리는 우주를 불가사의한 신비로운 존재로 여긴다든지, 인류의 운명 개척을 가로막는 장애물로 인식할 것이 아니라 인류발전의 끝없는 원천지로, 그리고 인류의 귀중한 생활환경으로서 인간의 창조적 활동에 의하여 인간과 더불어 발전의 길을 걸어야 할 운명의 동반자

로 이해하여야 한다.[41]

인간이 발생함으로써 물질세계는 사회적 존재와 자연적 존재로 나누어졌다.

즉 사회적 존재인 인간이 중심이 되어 목적의식적으로 운동하는 사회적 존재의 세계와 자연발생적으로 운동하는 자연적 존재의 세계가 나뉘어 상호작용하고 있다. 양적으로 볼 때 사회적 존재는 자연적 존재와는 비교가 안 되게 작다. 그러나 질적으로는 비교가 안 되게 더욱 발전되어 있다.

태양계가 발생한 지 약 45억년이고 인간의 역사가 시작된 것은 약 5천년에 지나지 않는다. 앞으로 백만년과 천만년, 50억년의 미래를 생각한다면, 그때의 인간의 위력과 인간생활의 발전된 모습은 오늘날의 인간으로서는 도저히 상상도 할 수 없는 장엄하고 아름다운 것이 될 것이다. 물질세계가 영원히 발전하려면 3단계의 질적 비약을 일으켜야 한다.

첫째 단계는 무생명물질로부터 생명물질에의 비약이다.

둘째 단계는 생물학적 존재로부터 사회적 존재로의 비약이다.

셋째 단계는 사회적 존재로부터 우주적 존재로의 비약이다.[42]

인간은 자기의 운명을 책임지고 있을 뿐 아니라 우주의 운명에 대해서도 책임지고 있다. 인간은 우주의 발전을 대표한다. 우주는 자기의 대표자인 인간의 발전을 통해서만 발전할 수 있다.

---

41   동게서, pp.69~75 참조.
42   동게서, pp.78~82 참조.

2) 인간의 본질적 특성

인간의 본질적 특징은 여러 각도에서 밝힐 수 있을 것이다. 여기서는 이 문제를 단순히 인간문제로 취급하는 것이 아니라, 세계관의 한 구성 부분으로서 인간의 본질적 특성을 논하게 된다. 여기에서 우리의 관심은 인간이 과연 자기의 운명과 세계의 주인으로 끝없이 생존하고 발전할 수 있는 존재로서의 특성을 소유하고 있는지의 여부를 확인하는 데 집중되어야 한다.

포이에르바하는 인간을 물질적 운동의 생물학적 형태로 이해하였다. 그러나 마르크스는 생물학적 형태로서만이 아닌 사회적 형태로서, 즉 자연적 존재로서만이 아닌 사회적 존재로서 사회적 연관 속에서 인간을 이해했다. 마르크스주의는 인간의 본질을 불변한 것이 아니라 사회의 발전과 함께 변하며 발전해 간다는 입장에 서 있다.

마르크스는 "인간의 본질이란 각각의 개인 속에 내재해 있는 추상적인 것은 아니다. 현실적으로 인간의 본질은 사회적 제관계의 총체이다."라고 말했다.[43] 여기서 사회적 제관계의 총체란 인간의 사회적 활동과 인간을 둘러싼 주위의 조건, 즉 인간의 물질적 생활의 제조건인 사회적 및 경제적 제조건을 고찰해 보아야 한다는 것이다. 그러나 마르크스는 여기서 사회적 관계란 생산관계를 염두에 둔 것이다.

또한 마르크스는 인간의 사회적 본질은 인간의 사회적 활동, 즉

---

43 『도이치 이데올로기』, 국민문고, 24면. 하수도 지음, 한백린 옮김, 『김일성 사상비판』 −유물론과 주체사상−, 도서출판 백두 p.266 참조

노동 속에서 파악된다. 엥겔스가 "노동은 인간생활 전체의 첫째가는 기본조건이며, 어떤 의미에서 노동이 인간 자체를 만들었다."[44]고 한 것처럼, 인간과 동물과의 차이, 인간과 동물의 정신생활의 차이는 바로 노동으로 발생한 것이라는 것이다.

마르크스가 인간의 본성을 타고난 생물학적 속성으로 보지 않고, 사회적 속성으로 보려고 한 것은 탁견이라 할 수 있다. 그러나 인간의 본성이 생산력과 생산관계에 의하여 규정되는 것처럼 보면서, 사회적 존재로서의 인간의 본성 자체를 부정한 것은 잘못이다. 생산력과 생산관계는 인간의 창조물이다. 인간의 창조물에 인간의 본성이 반영된다고 하면 옳지만, 인간의 창조물이 곧 인간의 본성이라고 하는 것은 주객(主客)을 전도하여 사고하는 것이다.

인간에게는 노동도구를 제작하고 생산관계를 창조할 수 있는 능력이 있다. 이 때문에 노동도구와 생산관계를 창조한 것이지, 인간이 창조한 노동도구와 생산관계가 인간에게 그러한 것을 창조할 수 있는 능력을 준 것은 아니다.

인간에게 사회적 본성이 있다는 것은 그것을 생물학적으로 타고났다고 주장하는 것이 아니다. 또한 그것이 고정불변하다고 주장하는 것도 아니다. 인간의 본성은 인간이 사회생활 과정에서 끊임없이 변화발전하게 된다.

인간의 본성이란 결국 세계에서 가장 발전된 존재로서 세계에서 자주적 지위를 차지하고 세계를 자기 요구에 맞게 개조하는 창조적

---

44 『마르크스 · 엥겔스 전집』 제20권, 대월서점판, 444면. 하수도 전게서, pp.265~266참조.

역할을 할 수 있는 인간의 본질적 특징이다.[45]

　(1) 인간의 본질적 속성으로서의 자주성－자주적으로 살려는 삶의 요구
　생명체의 가장 중요한 특징은 살려는 요구를 가지고 있다는 사실이다.

　그러나 인간과 동물의 살려는 요구에는 수준의 질적 차이가 있다. 동물들도 본능적인 삶의 요구를 가지고 있다. 인간에게도 본능적인 삶의 요구가 있다. 하지만 인간은 동물에게는 없는 삶의 요구를 가지고 있다. 동물은 자연이 제공하는 생활조건의 테두리 안에서만 살 수 있다.

　이와는 달리 인간은 자연환경이 인간의 삶의 요구에 맞지 않을 경우 자연을 인간의 요구에 맞게 개조하여 자기의 삶의 요구를 실현해 나간다. 동물은 자연이 지어준 생활환경에 의존되어 산다는 점에서 자연에 예속된 존재이다. 반면 인간은 자기의 생활환경을 자체의 힘으로 창조하고 그것의 주인으로서 산다는 점에서 자주적 존재라고 볼 수 있다.

　결국 세계에서 인간과 동물이 차지하는 지위에서의 근본차이는 동물이 자연에 예속된 지위를 차지한 존재인데 비하여 인간은 자연의 주인으로서 사는 자주적 지위를 차지하고 있는 존재라는 데 있다. 자주적으로 살려는 요구란 세계의 주인이며 자기운명의 주인으로서 살려는 요구, 국가와 사회의 공동의 주인으로서 살려는 요구, 한마디로 철저한 민주주의적 삶의 요구라고 말할 수 있다.

45　동게서, p.84.

자주적으로 살려는 요구는 자주성이라 한다. 자주성이 자기를 보존하려는 인간의 가장 본질적인 속성이라면 창조성은 그것을 실현하기 위한 운동능력이라고 볼 수 있다. 자주성은 인간의 모든 행동의 결정적 요인이다. 인간이 자기운명의 주인으로서 발전하려면 자주성을 강화하는 것이 무엇보다도 중요하다. 창조적 재능이 아무리 뛰어나도 자주성이 약한 사람, 자주성이 약한 민족은 자주적으로 발전할 수 없다.

물질의 가장 본질적인 특징은 자기보존성이고 물질의 운동은 자기보존성의 표현이다. 생명체에서 삶의 욕망은 바로 물질의 자기보존성의 발현으로서 생명체의 존재를 대표하는 기본 속성이다.[46]

개인주의자들은 개인의 자주성의 귀중성만을 강조하고 집단의 자주성의 귀중성을 인정하려 하지 않는다. 개인의 생명은 집단의 생명의 한 부분이다. 어떤 개인도 집단의 생명을 대신할 수는 없다. 사람들의 자주성을 강화 발전시키기 위해서는 자주적인 사상교육을 앞세우고 사회공동의 요구와 이익에 개인의 이기적인 요구와 이익을 복종시키는 사회적 질서를 엄격히 세워나가는 것이 필요하다. 자주성이 약한 민족은 창조성을 계속 발전시킬 수 있는 원동력을 가질 수 없으며 사회적 협조성을 실현할 수 있는 토대를 가질 수 없다.

(2) 인간의 본질적 속성으로서의 창조성

모든 생명체는 살려는 요구를 가지고 있다. 이와 함께 이 요구를 실현하려는 목적의 달성에 동원할 수 있는 힘을 가지고 있다.

---

46 동계서, pp.90~96 참조.

동물과 인간 사이에는 삶의 요구와 그것을 충족시킬 수 있는 대상에서 질적인 차이가 있을 뿐 아니라, 삶의 요구를 실현하기 위한 수단과 방법에서도 질적인 차이가 있다. 동물은 자연이 제공하는 대상을 그대로 이용하여 자기의 삶의 요구를 충족시킨다. 하지만 인간은 그것을 자기의 삶의 요구에 맞게 개조하여 이용한다. 동물에게는 자연을 자기의 요구에 맞게 개조할 수 있는 능력이 없다. 그러나 인간에게는 자연을 자기의 요구에 맞게 개조할 수 있는 능력이 있다.

인간은 자연을 개조하여 자연에 존재하지 않는 어떤 것을 새로이 만들어 내는 창조적 능력을 가지고 있다. 이런 의미에서 인간에게는 창조성이 있다고 말해진다. 인간의 창조성이란 곧 객관세계를 인간의 요구에 맞게 개조할 수 있는 능력이다. 이것이 동물과 구별되는 인간의 중요한 특징이다. 또한 창조력이 인간의 생명을 특징짓는 중요한 징표라는 이유에서 창조성은 인간의 본질적 특징의 하나로 간주된다.

인간은 동물과는 질적으로 다른 인식능력을 가지고 있다. 이로부터 인간은 사물의 특징과 내부연계를 과학적으로 인식하는 것에 기초하여, 자기의 힘과 객관대상의 힘을 목적에 맞게 이용하여 객관세계를 자기 요구에 맞게 개조하는 창조적 지식(지혜)을 떠나서는 생각할 수 없다. 인간은 자기가 육체적으로 지니고 있는 힘을 창조적 지식에 의거하여 합리적으로 이용한다. 뿐만 아니라 자연이 지닌 무궁무진한 힘을 자기가 이용하는 데 편리하게 다양한 기술수단들에 체현시켜 그것을 객관세계를 개조하는 창조적 활동에 이용한다.

자주성이 인간의 생존과 발전의 기본 원천이라면 창조성은 기본 수단이라고 말할 수 있다. 자주성과 창조성은 인간생명의 가장 기본적이며 기초적인 특성이다. 자주성이 인간의 주동성, 물질의 자기보존성을 대표한다면 창조성은 인간의 능동성, 물질의 능동적 운동능력을 대표한다고 볼 수 있다.[47]

이처럼 인간이 지니고 있는 정신적 힘과 물질기술적 힘, 사회적 협력의 힘은 선천적으로 타고난 것이 아니다. 그것은 사회생활 과정에 형성되고 발전되어 온 것이다. 그러므로 인간의 창조성은 인간의 사회적 본성이라고 볼 수 있다.

(3) 인간의 본질적 속성으로서의 사회적 협조성

인간은 사회적으로 서로 협조하며 살려는 성질을 가지고 있다. 그래서 모든 사람들은 다 자기의 개성을 가지고 있지만 사회적 집단을 이루고 사회적으로 서로 협조해 나가고 있다. 사회적 협조성은 인간이 개인적 존재인 동시에 집단적 존재라는 인간의 사회적 존재의 기본 특징에 기초하고 있는 인간의 본성이다.

사회적 협조성은 사람들이 서로 결합되어 협조함으로써 개인으로서는 지닐 수 없는 위력한 생명을 지니려는 요구와 그것을 실현해 나가는 인간의 능력을 말한다. 창조성이 자연을 개조하여 자연의 힘을 인간의 힘으로 전환시킴으로써 인간이 보다 위력한 생활력을 지니도록 하는 데 이바지한다면, 사회적 협조성은 사회를 구성하고 있는 개인들의 결합관계를 합리적으로 개조함으로써 인간의

---

47   동계서, pp.96~100 참조.

사회적 협력의 막강한 위력을 지니는 데 이바지하게 된다.

사회적 협조성은 사회적 집단의 삶의 요구와 이익의 공통성을 수호하는 원칙에 기초하여 개인들의 삶의 요구와 이익의 특수성을 실현해 나갈 것을 요구한다. 삶의 요구와 이익의 공통성, 사회공동의 이익과 인류발전의 공동의 요구를 무시한 개인의 특수성은 허용될 수 없다.

인간이 개인적 존재인 동시에 집단적 존재라는 특징은 영원히 변하지 않는다는 점에서 양자의 본질적 특징을 통일시켜 나가는 사회적 협조성도 인간의 본성으로서 변함없을 것이다.[48]

인간의 창조적 능력을 발전시키는 것이 인간의 운명개척에서 절대적으로 필요한 것처럼 사회적 협조능력을 발전시켜 사회적 협조의 위력을 지니는 것이 인간의 운명개척을 담보하는 필수적 요인으로 된다. 바로 그렇기 때문에 사회적 협조성을 자주성, 창조성과 함께 인간의 사회적 본성의 하나로 인정하는 것이다.

(4) 인간의 본질적 속성으로서의 의식성 – 자주성과 창조성, 사회적 협조성의 공통성으로서의 의식성

동물과 달리 인간은 목적의식적으로 행동한다. 의식을 가지고 있다는 것은 동물에 비해 인간의 우월성을 담보하는 가장 중요한 특징이자 인간에게만 고유한 특성이다. 그러므로 의식성은 인간의 본질적 특징의 하나라고 볼 수 있다. 의식은 처음부터 타고난 것이 아니라 사회생활 과정에서 형성되는 사회적 속성이다.[49]

48　동게서, pp.100~108 참조.
49　동게서, p.108.

인간이 자주적으로 살기 위해서는 창조적인 활동이 필요하다. 아울러 인간이 자주적·창조적으로 살기 위해서는 반드시 의식이 필요하다. 인간의 자주성과 창조성은 의식적으로만 작용하며, 인간의 자주적이며 창조적인 활동은 의식작용을 통해서만 보장된다.

의식이 자주성, 창조성과 뗄 수 없는 관계에 있다고 하여 의식성이 곧 자주성, 창조성은 아니다. 자주성의 본질은 자주적으로 살려는 요구이며, 창조성의 본질은 창조적으로 작용하는 힘이다. 욕망과 힘은 의식이 아니다. 그것은 생명 자체의 속성이다. 인간의 욕망을 자주적으로 작용하게 하고, 인간의 힘을 창조적으로 작용하게 하는 것은 의식이 담당한다. 의식의 기초는 지식이다. 사람이 축적한 지식은 사람의 삶의 요구와 삶의 힘과 결부되어 사람의 요구와 힘을 조절하는 기능을 수행하게 된다.[50]

의식의 본질에 대한 마르크스주의 이해의 제한성은 어디에 있는가?

마르크스주의는 의식의 본질을 객관세계의 반영으로 보았다. 소위 말하는 '반영론'이다. 객관세계의 반영은 곧 지식이다. 지식의 축적이 의식형성의 필수적 조건으로 되지만 지식이 곧 의식은 아니다. 객관세계를 반영한 지식은 그 자체에 목적이 있는 것이 아니라 그것을 이용하여 인간의 자주적이며 창조적인 생명활동을 보장하기 위하여 필요한 것이다.

인간중심철학은 처음으로 의식은 물질의 반영임은 사실이지만 단순한 반영은 아니고 이해관계와 힘의 반영이라고 규정했다. 결론

---

50 서정수 졸고(拙稿), 『인간의 본성에 관한 고찰』 -인간중심의 철학을 중심으로- 2009.2.24. 민주주의정치철학연구소, 발표논문 참조

적으로 말하자면 의식은 자주적 요구와 창조적 능력의 반영이며 인간이 살아가며 생활하고자 하는 요구와 힘이 있기 때문에 활동하는 것이다. 단순한 반작용이 아닌 것이다. 인간의 신체기능 중에서 가장 발달한 것이 뇌수(腦髓)다. 이 뇌의 작용, 기능이 의식이다.[51]

따라서 의식은 인간의 자주적이며 창조적인 생명활동을 조절 통제하는 뇌수의 기능이라는 데 그 본질이 있는 것이다. 의식에 관한 마르크스의 견해의 가장 본질적인 약점은 의식의 발생과 발전과정을 인간의 생명활동의 일환으로 고찰하지 못한 데 있다. 인간의 생명을 떠나서는 의식작용에 대하여 생각할 수 없다. 마르크스주의는 의식의 본질을 단지 객관세계의 반영으로 보면서 의식의 능동적 작용을 과소평가하였다. 반영된 것은 그림자에 지나지 않는데 그림자가 능동성을 가진다고 하는 것이 잘못이라는 것은 명백하다.

다만 관념론자들이 생각하는 것처럼 의식을 물질과 독립적으로 존재하는 그 어떤 정신적 실체와 같이 생각하면서 그 능동성을 주장하는 것은 잘못이다. 그렇지만 의식을 인간의 생명활동에 대하여 생명의 중요성인 뇌수가 진행하는 지휘기능으로서 그 능동적 역할을 인정하는 것은 전적으로 옳다.[52]

관념론은 발전된 물질적 존재의 속성인 의식(정신)을 물질적 존재와 분리시켜 독립적 실체와 같이 보면서 그 주동성과 능동성을 신비화하고 속성이 그 물질적 모체를 지배하는 것같이 사태를 왜곡하였다면, 마르크스주의 유물론은 인간의 속성인 의식을 인간생활의 물질적 조건의 반영으로 보면서 인간의 속성으로서의 주동성과

---

51   박용곤 원고, 『어느 재일교포 사회과학자의 산책』p. 63
52   황장엽, 전게서. p.116

능동성을 거세하는 과오를 범하였다.

생명체의 속성으로서의 생명의 기본 특징은 삶의 요구와 힘이
다. 의식은 삶의 요구와 힘이 장성함에 따라 그것을 통일적으로 관
리하는 생명체의 지휘기능(관리기능)으로 발생하였다.

인간이 타고난 본능적 삶의 요구와 힘은 그 자체만으로 인간의
생명으로서 작용할 수 없으며, 오직 의식기능과 결부되어야만 인간
의 생명으로서 자주적으로 창조적으로 작용할 수 있다. 따라서 의
식은 인간생명의 필수불가결의 구성부분으로 된다.[53] 의식성은 인
간의 본질적 특성인 자주성, 창조성, 사회적 협조성의 공통된 특성
이다.

6. 인간중심철학의 철학적 세계관

1) 세계에 있어서 인간의 지위와 역할

인간중심의 철학은 인간과 그것을 둘러싼 물질세계와의 관계,
환언하면 세계에 있어서 차지하는 인간의 지위와 역할을 철학의 근
본문제로서 제기하고 해명한 것으로 하여, 인간중심의 철학적 세계
관을 확립하였다. 인간중심의 철학적 세계관의 근본원리는 인간이
모든 것의 주인이고, 모든 것을 결정한다고 하는 원리다.

이 원리는 인간중심의 철학적 세계관에 있어서, 세계의 일반적

---

53   동게서, pp.117~118.

특징을 해명하는 원리와 인간의 본질적 특성을 해명하는 원리를 전제로 하고, 이들 원리의 상위에 두어지는 것과 동시에 이들의 원리와는 구분되는 내용을 갖고 전개되고, 이 세계관을 대표하는 근본원리이다.

인간이 모든 것의 주인이라고 하는 것은, 세계에 있어서 인간이 차지하는 지위에 대한 철학적 해답이다. 세계를 이루고 있는 물질적 존재 속에서 인간보다 낮은 발전단계에 있는 존재는 모두 자연적 존재이다. 이와 같은 점에서 인간중심철학의 근본원리는, 가장 발전한 인간이 보다 저급한 발전단계에 있는 물질과의 상호작용에 있어서 종속적인 지위에 있는 것이 아닌 주인의 지위에 있고, 가장 고급한 물질의 운동인 인간의 운동이 저급한 물질의 운동과의 상호작용에 있어서 2차적인 역할을 하는 것이 아니라 결정적인 역할을 한다는 것을 해명한 철학적 원리이다.[54]

인간이 세계의 주인이라고 하는 것은 인간이 자연에 예속해서 살아가는 것이 아니고 자연을 개조하고 자기에 복무시키면서 살며 발전하는 것을 의미한다. 자연은 인간이 생존하고 발전하는데 크나큰 영향을 미친다. 인간과 자연의 발전의 역사는 인간이 자연의 모습으로 변화되어온 것이 아니라 자연이 인간에 복무하는 방향, 즉 인간을 위해 자연스럽게 변모해온 것을 나타내 보이고 있다. 이것은 인간이 자연을 자기에 복무시켜가는 주인이라는 것을 말해주고 있다.

인간이 모든 것을 결정한다고 하는 것은, 세계의 발전에 있어서

54 박용곤 지음, 『사랑의 세계관』 시대정신, 2012 p.206

인간이 수행하는 역할에 대한 철학적 해답이다. 인간은 세계를 스스로의 요구에 맞추어 목적의식적으로 개조하는 유일한 창조적 존재이기 때문에, 세계에서 주인의 지위를 차지하는 것뿐만 아니라 세계를 개조하고 발전시키는 데서도 결정적인 역할을 한다는 것이다.

세계의 발전에 있어서 인간이 결정적 역할을 다 한다고 하는 것은 인간의 자주적이며 창조적이고 목적의식적인 운동이, 자연의 자연발생적인 운동보다 훨씬 큰 기여를 하는 것을 의미하며 세계가 끝없이 변화발전한다고 하는 것을 전제로 하면서, 세계발전에 있어서 가장 고급한 인간의 운동이 어떠한 역할을 하는가를 문제로 하고, 그것에 해답을 주는 것이다.[55]

인간중심철학의 근본원리에 대해서 정신이 세계를 지배하고 세계의 발전을 좌우하는 것처럼 해석한다면 그것은 크나큰 오해이다. 인간이 정신을 갖고 있다고 해서, 인간 자체를 정신적인 것에 포함시켜서는 안 된다. 인간은 정신을 갖고 있지만 발전한 물질이고 가장 고급한 운동의 담당자인 것이다.

인간중심철학의 근본 원리는 유물론과 변증법의 원리를 포기한 것이 아니고, 그것을 전제로 해서 새롭게 확립한 철학적 원리이다. 세계가 물질로 이루어졌다고 하는 유물론의 원리는 관념론에 반대하면서, 세계가 물질인가 아니면 정신인가의 견지에서 세계의 본질이 무엇인가를 해명하는 원리이다. 인간중심철학의 근본원리가, 인간이 모든 것의 주인이라고 하는 것은 세계가 물질로 이루어졌다고

55　동게서, pp.207. 209 참조

하는, 유물론을 전제로 하면서 물질세계에서 가장 발전한 물질인 인간이 어떠한 지위를 차지하고 있는가 하는 것을 문제로 하고 거기에 해답을 부여하는 일이다. 종래의 유물론의 원리는 인간이 발생하지 않은 세계, 인류가 발생한 이후의 세계의 어느 것에도 보편적으로 통용되는 것이다. 하지만 인간중심철학의 원리는 인간이 발생한 이후의 세계에서, 인간과 세계와의 관계를 해명한 것이다. 즉, 종래의 유물론이 물질일반을 중심으로 하는 객관적 유물론이었다고 한다면, 인간중심철학이 밝힌 유물론은 인간을 중심으로 하는 주체가 있는 유물론인 것이다.[56]

2) 인간의 운명개척의 길을 해명

인간중심철학의 근본원리는, 인간이 살아 있는 오늘의 세계에 대한 과학적인 견해를 부여한다. 역사적인 진화발전의 견지에서 고찰할 때, 물질세계는 인류가 출현하기 이전의 세계와 출현한 이후의 세계로 나눌 수가 있다.

세계는 물질로 되어 있고, 끊임없이 변화발전한다고 하는 유물변증법의 원리는 인간이 발생하기 이전의 세계와 인간이 발생하고 있는 지금의 세계의 양쪽에 모두 타당한 원리이다. 그러나 거기에는 인간이 살고 있는 현실세계의 고유한 특색은 포함되어 있지 않다. 여기에 유물변증법적 원리가 해명하고 있는 세계에 대한 견해의 한계가 있다.

---

56 동게서, pp.211~212 참조.

유물변증법의 원리를 하나의 측면으로써 포함하고 있는 인간중심철학의 근본원리는, 인간이 발생한 이전의 세계와 인간이 발생한 지금의 세계의 공통적인 특징과 함께, 오늘의 세계의 고유한 특징을 포괄적으로 포함하고 있다.[57]

인간이 발생하기 이전의 세계에는 자연적인 존재밖에 없었다. 그 당시는 세계란, 즉 자연이었다. 자연을 이루는 물질적 존재의 사이에 발전수준에는 차이가 있어도, 자연을 개조하고 자기에게 복무하는 주인은 존재하지 않았다. 또한 세계에서 진행하는 운동은 자연의 운동이었다. 그때에는 자연의 운동이 물질의 상호작용에 의해서 자연발생적으로 실행되고, 자연의 발전을 목적의식적으로 추진하는 힘은 없었다.

그러나 물질세계에 인간이 출현함에 따라 세계의 양상(樣相)은 근본적으로 바뀌었다. 자연만으로 형성된 세계가 자연과 인간을 포괄하는 세계로 전환되고, 자연을 자기에 복무하게 하는 주인이 등장했다.

그렇게 해서 세계는 인간에 복무하는 방향으로 개조되는 새로운 발전을 하게 되었다. 그래서 세계는 인간의 발전에 따라서 발전수준이 높아가는 세계로 전환되었다. 또한 자연의 운동만이 발생되었던 물질세계에 있어서 목적의식적으로 진행하는 인간의 자주적이고 창조적인 운동이 진행되고, 자연의 발전을 의도적으로 추진해가는 동력이 생겨났다.

인간중심철학은 인간이 어떠한 존재이고 어떠한 운동을 진행하

---

57   동게서, p.213.

며 물질세계에서 어떠한 지위를 차지하고 어떠한 역할을 하는지를 해명함으로써 인간이 살아가는 세계의 본질적 특징을 인간중심의 철학적 원리에 의한 세계에 대한 새로운 철학적 견해에 따라 정식화했다.

인간중심철학의 근본원리는 인간의 운명개척의 길에 대해 세계관적 해명을 주는 데 있다. 인간은 세계에 종속되어 있는가, 그렇지 않으면 세계를 개조할 수 있는가에 따라 인간의 운명은 근본적으로 달라진다. 인간의 운명에 영향을 주는 요인은 크게 나누어 세계와 인간자신이다. 세계가 어떻게 변화하는가에 따라 인간의 운명에 서로 다른 영향을 미치고, 인간 자신이 얼마만큼 노력하느냐에 따라 운명개척의 정도가 변화된다.

인간중심철학의 근본원리는 인간의 운명에 인간자신이 보다 큰 영향을 미친다는 것을 해명하고 있다. 사람들은 오랜 기간 자기의 운명을 도와주는 구세주를 외부로부터 찾았으며, 종교적 세계관을 갖는 사람들은 그것이 신이라고 생각했다.[58]

그러나 인간중심철학은 그것이 확실히 인간자신이라는 것을 발견했다. 외부의 어떤 것도 인간의 운명을 도와줄 수는 없고, 있지도 않는 신이 구세주가 될 수는 없다. 인간의 운명은 오로지 인간만이 도울 수 있다. 이 진리가 운명에 관한 인간중심철학의 진수이다.

종교적인 세계관과 운명의 비과학성을 극복한 마르크스주의의 유물변증법적 세계관은 세계가 물질로 이루어져 있고, 끊임없이 변화발전한다고 하는 세계에 대한 견해는 제시했지만, 인간의 운명에

---

58   동게서, p.214~215

대한 견해와 그 개척의 길에 대해서는 직접적인 해답을 주지 못했다.[59] 세계가 물질로 되어 있다고 하는 마르크스주의 유물론의 원리에서는 인간도 물질이라고 하는 견해는 제시하지만, 인간이 물질세계와 자기운명의 주인이라고 하는 결론은 나오지 못했다. 세계가 변화발전한다고 하는 마르크스주의 변증법의 원리에서는 인간도 변화발전한다고 하는 견해는 제시하지만, 인간이 물질세계의 발전과 자기운명 개척에 있어서 결정적 역할을 한다는 것은 해명하지 못했다.

마르크스주의의 유물변증법적인 철학적 세계관은, 세계에는 물질이 아닌 어떠한 존재도 고정 불변한 것도 존재하지 않는다고 보는 세계에 대한 견해를 통해서, 신비주의와 숙명론을 극복하기 위한 철학적 근거를 부여하는데 머물렀다.

인간중심철학의 근본원리는 세계관과 운명관과의 과학적 통일을 기초로 하여 신앙과 이성의 대립을 지양했다. 학문으로써 등장한 철학은 종교적 교리와는 달리 이성을 신앙보다 상위에 놓고 윤리적인 논증에 의거하면서 세계관을 전개했다.[60]

요컨대 인간의 운명은 세계에 있어서 그 지위와 역할이 높아지는 것에 의해서 개척된다. 지위와 역할의 향상이 없는 곳에 운명의 향

---

59 유물변증법적 세계관이 인간의 운명문제에 직접적인 해답을 주지 못했다고 하는 것은 마르크스주의가 운명에 대해서 논하지 않았다고 하는 것은 아니다. 마르크스주의가 제시한 노동자계급의 해방의 조건에 관한 학설은 운명문제 그리고 자본의 착취와 억압에서 노동자계급의 해방을 사회정치적인 문제로써 제기하고 해명했다. 그러나 여기서 문제시하고 있는 것은, 운명문제를 사회정치적인 문제로써 취급하고, 철학적 세계관의 문제로써 직접 논하지 않았다는 뜻이다.

60 동게서, p.216~221 참조.

상은 있을 수 없다. 세계에 대한 올바른 견해의 확립, 세계관과 운명관과의 과학적 통일, 그것이 기초한 이성과 신앙의 대립의 지양, 세계관의 사상화는 인간중심철학의 근본원리의 중요한 특징이다.

7. 맺는 말

인간이 철학을 연구하는 목적은 자기의 운명을 개척하는데 필요한 지침을 찾는 데 있다. 인간이 가장 큰 관심을 갖는 문제는 자기의 운명개척에 관한 문제이다. 그것은 인간에 있어서 운명문제보다 중요한 문제는 없기 때문이다.

따라서 세계관이 시대에 적합한 세계관이 되기 위해서는 체계적 일관성은 물론 관념론과 유물론적 세계관을 철학적으로 극복하고 세계관과 인생관의 통일은 물론 인간의 운명개척에 영향을 줄 수 있어야 한다. 또한 우리 시대에 사람들에게 삶의 궁극적인 의미를 부여할 수 있어야 한다.

인간중심의 세계관은 처음으로 세계관과 인생관이 통일되어, 세계의 중요한 구성부분이라는 것을 분명히 했다. 인간중심의 세계관의 사명은 과학적이며 진보적인 세계관을 해명함으로써 인간의 운명개척에 지침을 주는 데 있다.

인간중심의 세계관은 우선 세계에 대한 견해와 관점과 입장을 해명하기 위해 물질세계의 일반적 특징, 인간의 본질적 특성 그리고 세계에 있어서 차지하는 인간의 지위와 역할은 물론 세계에 대한 인식과 개조의 방법론적 문제를 해명하고 있다.

인간중심의 세계관은 또한, 참된 가치 있는 생활과 그것을 영위하는 방법, 즉 올바른 인생관을 해명한다. 인간은 사상의식을 가진 사회적 존재다. 따라서 인간의 행동은 목적의식적인 성격을 띤다.

인간중심의 세계관은 인간의 생명을 고찰함에 있어서 인간이 개인적 존재임과 동시에 사회적 존재이기 때문에 인간이 개인으로서 타고난 생명이 육체적 생명이라면 사회적 집단의 하나의 성원으로서 지닌 생명이 사회적 생명이라는 것을 해명했다.

사회적 집단은 개별적 성원의 단순한 총체는 아니고, 일정한 사회적 관계를 맺고 역사적으로 계승·발전하는 사회성원이 유기적으로 결합된 하나의 통일된 생명체이다.

고립된 개인의 생명은 세계의 주인, 자기 운명의 주인으로서 영생하려고 하는 요구를 실현할 수가 없으며 그것은 집단의 생명에 근거해야만 가능하다. 고립된 개인의 생명만으로는 아무런 가치도 없다.

그것은 무한의 사회, 인류의 생명과 결합되어 인류의 영원한 번영과 발전에 봉사함으로서만 가치를 가질 수 있기 때문이다.[61]

인간중심의 세계관은 오늘날 각종 세속주의적 세계관들과 비판적으로 대화하면서 여러 가지 세계관들이 지니는 한계를 밝히고 그 대안으로 인간중심의 세계관이 오늘날 인류에게 삶의 궁극적인 의미를 제시해 줄 수 있는지를 밝히는 과제를 지니고 있다.

---

61   동게서, p.493.

참고문헌

【저서】

황장엽 지음, 『세계관』 시대정신, 2003

황장엽 지음, 『인생관』 시대정신, 2003

박용곤 지음, 『사랑의 세계관』 시대정신, 2012

박용곤 원고, 『어느 재일교포 사회과학자의 산책』 (출판 준비중: 2013)

김영한 저, 『포스트모던 시대의 세계관』 숭실대 출판부, 2009

하두봉, 『생명과학의 발달과 전통윤리관의 동요』 「현대과학과 윤리」, 믿음사,
　　1987

안제구, 『철학의세계 과학의 세계』 한울. 1991

이원실, 『기독교 세계관과 역사발전』 혜선출판사, 1990

하수도 지음, 한백린 옮김, 『김일성 사상비판』 도서출판 백두, 1988

【논문】

김영한, 《세계관에 대한 철학적 성찰》 -기독교 관점에서-, 한국기독교학회, 기
　　독교철학, 2009

정광수, 《과학적 세계관과 인간관, 범한철학회》 범한철학, 2011

김보림, 《기독교 세계관에서 본 한국의 역사교육》 기독교 학문연구회, 신앙과
　　학문, 2011

이현휘, 《화이트헤드와 근대세계관의 철학적 성찰》 한국화이트헤드학회, 화이
　　트헤드연구, 2010

성현창, 《기독교세계관과 주자학의 비교를 통해서 본 유교와 기독교의 만남》 한
　　국동서철학회, 동서철학연구, 2009

유경상, 《기독교 세계관에 기초한 "포스트모던 인간관 연구"》 기독교학문연구
　　회, 신앙과 학문, 2010

황준연, 《'논어'에 나타난 공자(公子)의 세계관》 한국윤리학회(구 한국국민윤리
　　학회), 윤리연구(구 국민윤리연구), 2011

제5장
인간중심철학의
사회역사관

1. 서론

　세상에 존재하는 것은 인간과 인간을 둘러싸고 있는 세계이다.

　이로부터 인간중심철학은 첫째로 세계란 무엇인가, 둘째로 인간의 본질적 특징은 무엇인가, 셋째로 인간과 세계의 관계의 기본특징은 무엇인가를 철학이 밝혀야 할 세 가지 기본문제로 간주하고 있다.

　사회역사관은 세계와 인간의 상호관계, 즉 세계에서 차지하는 인간의 지위와 역할의 변화발전 과정의 합법칙성, 인간의 운명개척 과정의 기본특징을 밝히는 것을 기본사명으로 삼고 있다.

　마르크스와 엥겔스는《공산당선언》의 처음의 첫째 줄에서《인류의 역사는 계급투쟁의 역사다》라고 서술했다. 그 뒤 미국의 인류학자 헨리 모건의 『고대사회』나 다윈의 『종의 기원』이 출판되고 계급이 없는 공동사회의 존재가 판명되었다. 이와 같은 성과를 토대로 하여 엥겔스는 유물론의 관점에서《계급사회 이후의 역사는 계급투쟁의 역사다》라고 정정(訂正)하였다.

그러나 그들이 꿈꾸었던 공산주의사회나 오랜 기간 계급이 없었던 사회의 역사에 공통하는 어떠한 규정도 부여할 수는 없었다.

이것은 인간의 본질적 속성의 해명 없이는 불가능한 것이다. 인간중심의 철학은 처음으로 인간의 본질적 속성을 자주성과 창조성, 사회적 협조성과 이들 공통성의 속성으로써 의식성을 가진 사회적 존재라고 규정했다. 인간의 활동, 운동은 그 속성을 규정하는 활동이다. 따라서 인류가 이 세계에 등장한 이래 그들의 활동은 자주적 요구를 창조적 힘에 의해서 사회, 집단적으로 수행하는 의식적 활동인 셈이다.

이것을 집약해서 간단히 규정하자면 《인류역사는 인간의 자주성의 발전의 역사》라고 규정화할 수가 있다. 이것은 미래의 사회까지도 포함한다.

그렇다면 사회를 어떻게 묘사하고 그 사회에서 인간은 어떠한 생활을 해야 할 것인가? 마르크스주의는 사회를 토대와 상부구조로 성립되어 있다고 묘사했다. 토대는 생산력과 생산관계의 결합이며, 여기서 능동적이고 결정적 역할은 생산력이 완수되고 생산력의 발전 수준에 따라서 생산관계가 형성된다고 보았다. 이 토대에 조응해서 상부구조로써 정치, 법률, 사상, 문화가 있다고 지적하고 토대가 상부구조를 규정한다고 보았다. 이것은 형이상학적 역사관에 비해 과학적 측면을 갖고 있는 것도 사실이다.

그러나 여기에는 인간의 모습이 보이지 않는다. 즉 인간이 빠져있다.

주체적 사회역사관에서는 사회를 구성하는 요소로서 인간과 사회적 부(富) 및 사회적 관계가 결합되어 사회를 형성하고 사회는 정치분야, 경제분야 및 문화분야로 대별되어 인간은 정치생활, 경제생활, 문화생활을 수행하고 각각의 분야와 생활은 독자적인 것이며 정치가 경제를 규정한다든지 혹은 문화가 정치를 규정하는 것이 아니라 상호 의존하고 깊이 연계해서 생활하는 것이다.

또한 인간중심의 사회역사관에서는 사회적 관계, 사회제도의 변화발전이 세계에서 차지하는 인간의 지위와 역할의 변화발전에 의존한다는 사실과 함께, 개인적 존재와 집단적 존재의 상호관계가 지금의 사회는 물론 미래사회에 미치는 영향에 대해서도 주목해야 한다는 점을 강조하고 있다.

종래 마르크스주의 사회역사관은 유물사관이라고 불렀으나 우리가 여기서 다루려는 사관은 유물사관을 포섭하고 뛰어넘는《인간중심의 사회역사관》이라고 명명한다.

2. 마르크스주의 사회역사관

1) 마르크스주의 유물사관(역사유물론)

마르크스주의가 형성된 19세기 중엽에 자연과학의 위력은 영국에서 시작된 산업혁명을 통하여 구라파 전역에서 실천적으로 뚜렷이 과시되었다.

마르크스는 여기에 고무되어 사회역사 분야에서도 자연계에서와 마찬가지로 객관적으로, 필연적으로 작용하는 법칙을 밝히는 것을 자신의 사명으로 생각하게 되었다. 엥겔스는 마르크스가 유물사관을 정립한 것은 마치 다윈이 『종의기원』에서 생물진화론을 전개함으로써 유기적인 자연의 발전법칙을 발견한 것처럼 인간역사의 발전법칙을 발견한 것을 의미한다고 높이 평가하였다.

역사적 유물론과 계급투쟁론은 마르크스주의의 두 개의 이론적 기둥이라고 볼 수 있다. 계급투쟁론이 그의 변증법을 구현한 것이라면 역사적 유물론은 마르크스의 유물론을 구현한 것이라고 말할 수 있을 것이다.

마르크스의 유물사관에서 가장 중요한 핵심이 되는 것은 경제가 정치와 문화를 규정하고 정치와 문화는 경제에 반작용할 뿐이라는 것이며, 경제발전에서는 생산력의 발전이 기본이고 생산관계가 생산력 발전에 반작용한다는 사상이다.

유물사관을 요약한 공식은 "생산력의 발전수준에 생산관계가 상응하며 생산관계의 성격과 수준에 상응하여 상부구조가 형성되어 생산관계를 옹호하며 반작용하는 것"이라고 말할 수 있을 것이다.

그 반작용이란 결국 생산관계를 반영한 의식이 자기의 반영의 토대인 생산관계를 옹호하는 작용을 한다는 것이다.

다시 말해 해당 사회의 발전수준을 규정하는 가장 결정적인 징표는 생산력이며 생산력의 발전수준에 맞게 생산관계가 형성되는데, 생산력은 해당 사회의 창조적 힘을 대표하며 생산관계는 해당 사회의 사회제도를 대표한다는 점이다.

즉 생산력의 발전수준에 의해서 군사력을 포함한 정치적 힘과 과학기술을 포함한 정신문화적 힘의 발전수준이 규정되며, 생산관계의 총체인 경제제도에 의하여 정치제도와 문화제도 등 사회제도 일반의 성격이 규정된다는 것이다.

역사적 유물론은 사회적 존재가 사회적 의식을 규정한다는 유물론적 명제로 출발하였지만 그것은 생산력이 생산관계를 규정하며 생산관계가 사회적 의식과 그것을 구현한 정치, 법률적 상부구조를 규정한다는 생산력과 생산관계, 토대와 상부구조의 이론으로 압축되었다고 말할 수 있다.

마르크스는 그 이전의 비과학적이며 비현실적인 사회역사관의 오류를 극복하고 과학적인 사회역사관의 수립을 위한 사업에 긍정적인 기여를 하였으나 동시에 심중한 오류를 남겨 놓았다.

첫째, 인간의 사회적 의식을 사회적 존재의 반영으로 본 마르크스의 유물론의 오류와 결부되어 있다.

즉 "인간의 사회적 존재가 사회적 의식을 규정한다"는 마르크스의 명제에 따라 사회적 운동의 주체인 인간을 중심으로 역사발전 과정을 고찰하지 않고 인간의 활동을 제약하는 객관적 조건을 중심으로 역사를 고찰하려고 한 점이다.

사회역사적 운동은 인간이 일으키고 인간이 떠밀고 나가는 인간의 운동이지 객관적 조건의 운동이 아니다.

마르크스주의자들은 의식(정신)이 선차적이냐, 물질이 선차적이냐 하는 문제가 유물론과 관념론을 가르는 기본문제라고 주장한다. 그들은 다윈의 진화론에 근거하여 정신이 발생하기 이전에 물질세계가 존재하였다는 사실과 의식은 객관적 물질세계를 반영한 주관적 형상에 지나지 않는다는 점을 지적함으로써 유물론의 정당성을 논증하고 있다.

의식의 본질은 객관세계를 반영하는데 있는 것이 아니라 인간의 자주적이며 창조적인 생존활동을 보장하는 인간생명 자체의 가장 고급한 주동적이며 능동적인 특징을 대표하는데 있다. 즉 의식의 본질은 인간의 생존활동을 관리하는 최고 지휘기능을 수행하는데 있는 것이다.

만일 의식의 본질을 객관세계의 반영으로 보고 그것이 객관세계에 의하여 규정된다고 보면 목적의식적으로 행동하는 인간의 활동도 결국 객관세계에 의하여 규정된다는 결론에 당도하게 된다. 이렇게 되면 인간이 사회적 운동의 주체로서 자기운명을 주동적으로, 능동적으로 개척해 나가는 자주적 존재라는 것을 부정하고 인간도 동물과 마찬가지로 객관적 조건에 예속된 존재라는 것을 인정하는 것으로 된다.

즉 인간이 자기운명을 개척하기 위하여 생산력과 생산관계, 토대와 상부구조를 주동적이며 능동적으로 개변시켜 나가는 것이 아니라 생산력과 생산관계, 토대와 상부구조의 변화발전이 인간의 운명을 규정한다는 역사관을 주장하게 된다.

마르크스주의는 반영론에 의거함으로써 인간이 사회적 운동의 주체라는 것을 부정하고 인간의 운명이 객관적 조건의 변화발전에 의하여 규정되는 것처럼 유물사관을 정립하는 오류를 범하였던 것이다.

둘째, 사회현상을 물질적인 것과 정신적인 것의 두 부분으로 갈라놓고 정신이 물질의 반영이라는 견지에서 물질적인 것이 정신적인 것을 규정한다고 본 것이다. 다시 말해 정신적인 것을 물질적인 것으로부터 파생된 것으로 인정함으로써 정치, 경제, 사상문화의 3대 생활의 상대적 독자성과 균형적 발전의 필요성을 부정하는 것이다.

마르크스도 그 이전의 유물론자들과 마찬가지로 정신은 물질의 반영이라고 인정하였다. 정신은 가장 발전된 사회적 존재인 인간 생명력의 특징이지 물질적 존재의 반영이 아니다.

그러나 마르크스주의는 경제생활을 유일한 물질생활로 간주함으로써 정치생활이나 사상문화생활을 경제생활로부터 파생되고 경제생활에 의하여 규정되는 것으로 인정하였다. 물론 인간은 자연을 개조하여 생활수단을 생산하지 않고서 생존하고 발전할 수 없다.

자연을 개조하여 물질적 재부를 창조하는 것도 인간이며 또 인간의 생존과 발전을 위하여 필요한 것이다.

인간을 생산하고 인간의 발전수준, 인간의 사상문화 수준을 높이기 위한 인간개조사업과 이에 기초한 사상문화생활을 떠나서는 자연개조사업과 경제생활을 발전시키는 문제 자체에 대하여 생각할 수 없다.

셋째, 자연의 운동법칙과 사회의 운동법칙의 공통성만을 찾으려고 한 것은 잘못이다. 자연운동의 주체와 사회운동의 주체는 공통성과 함께 질적 차이를 가지고 있는 만큼 자연의 운동법칙과 사회운동의 법칙 사이에는 공통성과 함께 질적인 차이성도 있다는 것을 인정해야 한다.

자연적 존재는 발전 수준이 낮은 저급한 물질적 존재로 이루어져 있기 때문에 사회적 존재에 비하여 주동성과 능동성이 매우 약하며 그것이 운동에 미치는 영향은 보잘 것 없다. 따라서 자연의 운동에서는 작용하는 힘의 크기를 양적으로 계산하여 운동의 필연적 과정을 확정할 수 있다.

그러나 사회적 운동에서는 주체의 주동성과 능동성이 크게 작용하기 때문에 객관적 물질적 조건의 영향력만을 타산하여 가지고서는 운동의 변화과정을 정확히 파악할 수 없다.

마르크스가 사회생활의 물질적 기초로서 경제생활의 중요성을 강조한 것은 정권을 장악한 통치자들 또는 정신적인 요인들이 사회발전에서 결정적 역할을 하는 것처럼 주장하는 관념론적 역사관을 극복하고 사회역사 발전에 대한 과학적인 관점을 확립하는 데는 긍정적인 역할을 하였다.

그러나 경제는 누가 발전시키는가, 즉 생산력과 생산관계를 발전시키는 것은 누구인가 하는 문제에 당연한 주목을 돌리지 못하였다. 생산력을 발전시키는 것도 인간이며 생산관계를 개조하는 것도 인간이다.

마르크스의 유물사관이 경제를 출발점으로 하여 모든 사회현상을 경제와 결부시켜 해명하려 한 것은 가장 큰 장점인 동시에 가장 큰 약점이기도 하다.

정치와 문화, 경제는 서로 밀접히 연결되어 상호의존하고 상호제약하고 있지만 어느 하나로부터 다른 것이 파생된 것이 아니다. 정치와 경제, 문화의 상호관계는 물질중심, 경제중심이 아니라 사회적 운동의 주체인 인간을 중심에 놓고 고찰할 때만 올바르게 해명할 수 있다.

결국 마르크스주의 유물사관의 근본 오류는 첫째로 사회적 존재의 기본은 생산력과 생산관계인 것이 아니라 인간이라는 것이며, 둘째로 사회적 의식은 생산관계의 반영인 것이 아니라 사회적 존재인 인간에게 고유한 가장 고급한 생명력인 정신적 생명력의 기능이라는 것을 모르고 있다는 점이다.

마르크스의 유물사관은 사회발전에서 사회적 운동의 주체인 인간의 주동성과 능동성의 결정적 역할을 응당하게 평가하지 못하고 인간과 인간생활의 본질을 물질적 요인에 귀착시키고 인간발전의 역사를 물질적 조건의 발전 역사로 간주한데 있다고 볼 수 있다.

그러나 경제발전이 사회발전 전반에 미치는 영향과 인간의 의식의 변화발전에 미치는 영향을 지적하였다는 점에서 긍정적인 면도 찾아 볼 수 있다. 그것은 지난날 관념론적 역사관이 사회발전 과정에서 인간의 관념이 결정적인 역할을 하는 것처럼 주장함으로써 역사에 대한 과학적 인식을 저해한 결함을 시정하는 데서 커다란 진보적 역할을 수행하였다는 점에서 높이 평가될 수 있을 것이다.

2) 계급투쟁이 사회발전의 동력이라는 주장

마르크스주의는 계급투쟁이 사회발전의 동력이라고 주장한다. 마르크스의 변증법은 모든 사물의 발전의 원천을 내부 모순에서 찾고 있으며, 모순은 대립물의 투쟁을 통해서만 해결될 수 있기 때문에 투쟁이 발전의 동력이라고 주장한다. 투쟁이 발전의 동력이라는 주장이 변증법을 왜곡한 옳지 않은 주장이라는 데 대해서는 더 말할 필요가 없다.

마르크스주의는 사회의 기본 내부 모순을 생산력과 생산관계의 모순으로 보고 있다. 다시 말해 사회가 발전하기 위해서는 생산력과 생산관계의 모순을 해결하지 않으면 안 된다고 주장한다.

즉 새로운 생산력의 수준에 맞지 않는 낡은 생산관계를 생산력의 수준에 맞는 새로운 생산관계로 교체하지 않으면 안 되며, 계급사회에서 낡은 생산관계를 새로운 생산관계로 교체하는 사업은 오직 계급투쟁을 통해서만 실현될 수 있다고 주장한다.

이와 같이 인간의 이해관계와 그것을 실현할 수 있는 객관적 조건과 주체적 역량의 변화에서 사회적 변혁의 요인을 찾는 것이 아니라, 생산력은 내용이고 생산관계는 형식이기 때문에 새로운 내용에 맞게 형식도 새로운 것으로 교체되어야 한다는 주장이 과연 옳겠는가?

근로자는 생산에 직접 종사하기 때문에 생산력을 대표하는 계급이고, 생산수단의 소유자는 생산관계에서의 자기의 특권적 지위를 유지하는데 이해관계를 가지고 있기 때문에 생산관계를 대표하는 계급이며, 따라서 생산력과 생산관계의 모순은 생산수단 소유계급과 생산근로 대중 간의 계급투쟁으로 표현되지 않을 수 없다는 주장은 과학적으로 논증되지 않은 추상적이며 도식적인 견해이다. 착취와 피착취의 불평등은 무엇보다도 생산관계에서의 불평등이지 생산력과 생산관계의 모순의 산물은 아니다.

생산력에는 근로자들의 노동력과 기계기술 수단 등 방대한 생산수단이 포함된다. 생산수단의 소유자도 생산력 발전에 깊은 이해관계를 가진다. 생산노동자만이 생산력 발전을 옹호하는 것처럼 보이는 것은 사실과 맞지 않는다.

뿐만 아니라 생산력과 생산관계의 모순이 생산수단의 소유자와 생산노동자 사이의 모순으로 표현된다고 보는 것은 인간이 아닌 생산력과 생산관계의 모순이 인간의 모순으로 표현된다는 것으로 되며, 이는 사회적 운동의 주체를 인간이 아니라 생산력과 생산관계로 보는 그릇된 견해이다. 불합리한 낡은 생산관계를 반대하는 투쟁에는 생산근로자들 뿐만 아니라 생산수단의 소유자와 정치인들과 문화인들도 참가할 수 있는 것이다.

마르크스주의자들은 생산력 발전의 원인은 생산관계에서 찾고, 생산관계의 발전의 원인은 생산력 발전의 원인에서 찾고 있다. 즉 생산력과 생산관계의 상호작용에 의하여 생산력과 생산관계가 발전한다는 것이다.

생산력을 발전시키는 것도 인간이고, 생산관계를 개조하는 것도 인간이다. 인간이 노동을 쉽게 하면서도 더 많은 물질적 재부를 창조하기 위하여 생산력을 발전시키며, 생산 활동에서 사회적 협력을 더욱 강화하고 생산물을 효과적으로 이용하기 위하여 생산관계를 개선해 나가는 것이다. 인간이야말로 사회발전의 담당자이며, 인간의 창조적 활동을 통하여 사회가 발전하는 것이다.

따라서 계급투쟁이 사회발전의 기본 동력이라는 것은 터무니없는 그릇된 주장이다. 사회를 발전시키기 위해서는 무엇보다도 자연을 개조하여 물질적 부를 창조하는 사업을 강화하여야 한다. 이것이 계급투쟁이 아닌 것은 명백하다.

교육과 과학 연구사업을 발전시켜 인간 자체의 과학기술과 문화 수준을 높여야 하는데 이것도 계급투쟁이 아니다. 사람들의 자주적이며 창조적인 활동을 높이 발양시키고 사회적 협조와 협력을 강화하기 위해서는 정치적인 사회관리를 발전시키는 것도 중요한 바 이

것도 그 자체는 계급투쟁이 아니다.

계급투쟁이 사회발전에 긍정적인 역할을 할 수 있는 것은 오직 낡은 불합리한 사회체제를 지배계급이 계속 유지하려고 고집할 때 지배계급의 탄압을 제거하고 새 사회체제를 수립하는 경우뿐이다.

마르크스주의자들은 그들이 주장하는 타도의 대상인 지주, 자본가 계급을 완전히 숙청한 다음에도 역시 계급투쟁과 무산계급독재를 계속 강화하였으며 무산계급사회 건설을 최종목표로 내세우고 이에 초점을 두고 무산계급독재의 원리에 따라 사회를 발전시키기 위한 대책을 세우려고 하였다.

이러한 점에서 실천적으로 검증도 되지도 않은 공산주의 이론을 과학적 공산주의라고 선전하면서 계급투쟁과 무산계급독재로 수많은 죄 없는 인민들에게 전대미문의 고통과 불행을 안겨준데 대하여 공산주의자들은 마땅히 역사 앞에 응당한 심판을 받아야 할 것이다.

사회를 발전시키는 기본적 요인은 자연개조사업, 인간개조사업, 사회관계사업을 힘 있게 진행하여 정치, 경제, 문화를 발전시켜 나가는 것이라는 것은 의심할 바 없다.

그러나 마르크스주의자들은 계급투쟁과 무산계급독재를 사회발전의 기본 동력으로 인정함으로써 정치, 경제, 문화발전을 억제하였을 뿐 아니라 계급적으로 대립되어 서로 비타협적으로 싸우게 하는 인간증오사상을 고취하고 화목하고 평화로운 생활을 희생시키는 엄중한 과오를 범하였던 것이다.

3. 인간중심철학의 사회역사관

철학이 인간의 운명개척에 이바지하여야 할 자기의 사명을 다하자면 사회의 본질과 변화발전의 법칙을 정확히 밝혀주어야 한다. 사회가 하나의 물질적 존재라면 역사는 그의 운동이다.

사회의 운동이 역사이기 때문에 사회와 역사를 붙여서 사회역사라고 한다. 사회의 본질을 밝혀주는 것이 사회관이라면 사회의 변화발전의 법칙을 밝혀주는 것이 역사관이다. 사회관과 역사관을 합쳐서 사회역사관이라고 하는데 이것은 사회의 존재와 운동의 두 면에서 세계관적으로 해명한 것이다.

이때까지 사회역사관도 오랜 기간 발전하여 왔으며 여러 가지 사회역사관이 존재하였다. 인간중심철학의 세계관은 사람을 중심에 놓고 사회의 본질과 그 변화발전의 법칙을 새롭게 밝혀주는 사람중심의 사회역사관이다.

인간중심철학의 사회역사관은 첫째로, 사회의 본질을 사람을 중심에 놓고 새롭게 밝혀주었다.

둘째로, 사람이 모든 것의 주인이며 모든 것을 결정한다는 주체의 철학적 원리를 사회역사연구에 적용하여 사람이 역사의 주체이며 사회발전의 동력이라는 주체사관의 기본원리를 해명하였다. 인간중심철학의 세계관은 사람의 본질적 속성이 사회적 운동에서 어떻게 발현되는가 하는 것을 고찰하고 사회적 운동의 본질과 성격, 추동력을 해명하였다.

1) 사회의 본질

(1) 사회의 본질에 대한 견해의 역사적 고찰

사회란 무엇인가 하는 것을 밝히는 것은 사회역사관의 출발이다. 사회의 본질을 알아야 사회적 운동의 본질과 성격, 추동력 및 사회발전의 영역들과 그 상호관계 그리고 인간의 운명개척의 근본방도에 대하여 정확히 풀 수 있다. 그러므로 사회역사관은 사회에 대한 고찰로부터 시작한다.

사회라는 말은 영어로 《society》, 프랑스어로 《societe》라고 쓰는데 둘 다 《결합한다》, 《협력한다》, 《협동한다》는 의미를 담고 있다.

사회의 본질에 대한 개념이 성립되기 시작한 것은 근대 초기부터이지만, 그에 대한 소박한 표상은 이미 고대에 발생하였다.

플라톤과 아리스토텔레스는 사회를 구조적으로 쓰려고 시도하였다. 플라톤은 『이상 국가』라는 책에서 사회는 인간정신의 3가지 형태, 즉 이성(理性), 원기(元氣), 욕망에 따라 3가지 계급으로 이루어진 것으로 보았다.

이성의 담당자가 철학자이고 강한 원기, 격정을 가진 사람이 군인·무사계급이고 욕망에 따라 움직이는 사람이 농민, 수공업자와 같은 평민계급이라는 것이다. 그에 의하면 이성을 가진 철학자가 통치자로 되는 것이 가장 이상적이며 그 밑에 무사계급, 그리고 그 다음에 평민계급, 이런 식으로 사회가 이루어져야 한다는 것이다.

아리스토텔레스는 사람을 《정치적 동물》로 본데 기초하여 사회를 공동체에 대한 본능적 지향을 가진 사람들이 생활의 전면적 보장을 위하여 목적 지향적으로 서로 맺는 연합(聯合)이라고 보았다.

중세기에 있어서 사회의 본질에 대한 견해는 신을 중심으로 하여 전개되고 사회를 신분으로 이루어진 집단으로 고찰한 것이다. 물론 이러한 견해는 고대에 제기되었으나 중세기에 이르러 극치에 도달하였다.

중세기 사회관은 《왕권신수설(王權神授說)》과 신분제를 쌍벽으로 전개된 것으로 하여 그것을 봉건귀족들의 이익을 합리화하는 이론이었다.

근대에 이르러 사회의 발생과 본질을 사람의 본성과 결부시켜 고찰하려는 시도들이 나타났다. 물론 근대에 이르기까지 사회와 국가가 구별되지 않고 사회이자 국가이고 국가이자 사회로 이해되어 왔다.

근대철학자들은 사회와 국가를 신(神)으로부터가 아니라 사람으로부터 직접 끌어냈다. 그들은 봉건귀족들이 주장하는 《왕권신수설》에 대하여 《사회계약설(社會契約說)》을 제창하였다.

그는 국가가 사람들의 계약의 산물이라는 것으로부터 주권재민(主權在民)의 사상을 창시했고, 왕이 백성을 억압할 때에는 백성들이 계약위반을 선포하고 왕과의 계약을 폐기하고 왕을 파면시킬 수 있다는 진보적 결론까지 도출하였다.

사회와 국가를 계약의 산물로 보는 것은 사회의 본질과 발생을 사람의 불변한 본성에 기초하여 설명하는 관념론적 견해이다. 그러나 《사회계약설》은 봉건국가와 사회를 옹호하는 《왕권신수설》을 부정하고 사회를 사람의 본성과 결부시켜 고찰하는 가치 있는 내용을 깊이 있게 시사(示唆)한 귀중한 사상이다.

마르크스주의는 사회에 대한 이해를 처음으로 유물론적 토대 위에 올려놓았다. 마르크스는 『정치경제학 비판』 서문에서 사회의 복잡한 관계에서 생산관계를 갈라내고 그것이 사회의 현실적 토대를 이루며 그 위에 철학, 예술, 도덕과 같은 사상, 견해들과 그에 상응하는 기관들인 상부구조가 서게 된다고 하였다.

사회의 본질을 파악하는 데서 17, 8세기에 활약하였던 계몽주의 사상가들의 학설은 거대한 역할을 하였다.

봉건제도와 독재, 전제정치가 사회를 지배하고 있는 역사적 시기에 사회는 계약으로 이루어지는 집단이며 법 앞에서는 누구나 다 평등하고 그 누구도 모든 사람들의 인권을 침해할 수 없다는 근거를 밝히고 자유와 평등, 우애의 기치 밑에 새로운 사회제도, 민주정치를 실현할 수 있는 사상과 신조를 안겨준 것은 사회의 본질을 밝힐 수 있는 대로(大路)를 닦아놓았다.

(2) 사회의 본질

인간중심철학의 세계관은 사회의 본질을 사람을 중심에 놓고 물질적 재부와 사회적 관계로 결합된 사회적 집단이라는 것을 새롭게 밝혔다. 사회도 물질세계의 발전과정에서 생겨나왔으며, 자연과 같이 물질세계에 속한다. 그러므로 사회도 하나의 특수한 물질적 존재다.

그러나 사회는 그 구성요소와 결합방식에 있어서 자연의 물질적 존재와는 근본적으로 구별된다. 사회는 사람들이 사회적 재부를 가지고 사회적 관계로 결합되어 생활하며 활동하는 집단이다. 사회의 구성부분은 세 가지로 이루어져 있다.

사회의 첫 번째 구성부분은 《사람》이다. 사람은 고립적으로 사는 것이 아니라 집단적으로 살아간다. 사회적 집단을 떠나서는 사람의 생활과 활동을 생각할 수 없다. 사람이 생활하고 활동하는 집단이 바로 사회이다.

사람은 자주성과 창조성, 사회적 협조성과 이들의 공통성으로써의 의식성을 가진 것으로 하여 자주적 요구와 창조적 능력에 따라 활동하게 되며 이 과정에서 사회의 다른 구성부분, 구성요소들을 창조해 나간다. 사람이 사회의 첫째 가는 구성부분으로 되는 근거가 바로 여기에 있다. 사람이 없는 다른 구성부분은 있을 수 없다.

사회의 두 번째 구성부분은 《사회적 재부》이다. 사회를 이루는 구성요소에는 사람이 창조한 정신적 및 물질적 재부가 속한다. 사회적 재부에는 우선 물질적 재부가 포함된다. 여기에는 생산도구, 원료, 자재를 비롯한 물질, 기술적 수단과 자료 그리고 사람들의 생활에 필요한 생산물이 속한다.

사회적 재부에는 이와 함께 문화적 재부와 수단들이 포함된다. 사회적 재부의 특징은, 첫째로 사람들의 자주성과 창조성이 객관화된 것이라는 점에 있다. 사람들의 자주성과 창조성은 성질이기 때문에 그 자체로는 볼 수가 없다. 그러나 사람들은 자주적 요구에 맞는 대상들을 선택하여 창조적 능력으로 만들어 자기 몸 밖에 객관화하여 놓고 눈에 보이도록 하며 그것을 사용한다.

사회적 재부의 두 번째 특징은, 그것들이 대를 이어 축적되어 전 사회적으로 이용된다는 점이다. 사회적 재부는 객관화될 뿐 아니라 책과 같은 문화적 수단에 담겨져 사회공동의 재부로 이용되고 발전한다.

사회적 재부는 사람들과 결부되어 사람의 요구와 힘의 작용을 돕는 사회적 기능을 수행하며, 사람들의 자주적이며 창조적인 활동을 보장한다. 그것은 사회적 재부가 사람의 자주의식과 창조적 능력에 의하여 이루어진 것이며 자주적 요구와 창조적 능력을 체현하고 있기 때문이다.

사람은 자기의 속성이 객관화되어 있는 사회적 재부를 통하여 자기의 요구를 실현하고 창조력을 확대해 나갈 수 있다.

사회의 세 번째 구성부분은 《사회적 관계》이다. 사람과 사회적 재부가 사회를 이루는 구성요소라면 사회적 관계는 이러한 구성요소들의 결합방식이다. 그러기 때문에 사회적 관계는 물질적 존재 자체는 아니고 물질적 존재들이 맺고 있는 관계인 셈이다.

사회를 이루는 구성요소들의 결합방식으로써는 두 가지 면을 포괄한다. 그 하나는 사람과 사람과의 관계이며 다른 하나는 사람과 사회적 재부와의 관계이다. 이 두 가지 측면 가운데서 기본은 어디까지나 사람들 사이의 관계이다. 사회적 관계는 본질에 있어서 사람들의 사회적 지위와 역할을 규제하는 사회적 질서이다. 사회가 유지되고 발전하자면 반드시 일정한 질서가 있게 된다.

서로 다른 요구와 힘을 가진 사람들이 집단적으로 결합되어 살며 활동하자면 사람들 사이의 관계를 조절하는 일정한 질서가 필요하다. 마르크스주의에서는 주로 사회적 관계라고 할 때에 생산관계를 염두에 두었다.

인간중심철학의 세계관은 생산관계를 사람들이 경제활동에서 맺는 관계로 보며 정치적 관계나 문화적 관계와 함께 사회적 관계의 한 형태로 본다.

사실상 사람들이 생활하고 발전하기 위하여 생산관계만을 맺는 것이 아니라 정치적 관계와 문화적 관계를 맺는 것이며 어느 하나의 관계에서 다른 관계가 파생되어 나오는 것이 아닌 것이다.

인간중심철학의 사회역사관은 이처럼 사회관계를 경제관계에 귀착(歸着)시키지 않고 사람을 중심에 놓고 경제관계를 포함하면서 거기에 정치적 관계와 문화적 관계가 다 속한다는 것을 새롭게 밝혔다.

사람을 중심에 놓고 정치제도, 경제제도, 문화제도를 포괄하는 것으로 보아야 사회제도 전반에 대한 올바른 기여를 할 수 있다.

이렇게 놓고 볼 때에 사회는 본질에 있어서 사람들이 사회적 재부를 가지고 사회적 관계를 맺고 활동하는 집단이라고 규정할 수 있다. 다시 말하여 사회는 사람을 주인으로 하여 사람과 함께 그들이 창조한 사회적 재부와 그것을 결합시키는 사회적 관계로 이루어진 통합체이다.

사람들의 사회적 결합에서 주체는 어디까지나 사람이며 결합수단은 사회적 재부이며 결합형식은 사회적 관계이다. 사회적 재부를 수단으로 하고 사회적 관계를 형식으로 하여 사람들 자신이 유기적으로 결합된 것이 바로 사회이다.

2) 사회적 운동에 대한 주체적 견해

인간중심철학의 사회역사관은 사회적 운동의 주체가 사람이라는 것을 밝히고 사회역사적 운동의 고유한 합법칙성을 사람을 중심에 놓고 해명하였다. 그러므로 사회역사적 운동은 그 주체인 사람의 본질적 특성의 발현(發現)과정으로 고찰하게 되었다.

인간중심철학의 사회역사원리는 4대원리로 구성되어 있다. 제1 원리는 사람이 사회역사의 주체라는 원리이다. 이 원리는 인간중심 철학의 기초 원리이다. 인간중심철학의 모든 원리들과 명제들은 이 원리에 기초하여 전개되고 있다. 나머지 원리들은 주체적인 사람의 본질적인 속성인 자주성과 창조성, 사회적 협조성과 의식성의 발현 과정을 밝힌 원리이다.

(1) 역사의 주체와 사회적 운동의 동인

역사의 주체에 관한 문제는 사회발전을 주체적인 관점과 입장에서 이해하는 데서 대두되는 기초적인 문제이다.

역사의 주체를 정확히 밝혀야 그에 기초한 사회역사적 운동법칙을 옳게 해명할 수 있기 때문이다. 신학자들은 《신》이 역사를 창조한다고 설교하였으며 관념론자들은 초자연적인 그 어떤 《정신》이나 개인의 《의지》가 역사를 창조한다고 주장하였다. 역사의 창조자를 사람으로 보는 경우에도 그 어떤 《위인》을 역사의 창조자라 보고 근로자는 《위인》이 역사를 창조하는데 쓰이는 수단으로 보았다.

마르크스주의는 역사의 창조자에 대한 신학적 및 관념론적 견해를 비판하고 근로자가 역사의 창조자라는 것을 처음으로 주장하였다. 그러나 그들은 그 근거를 사람의 본질적 특성에서 찾는 것이 아니라 사람들의 활동이 전개되는 객관적 물질적 조건에서 찾았다. 마르크스주의는 역사발전의 궁극적 요인은 경제이며 따라서 인류 역사발전의 기초를 물질적 재부의 생산방식이라는 결론을 지었다.

생산방식은 인간의 자연개조의 창조력인 생산력과 경제적 과정에서 사람들 사이에 맺어지는 생산관계와의 통일된 것이 생산방식이지 사람 자체는 아닌 것이다.

역사의 주체를 정확히 알자면 주체의 개념부터 똑바로 이해하는 것이 필요하다. 마르크스철학에서 사용하는 주체라는 용어와 인간중심철학의 세계관에서 사용하는 주체라는 용어 사이에는 공통성과 차이성이 있다.

공통성은 첫째로 다 같이 주체를 물질적 존재로 보는 것이며 둘째로 운동의 담당자로 보는 것이다. 차이성은 마르크스철학에서는 모든 운동에 주체가 있는 것으로 이해하지만 인간중심철학의 세계관에서는 사회적 운동에서만 주체가 있으며 그것이 바로 사람이라고 보는 것이다.

인간중심철학의 세계관에서는 주체라는 말을 단순히 운동의 담당자라는 뜻으로서가 아니라 사회적 운동을 일으키는 원인으로 되는 성질을 가지고 있고 그 운동을 떠밀며 나아가는 힘을 가진 존재를 이르는 말로 쓰고 있다.

자연의 운동은 객관적으로 존재하는 물질들의 상호작용에 의하여 자연발생적으로 이루어지지만 사회적 운동은 주체의 주동적이며 능동적인 작용과 역할에 의하여 발생·발전한다.

사회적 운동의 주체는 사람이다. 사회역사는 사회적 운동이다. 사회적 운동은 인간의 운동인 만큼 그 운동을 일으키는 원인도 인간에게 있고, 그 운동을 추진해 나가는 힘도 인간에게 있는 것이다. 사회적 운동이 진행된다는 것은 사회를 이루는 3대 구성부분들인 사람과 사회적 재부 그리고 사회적 관계가 운동 변화한다는 것을 의미한다.

사회적 운동은 인간의 자주적 요구에 의하여 일어난다. 세계의 주인으로 살려는 사람의 요구에 의하여 자연개조, 사회개조, 인간 개조 운동이 일어난다. 사회적 운동은 인간의 창조적 힘에 의하여 추동된다. 자연을 개조하는 인간의 힘인 생산력에 의하여 자연개조 운동이 추동되고 인간의 혁신적인 능력에 의하여 사회개조 운동이 추동되며 사람의 사상·문화적 힘에 의하여 인간개조 운동이 추동된다.

사람이 사회역사의 주체라는 것은 인간이 사회적 운동의 중심에 서서 그것을 주동적으로 일으키고 떠밀고 나가는 존재라는 의미이다. 사람이 사회역사의 주체로 되는 것은 무엇보다도 인간이 자주적 요구를 가지고 있는 자주적 존재이기 때문이다.

인간은 이러한 요구를 갖고 있기 때문에 온갖 예속과 사회적 불평등에서 벗어나 자주적인 생활을 향유하기 위한 목적의식적인 활동을 벌리게 된다. 자기의 자주성을 위한 인간의 목적의식적인 활동에 의하여 사회적 운동이 일어나며 역사가 개척되고 발전하게 된다.

사람이 사회역사의 주체로 되는 것은 또한 인간이 창조적 능력을 지니고 있는 창조적 존재이기 때문이다. 사람은 사회역사적으로 축적되고 발전하는 창조적 힘을 갖고 있다. 이 힘의 작용을 떠나서는 어떠한 사회적 운동도 이루어질 수 없고 사회가 발전할 수 없다.

정신문화적 재부도 사람에 의하여 창조된다. 과학과 기술이 사람들의 생활을 더욱 유족하게 하기 위하여 오랜 생산과정을 통하여 발전하게 된다.

사람들은 낡은 사회제도를 갱신하고 새로운 사회제도를 세우며 사회를 발전시켜 나가는 데서도 결정적인 역할을 한다.

이와 같이 인간은 온갖 예속에서 벗어나 자주적으로 살려는 요구와 그것을 실현할 수 있는 창조적인 힘이 사회적 운동의 동인(動因)인 것이며, 목적의식적으로 활동하고 자주적이며 창조적인 역할을 하는 사람이 사회역사의 주체가 되는 것이다.

사람이 사회역사의 자주적인 주체로 되어야 모든 것의 주인으로 될 수 있다. 역사의 자주적인 주체란 자기의 자주적 요구를 실현하는 데 창조적 힘을 써나가는 주체, 다시 말하여 자기 운명을 자주적으로 창조적으로 개척해 나가는 주체를 말한다.

역사의 자주적 주체, 사회정치적 생명체는 사회역사 발전의 강력한 창조적 능력을 발휘하여 자기 자신과 민족의 운명과 발전을 추진시켜 나간다.

오직 민족과 인류의 운명을 개척하는 역사적 사명을 깊이 자각하고 역사의 주체를 강화하기 위한 사랑의 굳건한 통일을 이룩하여야 한다.

(2) 사회적 운동의 본질

사회적 운동은 인간의 자주성을 실현하기 위한 활동이다.

사회적 운동의 본질에 관한 문제는 사회적 운동의 목적과 내용이 무엇인가를 밝히는 것이었다. 그러나 사회역사관에서 이러한 문제는 미해결로 남아 있었다. 지금까지 사회역사적 운동의 본질을 정확히 밝힐 수 없었던 것은 이론적 측면에서 볼 때 사회역사적 운동의 주체가 무엇인가를 옳게 밝힐 수 없었던 것과 밀접하게 관련되어 있다.

종교적 사회역사관에서는 역사를 《신》의 의지의 실현과정으로 고찰하였다. 객관적 관념론자들은 역사를 그 어떤 《이념》이 사회적 운동에서 발현된 과정으로 봄으로써 본질에 있어서 신학적 역사관의 테두리를 벗어나지 못하였다.

헤겔은 사회발전에는 개인의 힘으로서는 어찌할 수 없는 하나의 법칙이 관통되어 있다고 하면서 인류역사를 《절대이념》의 전개과정으로 보았다. 《절대이념》은 자유를 자기 본성으로 하고 있기 때문에 《자유》의 확대과정이자 곧 인류역사의 발전과정으로 보았다.

헤겔의 역사관은 처음으로 사회에도 일반적 법칙이 있다는 것을 확인하고 사회발전의 법칙을 밝혀내고 체계화하려고 시도한 점에 특징이 있다. 특히 사회역사관의 본질을 자유의 확대과정으로 본 것은 《자유》에 대한 사람들의 지향에 시선을 돌리고 그 시각에서 사회역사를 고찰하려는 귀중한 시도라고 볼 수 있다.

주관주의적 사회역사관은 역사를 그 어떤 탁월한 《위인》의 의지의 실현과정으로 묘사한다.

마르크스주의자들은 인류역사를 계급투쟁의 역사로 규정하고 『공산당선언』의 맺는말에서 노동계급은 공산주의 혁명에서 잃을 것은 쇠사슬뿐이고 얻을 것은 전 세계라고 하면서 오직 계급투쟁만이 역사를 발전시킨다고 하였다.

그러나 인간중심철학의 사회역사관은 선행이론에서 밝혀진 합리적인 사상을 계승한 토대 위에서 사회적 운동의 본질을 새롭게 해명하였다. 사회적 운동의 본질은 그 주체인 사람의 근본 속성인 자주성과의 관계에서 밝힐 때 과학적으로 해명될 수 있다. 인류사회의 발전역사는 본질에 있어서 자주성을 옹호하고 실현하기 위한 인간의 활동의 역사이다. 사회적 운동은 자주적인 운동이다. 그것은 무엇보다도 자주성이 인간의 근본 속성이기 때문이다. 자주성을 지키는 것은 인간의 절대적 요구이다.

사회역사적 운동은 사람들의 자주적 요구가 끝이 없기 때문에 영원히 계속된다. 인간은 당면한 요구가 실현되면 보다 높은 요구를 제기한다. 만일 사람이 욕망의 실현에 만족하고 거기에 멈춘다면 사회적 운동은 정지되고 사회는 더 이상 존속 발전할 수가 없게 될 것이다.

결국 사회생활의 모든 분야에서 진보와 발전은 자주성을 위한 사람들의 활동의 결과에 의하여 이루어진 것이다. 사회적 운동이 사람들의 자주적 요구로 하여 일어나고 그것을 실현하기 위한 활동에 의하여 발전하기 때문에 인류역사는 자주성을 위한 사람들의 활동의 역사로 되는 것이다.

(3) 사회역사적 운동의 성격

사회역사적 성격에 관한 문제는 이 운동이 무엇에 의하여 어떻게 진행되는 운동인가 하는 것을 밝혀주는 문제이다. 사람의 본질적 속성인 창조성이 사회역사적 운동에 발현됨으로써 사회역사적 운동은 창조적 운동으로 된다. 바로 이 원리가 사회적 운동의 성격을 밝혀주는 원리이다.

일반적으로 운동의 성격은 그 운동의 진행방식에서 표현된다. 따라서 운동의 성격은 그 물질적 존재의 운동방식을 보고서야 알 수 있다.

사회역사적 운동의 기본성격은 창조적 운동이다.

사회적 운동이 사람들의 창조운동이라는 것은 그것이 사람들의 창조적 지혜와 힘에 의하여 목적의식적으로 작용하여 자연과 사회, 인간 자체를 변혁시키는 운동이라는 것을 말한다.

사람들의 자주적 요구와 지향에 맞게 물질·문화적 재부가 개선되고 새로운 사회제도가 세워지는 과정은 다 창조의 과정으로 되는 것이다.

사회적 운동이 사람들의 창조적 운동으로 되는 것은 창조의 과정 자체가 사람들의 새것의 창조에 대한 요구와 그 실현을 위한 창조적 능력에 의하여 수행되기 때문이다. 사람들의 인식능력과 실천능력은 무한하다. 사람들은 새것, 진보적이 것을 요구할 뿐만 아니라 자연과 사회를 개조·변혁할 수 있는 무궁무진한 창조적 능력을 가지고 있다.

사람들은 이러한 요구와 능력을 가지고 있으므로 하여 낡은 것을 변혁하고 새것을 더욱 많이 만들어 내면서 자연과 사회를 자기들에게 더욱 쓸모 있는 유리한 것으로 개변(改變)시켜 나가는 창조자로 되는 것이다.

사회적 운동이 창조적 성격을 띠는 것만큼 인류역사도 바로 사람들의 창조적 역사로 된다. 인류역사는 우선 사람들이 자기의 창조적 노동으로 자연을 개조하고 자기의 생존과 발전에 필요한 재부를 생산하여 온 과정이었다. 그리고 인류역사는 사람들이 낡은 것을 변혁하는 창조적 활동으로 사회적 진보를 이룩하여 온 과정이었다. 인류역사는 사람들의 활동에 의하여 자연이 개조되고 사회가 발전하여 온 창조의 과정이다. 사람들의 창조적 활동에 의하여 자연이 개조되고 사회가 발전하는 것 바로 이것이 인류역사 운동의 성격이다.

(4) 사회적 운동의 추동력

사회적 운동의 추동력을 과학적으로 해명하는 것은 사회역사 발전의 합법칙성을 밝히는데 있어서 매우 중요한 문제이다. 사회적 운동의 추동력은 사회역사적 운동을 떠밀고 나가는 힘에 대한 문제이다.

17~18세기 계몽주의 철학들은 사회역사 발전의 동력을 《신》에게서 찾는 종교적 사회역사관을 반대하고 여러 가지 계몽주의적 견해를 내놓았다. 프랑스의 수학자이며 철학자인 콩도르세(Marquis de Condorcet, 1743~1794)는 사회발전은 인간의 지식의 발전에 있다고 보았다.

18세기 프랑스의 계몽주의 사상가 몽테스키외(1689~1755)는 『법의 정신』에서 사회의 발전은 기후의 힘에 의하여 결정된다고 하였다. 그에 의하면 열대민족(熱帶民族)은 태만한 것으로 하여 노예로 되고 한대민족(寒帶民族)은 용감한 것으로 하여 자유를 가지게 된다는 것이다.

지리학적 결정론에는 하천(河川)의 유무를 사회발전의 동력으로 보는 견해도 있다. 이 이론에 의하면 고대에는 애급과 메소포타미아, 중국과 인도처럼 하천지대가 발전하며 그 다음에는 희랍, 로마처럼 바다지대(지중해를 끼고 있다는 점)가 발전하며 그 다음에는 영국이나 화란, 에스토니아처럼 대양지대가 발전한다는 것이다.

18세기 프랑스의 철학자 엘베띠우스(1715~1771)를 비롯하여 많은 사람들이 지리적 조건의 영향을 받지만 그가 받고 있는 사회적 환경, 구체적으로는 정치제도의 영향을 결정적으로 받는다고 하였다.

마르크스주의 창시자들은 이전 시기까지의 온갖 관념사관을 극복하고 사회발전의 동력을 생산력과 생산관계의 모순적 충돌 속에 있다고 보았다.

인간중심철학의 사회역사관은 사회적 운동의 추동력은 사람들의 자주적인 사상의식이라는 새로운 사상을 내놓았다. 사람들의 창조적 힘을 발동하여 그것이 사회역사적 힘으로 발현하는데 결정적 힘으로 작용하게 하는 것은 다름 아닌 자주적인 사상의식이다. 자주적인 사상의식의 작용에 의하여 자주성을 위한 사람들의 창조적 운동이 일어나고 추동된다.

사상의식에 의하여 사람들의 활동목적이 규정되고 목적을 달성할 수 있도록 사람의 힘이 작용하게 된다. 사람은 자주적인 사상의식을 가져야 자연과 사회를 개조하기 위한 의식적인 활동을 할 수 있고 자주성을 침해하고 유린하는 압제자와 독재자를 반대하는 적극적인 활동을 벌려 나갈 수 있다.

사람들은 자기의 자주적인 요구와 이해관계를 자각한 자주적 사상의식을 가짐으로써만 비로소 혁신운동에 적극참여하게 되며 자기의 무궁무진한 힘을 자연과 사회를 개조하고 변혁하는 혁신적 힘으로 전환시키며 혁신적 능력을 최대한으로 발휘하여 사회의 전진운동을 다그치게 된다.

주지하는 바와 같이 사회발전과 혁신운동에 참여하는 사람들의 역할을 규제하는 요인 중에는 사상의식과 창조적 능력, 그리고 객관적 조건이 있다. 객관적 조건은 사람 밖에 있는 자연과 지리적 및 사회역사적 조건이다.

그러나 아무리 유리한 객관적 조건이 마련되고 조성되어도 사람들의 자주적인 사상의식과 창조적 능력이 응당한 수준에 이르지 못하면 그것을 사회발전에 옳게 이용할 수가 없다.

인간중심철학의 사회역사관은 사람이 사회역사 발전의 주체라는 것을 밝히고 그 3대 속성인 자주성과 창조성, 의식성이 사회적 운동에서 발현된 것이 사회적 운동의 본질과 성격, 추동력을 밝혀준 원리라는 것을 해명하였다.

유물사관도 객관이며 과학적인 사관이었으나 대립과 투쟁, 계급주의를 절대화한 결과 역사에 많은 후과(後果)를 남겼다. 인간중심의 철학적 사관은 사람을 중심에 놓고 해명한 사관이라면 유물사관은 물질을 중심에 놓고 해명한 사관이다.

3) 사회발전의 기본분야와 상호관계

사회는 여러 가지 활동이 진행되고 있으며 다종다양한 생활이 벌어지고 있다. 이것들을 정리해 보면 첫째로 의식주문제를 해결하기 위하여 자연을 개조하고 경제생활을 하고 있으며, 둘째로 좋은 사회를 확립하기 위한 사회개조 활동을 전개하고 정치생활을 하고 있으며, 셋째로 유능한 인간을 육성하기 위한 인간개조 활동을 벌리면서 문화생활을 향유하고 있다.

다시 말하여 사회는 3대 개조분야와 3대 생활, 자연개조 활동과 경제생활, 사회개조 활동과 정치생활, 인간개조 활동과 문화생활을 구체적으로 전개함으로써 사람들의 자주적 요구를 수행하며, 사회역사는 발전한다.

자연개조와 사회개조, 인간개조의 창조적 활동을 통하여 사회가 발전하고 사람들의 자주성이 실현되어 나간다.

(1) 사회발전의 기본분야

① 자연개조와 경제

자연개조 활동은 사회생활에서 매우 중요한 자리를 차지하며 사회발전의 기본 분야의 하나를 이룬다.

자연개조사업이 발전하여 사람의 발전에 필요한 물질적 조건이 마련될 수 있고, 사회관계가 개변할 수 있는 물질적 가능성이 생기게 된다.

물질적 재부를 창조하는 활동은 자연개조를 통하여 실현된다. 인간생활에 필요한 물질적 재부의 원천은 자연에 있다. 사람이 생존하며 발전해 나가려면 반드시 먹고 입고 쓰고 사는 데 필요한 물질적 재부를 가져야 한다.

사람들은 자연을 개조하는 창조적 활동을 통하여서만 자기의 생존과 사회발전에 필요한 물질적 조건을 마련할 수 있다. 자연을 개조하지 않고서 생활수단을 획득할 수 있는 방법은 없다. 사람은 오직 자연을 개조하여 물질적 재부를 창조하는 방법으로써만 생존을 유지할 수 있고 발전할 수 있다.

자연개조는 기본적으로 물질적 재부의 창조를 의미하는 것만큼 경제생활에 속한다. 물론 경제생활 분야에는 물질적 재부의 생산뿐만 아니라 분배와 소비도 포함된다. 그러나 생산을 떠나서 생산물의 분배나 소비가 있을 수 없으며 그것들이 생산에 의하여 규정되기 때문에 생산물의 생산과 직접 결부되어 있는 자연개조는 경제생활의 기초를 이루게 되는 것이다.

자연을 개조하고 경제생활을 원만히 수행하려면 자연을 개조하는 창조적 힘으로 되는 생산력이 있어야 하며, 생산에서 맺어지는 생산관계가 있어야 하고 생산력과 생산관계를 통일시키는 생산방식이 형성되어야 한다.

생산력에는 노동력과 노동도구, 노동수단들이 포함된다. 노동력은 사람 자신이 지니고 있는 자연을 개조하는 데 쓰는 힘이다. 노동력은 물질적 힘과 정신적 힘으로 이루어진다. 노동력을 이루는 물질적 힘이란 체력을 의미한다. 자연의 물질적 대상은 물질적 힘에 의해서만 움직일 수 있고 개조할 수 있다.

노동력에는 또한 정신적 힘이 속한다. 정신적 힘과 결합되지 못한 체력은 맹목적으로 작용하는 자연의 힘이나 다름없다.

노동력에 들어가는 정신적 힘 가운데서 가장 중요한 것은 생산활동에 필요한 과학기술 지식이다. 사람들의 과학기술 지식이 많을수록 자연을 개조하는 노동활동에서 자기 체력과 물리적 힘을 보다 효과적으로 이용할 수 있다.

생산력에는 다음으로 노동도구가 포함된다. 노동력과 노동도구가 결합되지 않으면 자연을 개조할 수 없으며 생산에서 주동적 역할을 못한다.

또한 생산력을 구성하는 것은 노동수단이다. 노동수단에는 설비, 철도, 항만, 도로 등 운수수단들이 포함된다. 이 세 가지 요소들이 유기적으로 결합되었을 때 자연을 개조할 수 있는 창조적 힘으로 된다.

그러나 창조적 힘만으로 자연을 개조할 수 없다. 사람은 사회적으로 결합되어 일정한 사회적 관계를 맺지 않고서는 자연을 개조하는 사회적 활동을 할 수 없다.

생산에서 맺어지는 사람과 사람과의 관계가 바로 생산관계이다.

시대와 더불어 생산관계의 내용은 변화 발전한다. 노예제사회에서는 생산은 노예주와 노예와의 관계를 맺고 진행되었으며 봉건제사회에서는 봉건영주와 농노와의 관계 속에서 생산이 진행되었고 자본제사회에서는 자본가와 노동자가 관계를 맺고 자연을 개조하는 생산활동이 진행된다. 어떤 생산관계를 맺는가는 생산력 발전수준이 결정적 요인으로 된다.

마르크스주의는 혁명의 원동력을 생산력의 발전에서 찾은 것이다. 그러나 생산력은 자연을 개조하는 창조적 힘이지 혁명의 힘은 아니다. 사회를 혁신하는 힘은 정치적 세력이지 생산력은 아니다. 그러나 생산력 발전은 사회변혁의 객관적 조건으로 된다.

생산관계에서 다음으로 중요한 것은 생산수단과 노동력에 대한 소유관계이다. 생산수단과 노동력에 대한 소유관계에 따라 생산물에 대한 영유(領有)관계가 규정되며 노력분담이 결정된다.

생산수단에 대한 소유형태는 크게 사적 소유와 사회적 소유의 두 가지 형태가 있으며, 노동력에 대한 소유관계는 사회제도에 따라 차이가 있다. 노예사회에서는 생산수단과 노동력을 노예주가 소유하고 생산물에 대한 처분권도 노예주에 독점되어 있다. 자본주의사회에서는 노동력은 노동자 자신이 소유하고 자본가에게 팔 권리를 가지고 있다. 이런 의미에서 노동자는 자기 노동력의 주인이라고 말할 수 있다. 따라서 생산관계의 중요한 내용은 생산에서의 사람들의 지위와 역할을 소유와 분배, 노력분담을 통하여 규정하는 것이다.

생산력과 생산관계의 통일체가 바로 생산방식, 경제제도이다. 생산방식의 변화발전에 따라 사람들의 경제생활, 의식주문제가 개선되어 사람들의 경제생활에서의 지위와 역할이 향상되어 간다. 따라서 사람들은 합리적인 생산방식을 확립하고 그를 더욱 높은 단계로 혁신시켜 나가는 데 창의와 창발성을 남김없이 발휘하여야 한다.

② 사회개조와 정치

사회를 발전시키기 위한 기본분야의 또 하나가 사회를 개조하는 활동이다. 사회개조 활동이란 사회관계, 사회제도를 사람들의 자주적 요구와 창조적 생활을 누릴 수 있도록 혁신해 나가는 것이다.

사회개조 활동이 사회발전의 기본분야의 하나로 되는 것은 사회관계, 사회제도가 사회를 이루는 물질적 존재의 결합방식이기 때문이다.

생산력의 발전수준에서 별로 차이가 없어도 사회제도가 합리적으로 형성되어 있으면 사회에서의 사람들의 지위와 역할에서 근본적인 차이가 나타나며 정치생활이 자유롭고 행복한 생활을 누릴 수있게 한다.

사회적 관계를 혁신하며 사람들의 사회적 지위와 역할을 조절하는 사업은 정치의 중요한 내용을 이룬다. 사회개조는 정치생활에 속한다. 지금까지 많은 사람들이 정치에 대하여 논의하여 왔으나 그 본질을 정확히 밝히지 못하였다.

지난날 정치라는 개념에는 첫째로 《통치(統治)》라는 뜻, 말 그대로 다스린다는 뜻과 둘째로 《목민(牧民)》, 즉 《백성을 기른다》 뜻이 담겨져 있었다.

서양에서는 가정을 먹여 살린다는 뜻, 이코노믹(economic)과 구별하여 백성을 먹여 살린다는 뜻에서 정치(politics)라는 말을 썼다. 이처럼 역사적으로 통치자들은 정치라는 말을 근로자들을 통치하는 수단으로 생각하였다.

마르크스주의 창시자들은 정치의 본질과 위치를 노동계급의 경제적 해방의 수단, 계급투쟁의 수단으로 보고 무계급사회에 들어서면 국가와 정치는 폐절, 조락(凋落)한다고 보았다.

사랑의 사회역사관은 정치의 본질과 그 역할을 과학적으로 해명하였다. 정치는 자연을 개조하여 물질적 재부를 창조하는 활동인 경제와는 달리 일정한 생활적 요구를 가지고 있는 사람들을 대상으로 하여 그들의 활동을 통일적으로 조직하고 지휘하는 활동이다.

정치는 두 가지 기능을 수행한다. 하나는 사람들의 사회적 기능으로서 지휘와 역할을 규정하고 사회적 질서를 세우며 그것을 보다 합리적인 것으로 개선해 나가는 기능이다. 다른 하나는 그러한 질서에 따라 사람들에게 일정한 지위와 역할을 분담하고 그에 맞게 행동하도록 조직지휘하는 활동이다. 그러므로 정치의 첫째 측면은 결국 사회관계, 사회제도를 세우고 그것을 보다 합리적인 것으로 개변하는 활동이라고 할 수 있는 것이다.

정치활동은 사회관계와 정치제도를 세우고 개선할 뿐만 아니라 경제제도와 문화제도를 세우고 개선하는 활동도 한다. 이런 의미에서 정치는 사회전체의 분야에 걸쳐 활동한다. 그러나 모든 정치활동이 다 사회개조 활동이라는 것은 아니다. 경제활동과 문화활동을 일정한 사회적 집단의 이익에 따라 통일적으로 지도하는 사업도 정치이기는 하지만 그것이 사회관계를 개변하는 활동이 아니기 때문에 사회개조 활동으로 되지 않는다.

인간중심철학의 사회역사관은 사회관계를 세우고 보다 합리적인 것으로 부단히 개선하는 활동인 정치는 어느 사회에서나 반드시 존재해야 하고 영원히 존속할 것이다.

사람들의 집단생활과 공동생활을 보장하며 사회가 유지되고 발전하려면 반드시 사회적 질서를 세우고 개선하는 정치·사회개조 활동이 있어야 한다. 사회에서 정치가 반드시 존재하는 것만큼 정권도 반드시 있기 마련이다. 정권은 사회의 존속과 사회적인 공동생활을 보장하기 위하여 없어서는 안 될 사회에 대한 지휘권이다.

정치는 사람들의 사회적 지위와 역할을 높이고 사회관계를 혁신하는 데서 결정적인 역할을 한다. 사람들의 사회적 지위와 역할과 경제적 및 문화적 요인에 의해서도 높아진다. 그러나 사람들을 지위와 역할을 직접 규정하고 조절 통제하는 것은 바로 정치이다. 정치는 인류역사의 발전과 더불어 영원히 존재하며 그 기능은 더욱 높아져 간다.

③ 인간개조와 문화

인간개조 사업은 사회발전의 기본분야의 하나이다. 인간개조 활동이 진행되어야 사람이 발전할 수 있고 자연개조와 사회개조 활동이 성과적으로 진행될 수 있다.

인간개조 활동은 사람들을 자주적인 사상의식과 창조적 능력을 가진 존재로 육성함으로써 정신적으로, 육체적으로 보다 힘 있는 사람으로 키우는 활동이다. 사람이 자주적이며 창조적인 존재로 살며 활동하려면 자주적인 사상의식과 함께 창조적 능력을 가져야 한다.

사상개조 활동에는 사상개조와 능력개조의 두 측면을 가진다. 사회적 인간은 자주성을 생명으로 하는 만큼 인간개조에서 가장 중요한 것은 사람들이 자주적인 사상의식을 가지도록 하는 것이다. 자주적인 사상의식을 가져야 사회의 주인이라는 높은 자각을 가지고 사람들과 결합되어 하나의 사회적 생명체를 이룩할 수 있으며 위대한 사상과 목표를 가지고 그것을 실현하기 위하여 헌신적으로 활동할 수 있다.

인간개조 활동에서 다음으로 중요한 것은 창조적 능력을 키워주는 것이다. 사람의 창조적 능력은 자주적인 요구를 실현하는 기본 수단이다.

창조적 능력에서 기본을 이루는 것은 과학지식이다. 사람은 자주적인 사상의식과 함께 자연과 사회에 대한 깊은 지식을 가져야 진보적인 세계관을 확립할 수 있고, 참된 인간으로 성장할 수 있으며 자연과 사회를 개조하는 활동에 목적의식적으로 참가할 수 있다.

체력도 인간의 창조력을 이루는 중요한 구성부분이다.

그러므로 창조력을 키우는 인간개조 활동은 육체를 건강하게 하는 활동도 포함된다. 그러나 사람의 창조력에서 기본을 이루는 것은 어디까지나 지적인 힘, 정신적인 능력이다. 체력은 과학지식과 결합되어 작용하여야 창조력의 한 구성부분으로 되는 것이다. 그러므로 창조력의 발전은 첫째로 지적인 힘, 정신적인 힘의 발전에서 찾아보는 것이다.

결국 사람은 자주적인 사상의식과 과학지식, 건장한 체력을 가져야 자주적으로 창조적으로 활동할 수 있는 힘 있는 사회적 존재로 될 수 있으며 인간개조는 사람의 사상의식과 지식수준을 높이고 체력을 강화하는 것을 내용으로 하는 것이다.

인간개조 활동과 밀접히 연관되어 있는 분야가 문화다. 사람을 보다 힘 있는 존재로 키우는 생활분야가 바로 문화이다. 경제가 물질적 재부를 창조하여 물질적 수요를 충족시키는 것과 관련되어 있다면 문화는 정신적 재부를 창조하여 사람의 정신적 요구를 충족시키는 것과 관련되어 있는 사회생활 분야다.

인류의 문화는 오랜 발전의 역사를 기록하고 있지만 문화에 관한 문제는 18세기에 이르러 비로소 철학적 사색의 중요한 문제의 하나로 등장하기 시작하였다. 18세기 부르주아 민주혁명을 사상적으로 준비하고 있었던 계몽주의 철학자들은 사회에서 사람들의《이성》,《지능》의 작용을 강조하는 견지에서 사회의 역사발전을 설명하려고 하였다.

물질적 재부는 주로 사람들의 물질적 요구를 실현하는데 이바지하는 수단으로 된다. 사람들이 물질적 재부를 가진다고 하여 자질이 높아지는 것은 아니다. 권력을 장악하거나 재부를 많이 소유하였다고 하여 창조적 능력이 높아진 것은 아니다.

정신적 재부는 사람의 정신적 요구를 충족시키기 위하여 창조하며 사람들의 자질을 높이는데 이바지하는 수단으로 된다. 사회생활 분야로서의 문화는 인간개조 사업에 복무하며 사회적 인간의 풍모와 자질을 이루는 사회적 의식들과 그것을 창조하고 발전시키며 사람들에게 체득시키는 사업전반을 포괄한다.

과학과 예술은 사람들의 사상적 능력을 높이며 보건과 체육은 육체적 건강과 장수를 보호하며 교육은 과학과 예술, 보건과 체육에서 얻는 성과들을 후대에게 물려주는 작용을 한다.

그러므로 정신사상을 비롯한 사회적 의식의 모든 분야를 건전한 토대 위에서 발전시키고 교육사업을 강화하여 사람들을 자주적 사상의식과 창조적 능력을 가진 참다운 인간으로 개조해 나가야 한다.

(2) 사회생활의 기본분야의 상호관계

사람들은 여러 가지 생활을 하고 있으며 한편 여러 가지 '일' 사업을 하고 있다. 이러한 생활과 사업들은 고립적으로 진행하는 것이 아니라 서로 연계를 맺고 진행한다. 여러 가지 생활을 분류하면 경제, 정치, 문화생활을 하고 있으며 사업의 측면에서 보면 자연개조, 사회개조, 인간개조 사업으로 나눌 수 있으며 이것들은 서로 연계를 맺으면서 작용한다.

① 경제, 정치, 문화의 3대 생활분야의 상호관계

마르크스주의는 유물사관의 원리에 토대하여 사회생활을 물질적 재부의 생산을 중심으로 고찰하면서 정치와 문화를 거기에서 파생되고 그에 의하여 규정된 것으로 보았다.

그들은 정치를 생산수단의 사적소유가 폐절되고 착취계급이 없어지면 정치는 응당 없어지는 것으로 보았다. 마르크스주의자들은 경제에서 정치나 문화가 파생된 것으로 보았으나 경제, 정치, 문화는 사회생활의 3대 분야로서 어느 것이 어느 것에서 나오는 것이 아니라 서로 독자성을 가진 분야들이다.

인류사회의 초기에 경제는 있었으나 정치와 문화가 없는 것처럼 보였던 것만큼 이것이 마치 정치나 문화가 경제에서 파생된 것 같은 인상을 받을 수 있었던 것이다.

원시사회에서 정치나 문화가 보잘 것 없는 맹아상태에 있었고 인간생활이 당장 먹고 입고 살기 위한 단일한 활동에 용해되어 있는 것처럼 보인다고 하더라도 경제로부터 정치와 문화가 파생된 것으로 보아서는 안 될 것이다. 인간생활이 유지되고 진행되는 이상 경제, 정치, 문화가 동시에 존재하였다.

인간중심철학의 역사관은 경제는 사회생활의 물질적 기초를 이루고 있다는 것을 해명하였다.

의식주문제를 해결하지 않으면 사람은 생존할 수 없다. 따라서 경제생활은 육체적 생명을 보존하기 위한 물질적 조건으로 된다. 물질적 조건이 보장되지 않고서는 사회가 유지될 수도 발전할 수도 없다.

경제생활은 한편 정치생활에도 영향을 주는 매우 중요한 부분이다. 물론 경제의 발전은 정치에 크게 의존된다. 그러나 경제는 정치의 작용을 받기만 하는 것이 아니라 경제는 정치에 커다란 영향을 준다.

정권이 공고화되자면 그것을 뒷받침해 주는 강한 경제력에 토대하여야 한다. 경제력이 약화된 정권의 안정성과 공고성을 보장할 수 없다. 그러므로 정권을 장악한 어느 정치가도 경제발전에 가장 중요한 정책을 세워 실현하기 위하여 노력한다.

정치는 사람들의 사회생활에서 결정적 의의를 가진다.

사람들은 정치를 좋아하건 싫어하건 상관없이 정치생활을 떠나서 살 수 없다. 그것은 사회적 인간의 운명이 중요하게 정치에 의하여 결정되기 때문이다. 국가정권은 사회에서 가장 큰 권한을 갖고 있기 때문에 정치가 사회에서 결정적 의의를 갖게 된다.

전사회적인 지휘권은 사회의 가장 포괄적인 정치조직인 국가만이 갖는다. 따라서 국가권력을 장악하면 사람들을 관리하고 지휘할 뿐 아니라 사회의 재부도 자기 뜻대로 지배할 수 있다. 물론 생산수단에 대한 소유권도 경제적 지배권으로서 사람의 지위와 역할을 규제하는 요인의 하나로 된다. 그러나 이것은 어디까지나 물건에 대한 처분권이기 때문에 정치적 지배권한보다 미약한 지배권이다.

정치적 지배권은 경제적 지배권보다 더 포괄적이며 더 강력한 권한이다.

사실상 정치적 지배권은 《권한의 권한》이기 때문에 그것을 장악하면 재부에 대한 처분권도 장악할 수 있다. 봉건사회에서 부자이기 때문에 귀족이 된 것이 아니라 귀족이기 때문에 부자가 된 것은 주지하는 사실이다. 정치적 지배권이 사회생활과 그 발전에서 가장 큰 작용을 하기 때문에 정권을 누가 장악하며 누구에게 복무하게 하는가에 따라서 정치제도가 달라지는 것은 물론이고 경제제도, 문화제도도 달라지는 것이다. 한마디로 말하여 정권을 장악하면 사회적 지위가 높아져 지배자가 되고 정권을 쥐지 못하면 사회적 지위가 떨어져 피지배자로 된다. 사람들의 지위와 역할은 정치에 의하여 결정적으로 규정된다는 것이다.

정치의 주도적 역할은 경제와 문화를 발전시키는 데서도 나타난다. 정치가 경제와 문화를 발전시키는가 못시키는가 하는 것은 그 발전 방향을 어떻게 세우는가 그리고 근로자들의 창조적 능력을 얼마만큼 발양시키는가 하는데 의하여 규정된다. 정치가 바로 사람의 지위와 역할을 관리하는 사업인 만큼 결국 이 모든 것은 정치를 어떻게 하는가 하는데 따르게 된다.

문화는 정치와 경제의 발전에 커다란 영향을 미친다. 문화는 자질과 능력을 높이는 활동이기 때문에 정치와 경제의 발전에 크게 작용한다. 문화의 본질로부터 그 발전을 떠나서는 사회개조 사업이나 자연개조 사업이 성과석으로 전개할 수 없다.

그것은 자연개조 사업이나 사회개조 사업 자체가 다 사람을 위한 것이며 또 사람이 하는 것이기 때문이다. 그러므로 사람이 발전하지 않고서는 정치와 경제가 제대로 발전할 수 없는 것이다.

문화의 발전은 민족의 융성발전을 위한 중요한 조건의 하나로 된다. 매개 민족은 자기의 민족문화를 발전시켜야 한다. 그래야 민족성을 고수할 수 있고 민족의 자주적인 발전을 이룩해 나갈 수 있다. 이것은 민족이기주의와 무관한 것이다.

매개 민족이 민족문화를 발전시켜야 정치적으로도 존엄 있는 민족으로 될 수 있다. 이러한 민족만이 정치적 독립도 공고히 하고 강력한 경제를 건설하여 민족의 융성번영을 이룩하고 세계와의 연대성을 강화하여 세계의 자주화와 민주화, 평화에 이바지할 수 있다.

② 사회발전과 3대 개조사업의 상호관계

구체적으로 사회역사가 발전한다는 것은 3대 생활과 3대 개조사업이 원만히 발전한다는 것을 의미한다.

풍요로운 물질생활을 할 수 있도록 자연개조 사업이 원만히 진행되어야 하며 안심하고 자유로운 사회생활을 누릴 수 있도록 사회를 개조하여 선진적인 사회관계, 사회제도를 수립하여야 하며 진보적인 사상의식과 창조적 능력을 고상한 인간으로 교양육성하는 인간개조 사업이 균형적으로 수행되어야 한다.

3대 개조사업은 서로 독자성을 가지면서 상호의존, 연관되어 진행된다. 마르크스주의는 사회의 발전을 생산력의 발전에 생산관계가 상응되고 상부구조가 그에 맞게 개선되어 나아가는 과정으로 보았다. 이러한 견해는 사회발전의 객관적 법칙을 부인하는 견해를 극복하고 사회발전 과정을 유물론적으로 해석한 가치 있는 이론이다.

그러나 유물사관도 사회의 주인인 사람을 제외하고 사회발전을 고찰함으로써 그에 대한 정확한 해답을 줄 수 없었다. 인간중심의 철학은 사람의 발전에 기초하여 사회발전법칙을 해명하였다.

사회의 발전은 인간의 발전에 기초하여 자연과 사회가 개조되고 발전해 나아가는 과정이다. 사회의 발전은 본질에 있어서 사람의 발전이며 사회에서 구성원들의 지위와 역할이 높아지는 과정이다. 인간개조는 자연개조와 사회개조에 선행하여야 할 사업이다. 사람의 운동 요인과 동력이 인간의 자주적인 요구와 창조적 능력에 있는 것만큼 인간의 사상의식과 창조적 능력의 발전 없이는 자연개조 사업과 사회개조 사업도 발전할 수 없는 것이다.

일반적으로 자주적인 사상의식의 발전과 정치적 힘, 생산력의 발전에 기초하여 이루어지는 사회관계, 사회제도의 발전은 새로운 사회제도를 요구하는 세력이 먼저 국가주권을 장악하고 정치의 주인이 된 다음에 새로운 경제제도를 확립하는 방식으로 진행된다. 이것은 사회제도의 교체에서는 정치적 변혁이 경제적 변혁에 선행한다는 것을 의미한다.

이처럼 사람들의 사회생활은 복잡하고 다양한 것처럼 보이지만 크게 분류하여 경제생활, 정치생활 및 문화생활로 나눌 수 있다. 이와 같은 3대 생활을 하려면 반드시 자연을 개조하여 물질적 재부를 끊임없이 생산해야 하며 사람들이 사회적 인간으로서 서로 좋은 사회관계를 맺고 서로 화목하고 협조하면서 행복하게 살 수 있는 정치제도, 사회제도를 개선해 나아가야 하며 자연개조와 사회개조를 담당 수행하는 인간 자체를 자주적인 사상의식이 높고 창조적 능력이 강한 인간으로 끊임없이 육성 발전시켜 나아가는 인간개조 사업을 진행하여야 한다.

이와 같이 3대 생활과 3대 개조사업은 각각 독자적 내용을 갖고 서로 상호관계 속에서 진행된다.

마르크스주의는 유물론적 관점에 기초해서 사회구성에서 경제가 기초 토대를 이루며 정치나 문화 사상의식은 토대인 경제의 반영, 파생된 것으로 해석하였다.

정치와 문화는 경제로부터 파생된 것이 아니며 사람이 생존하고 발전하는데 3대 생활, 3대 개조가 다 같이 필요한 것이며 모두 다 사람이 하는 생활이며 사업이다.

단 역사의 발전단계에 따라 중요성의 비중이 다를 수가 있다. 미개사회에서는 정치나 문화보다도 경제, 생활필수품이 보다 절실한 문제로 제기되며 독제국가 사회에서는 정치제도를 개선한다는 것이 무엇보다도 절박한 문제로 제기된다.

사람이 자주적인 인간으로 생활하자면 경제권, 정권, 인권(문화)

이 다 같이 필요한 것이다. 이 권리가 침해당하면 그것을 소유하기 위하여 과감히 활동하여야 한다.

경제권과 정권은 때로는 독점할 수도 상속할 수도 있다. 그러나 독점할 수도 없고 세습할 수도 없는 표면상 가장 약해 보이는 문화, 사상의식은 총칼보다 강할 때가 있다. 독재정권 세습정권을 붕괴시킬 수도 있고, 독점 경제권을 갈아치울 수도 있기 때문이다. 이것이 바로 사회역사의 발전과정이다.

4. 인류역사 발전의 기본단계

1) 사회역사 발전단계를 구분하는 방법론

사회적 운동을 일으키는 것은 인간이며 이 운동을 떠밀고 나가는 것도 인간이다. 사회적 운동은 인간을 위한 운동이며 인간이 진행하는 운동이다. 인간은 사회적 운동의 주체이며 인간의 존재는 이 운동의 출발점으로 된다. 인간이 존재하고서야 인간의 운동이 있을 수 있는 것이다.

운동은 물질의 속성의 발현이다. 인간의 사회적 속성이 운동으로 표현된다. 인간의 사회적 속성은 자주성과 창조성, 즉 자주적으로 살려는 요구와 이 요구에 맞게 객관세계를 개조하는 창조적 능력이다. 인간은 자주적으로 살려는 요구를 실현하기 위하여 자기의 창조적 능력을 동원하여 사회적 운동을 진행한다.

사회발전 과정은 곧 인간의 발전과정인 만큼 사회발전 단계를 구분하는 기준도 인간의 자주성과 창조성의 발전수준을 기준으로 하여야 할 것이다. 그러나 문제는 인간의 자주성과 창조성이 객관적으로 잘 표현되지 않았다는 데 있다. 창조성에서 객관적으로 뚜렷이 표현되는 것은 자연을 개조하는 창조적인 힘인 생산력이며, 자주성에서 비교적 뚜렷이 표현되는 것은 사회적 관계에서 인간이 차지하는 지위라고 볼 수 있다.

그러므로 해당 사회의 발전단계를 파악하기 위해서는 먼저 사회의 생산력의 발전 수준과 사회적 관계에서 인간의 자주성의 실현정도부터 고찰한 다음 인간개조 사업이 어떻게 진행되었는가를 살펴보는 것이 필요할 것이다.

마르크스주의는 사회발전의 동력을 계급투쟁으로 보고 사회제도를 계급적 지배제도로 보았으며, 사회발전 과정을 계급적 해방과정으로 보았다. 이러한 견해를 절대화하는 것이 옳지 않다는 것은 더 말할 필요가 없을 것이다. 그러나 계급적 지배와 예속관계가 인간의 자주성 발전수준을 보여 주는 중요한 징표의 하나로 되는 것은 부인할 수 없는 사실이다. 이런 점에서 사회의 발전과정을 구분함에 있어서 계급적 지배와 예속관계를 기본징표로 본 것은 일리 있는 것이라고 볼 수 있다.

시대구분을 어떻게 하고 그 내용을 어떻게 서술할 것인가 하는 문제는 피지배계급의 입장이나 지배계급의 입장을 떠나 사회발전에 참가하는 모든 계급과 계층을 다 포괄하는 역사의 주체를 밝히고 역사를 있는 그대로 보려는 역사전문가들이 과학적으로 해결해야 할 문제이다.

그러나 역사의 발전과정은 각각의 민족과 국가가 서로 차이가 있어서 다른 형태와 내용을 가지고 있다. 그러나 아무리 다양하고 복잡한 과정을 거쳤다고 할지라도, 그들 모두는 기본적으로 역사의 주체인 사람의 자주성이 확립되고 창조성이 발전하여 온 역사임에 틀림없다.

인류는 지금까지 많은 이론(異論)은 있지만 대체로 마르크스주의자들이 주장하는 바와 같이 다섯 가지 사회형태로 나누고 있다. 즉 원시공동체사회, 노예제사회, 봉건사회, 자본주의사회, 그리고 실패한 사회주의사회가 그것이다.

우리는 여기에서 다만 인간의 자주성과 창조성이 높아지는 데 따라 사회에서 차지하는 인간의 자주적 지위와 창조적 역할이 높아져 왔다는 인간중심 역사관의 정당성을 역사 발전과정을 통하여 큰 선에서 밝히려는 것이다.

2) 원시공동체사회

보통 마르크스주의 문헌에 씌어져 온 '원시공동체'라는 용어는 애매하고 또 불명확하다. 왜냐하면 이 용어는 무계급사회의 오랜 기간의 여러 사회형태를 가리켜 사용되어 왔기 때문이다. 이 개념으로는 네안데르탈인[1]의 원시인군이나, 모계씨족콤뮨도, 가부장적 씨족과 대가족까지가 모두 원시공동체라고 말해진다.

여하튼 인간이 손을 사용하여 노동을 하기 시작함으로써 다른

---

1 네안데르탈인의 특징을 가진 최초의 네안데르탈인은 35만 년 전 유럽에 나타났으며, 13만 년 전에 이르러서 완전한 네안데르탈인이 출현했다. 5만 년 전 아시아에서 사라졌으며, 유럽에는 3만3천 년 내지 2만4천 년 전까지 살았다.

동물들과 구별될 수 있었는데, 그 초기단계를 원시공동체사회라고 한다. 과학자들의 발표 자료에 의하면 적어도 약 200만 년 전부터 원시사회가 시작되었으며 여러 단계를 거쳐 매우 서서히 발전하여 온 것으로 추측된다. 최초의 인류는 원시적인 상태에서 무리를 지어 살았기 때문에 원시무리사회라고 하며, 그 다음 단계로 신석기시대에 접어들면서 씨족사회가 형성되기 시작한다. 그리하여 씨족 공동체사회로 나아가게 된다.

이 시기는 아직 생산력의 수준이 낮았기 때문에 사람들은 거의 모든 정력을 먹고사는 문제를 해결하기 위해 바치지 않으면 안 되었다. 자연을 개조하는 인간의 창조적 능력이 미약하고 사람들의 생활이 자연환경에 많이 의존되어 있다 보니 자연에 대하여 자주적으로 대하지 못하였다.

자연을 두려워하고 신비화하였으며 자연을 숭배하고 자연에 굴종하여 자연의 혜택을 비는 미신이 널리 퍼져 있었다. 일은 공동으로 하고, 생산한 것은 공동으로 분배하는 생활을 할 수밖에 없었다. 사회적 집단의 규모도 매우 작은 것이었다. 인간관계는 주로 혈연적 연계에 기초한 본능적 관계가 기본으로 되었으며 원시공동체사회에서는 계급이 발생하지 않은 시기이기 때문에 착취나 억압구조가 존재하지 않았지만, 폭력과 인습에 맹목적으로 복종하는 방법으로 사회질서가 유지되었다. 이런 점에서는 아직 생물학적 존재와 사회적 존재의 특징이 완전히 갈라지지 않은 상태였다고 볼 수 있다.

원시사회는 매우 느리게 변화발전하였으며 이 과정에 인간의 자주성과 창조성도 서서히 발전하였다. 원시사회에서 인간의 자주성과 창조성의 발전은 원시사회 붕괴의 근본 원인으로 되었다.

인간의 자주성과 창조성이 발전함에 따라 개인적으로도 짐승을 잡고 키울 수 있게 되고 농사를 지을 수 있게 되었다. 이에 따라 개인들의 창조적 역할이 장려되었으며 공동노동과 평균분배 대신에 개인적인 노동의 평가에 따르는 분배가 정당한 것으로 인정되었다.

평가가 있는 곳에는 반드시 경쟁이 있는 법이다. 개인적인 노동이 장려되고 개인의 역할이 평가됨에 따라 개인들 사이에서는 더 많이 벌기 위한 경쟁이 벌어지게 되었으며, 그 결과 사회에서 차지하는 사람들의 지위와 역할에서는 커다란 차이가 발생하게 되었다. 빈부의 차이가 커지게 되고 부자가 빈자를 예속시키고 억압하는 사회적 불평등이 점차 자라게 되었다.

경쟁은 공동체 내에서 뿐 아니라 공동체와 공동체 사이에서도 벌어지게 되었다. 공동체와 공동체 사이의 경쟁은 주로 강한 공동체가 약한 공동체를 정복하는 폭력투쟁의 형태를 취하게 되었다. 강한 공동체에 의하여 정복당한 약한 공동체 성원들은 노예가 되고 그들의 재산과 생활환경은 정복자들의 소유로 전환되었다. 이리하여 부자와 빈자 사이의 불평등과 정복자와 피정복자 사이의 불평등이 격화되었으며 공동체사회는 무너지고 정치적 특권과 경제적 특권이 지배하는 계급사회가 출현하게 되었다.

그래서 정치적으로 지배계급과 피지배계급이 발생하게 되고 혈연적 연계를 기초로 한 소규모적인 원시사회는 정권과 소유권을 중심으로 한 지배와 피지배, 착취와 피착취관계를 기본으로 하는 새로운 사회관계로 전화(轉化)했다. 바로 원시사회의 붕괴와 계급사회의 출현이다.

3) 고대노예제사회

원시사회의 붕괴와 계급사회의 출현은 인류사회 발전에 커다란 역사적 전환점이었다. 정권과 소유권을 중심으로 하여 사회적 관계가 맺어지게 되자 인간은 혈연적 관계의 좁은 틀에서 벗어나 사회적 협력의 범위를 확대할 수 있게 되고, 개인소유에 기초한 생산자 사이의 경쟁은 생산자의 책임과 역할을 높이기도 하였다. 그러나 이와 함께 계급사회의 출현은 사회발전에 커다란 부정적 영향도 미쳤다. 사회는 계급 대립에 의해서 그 통일이 약화되고, 특권계급의 출현으로 사람들의 지위와 역할은 얼마 안 가 커다란 불일치를 낳게 되었다. 이러한 결점은 최초의 계급사회인 노예제사회의 모순으로 확실히 나타나고 마침내 노예사회의 붕괴의 기본원인으로 되었다.

원시공동체사회로부터 계급사회로의 이행은 인류의 역사발전에서 일대 전환으로 된다. 인간에 의한 인간의 착취와 억압을 정당화한 계급적 지배체제, 특히 인간을 짐승과 같이 취급한 노예제도는 비인간적인 사회제도라고 볼 수 있다. 이와 같이 노예제사회에서 노예는 인간의 권리인 자유를 완전히 상실하였다. 부자가 가난한 사람을 경제적으로 예속시키고 노예로 삼는 경우도 있지만, 대부분의 경우 약탈전쟁에 의해서 포로가 된 사람들을 대량으로 노예로 삼았다.

그렇다고 하여 노예제를 허용한 계급사회가 원시공동체사회보다 인간성이 낮은 사회라고 볼 수는 없을 것이다.

동물과 구별되는 인간의 고유한 특징은 자주성과 창조성이다.

계급사회에서의 인간의 자주성과 창조성의 수준은 원시공동체사회에서의 인간의 자주성과 창조성의 수준보다 비할 바 없이 높았다.

고대사회에서는 계급적 불평등이 가장 혹심한 사회라는 치명적인 결함을 가지고 있음에도 불구하고 사회발전 수준으로 보면 원시공동체사회와는 비할 바 없이 높은 단계의 사회라고 볼 수 있다. 생산력의 발전수준과 사람들의 사상문화 수준에서는 더 말할 것도 없고, 사회적 관계의 면에서도 원시공동체사회에 비하여 근본적으로 우월하다는 사실을 인정해야 할 것이다.

계급사회의 출현도 누군가 인간이 그러한 사회를 요구하고 또한 이 요구를 실현할 수 있는 객관적 조건이 존재한 결과 그러한 사회가 나타난 것이다.

따라서 역사발전을 볼 때에는 무엇보다도 인간의 요구와 이해관계, 그것을 규정하는 인간의 사상의식의 발전수준, 더욱이 인간의 요구를 실현하는 창조적 능력의 높낮이, 객관적 조건의 성숙도라는 여러 요인에 대하여 고찰해야 한다.

노예사회는 정치·경제·문화 등 사회생활의 여러 분야에 걸쳐 원시사회와는 비교할 수 없을 정도로 커다란 발전을 하였다. 노예노동의 착취에 의해 노예주는 육체노동에서 해방되어 여가(餘暇)를 가지게 되고 문화와 사회·정치제도를 발전시킬 수 있었다.

노예사회의 말기에는 노예도 완전한 인신적(人身的) 예속에서 벗어나 자유로운 소소유자(小所有者)로 될 수 있는 일정한 조건이 생겼다. 노예의 처지는 비참하였지만 힘든 노동과 노예제에 반대하는 투쟁과정에서 창조력도 발달하고 의식수준도 높아졌다. 따라서 노예사회에서의 노예의 자주적인 사상의식과 창조적 능력은 원시사회인들과는 비교할 수 없을 정도로 높은 수준이었다.

고대노예사회에서의 성립을 마르크스주의의 유물사관 원리로 푸는 것은 어려울 것이다. 생산력의 발전수준에 생산관계가 상응한다는 원리에 따라 노예제 생산관계의 출현이 합법적인 필연성이라고 보는 것은 무리라고 보아야 할 것이다.

노예제사회가 수행한 기본적인 역사적 사명은 실력본위주의적 경쟁을 통하여 인류에게 자주성과 창조성의 귀중성, 자주성을 옹호하기 위한 투쟁과 재부를 생산하는 창조적 활동의 중요성을 체득하는 데 있었다고 볼 수 있다. 그러나 실력본위주의적 경쟁이 지나치게 진행되어 인간이 인간을 비인간화(노예화)하는 데로까지 나가게 됨으로써 노예사회는 붕괴되지 않을 수 없게 되었다.

한편 노예사회가 발전함에 따라 노예를 확보하기 위해 정복해야 할 대상이 거리상으로도 더욱 멀어지게 되고 또 정복대상의 반항능력이 강화되어 정복전쟁의 방법으로 노예를 계속 보충하는 것이 어렵게 되었다. 이것이 노예제사회 붕괴의 첫째 원인이라고 볼 수 있다.

아울러 지배계급은 붕괴에 직면한 착취제도를 당면한 새로운 조건에 맞게 개편하고 그 특권적 지위를 지속적으로 유지하는 활로를 찾을 수 있을 정도의 사상과 정치적 능력을 가지고 있었다. 그래서 일부 노예소유자는 이미 노예적 신분이 폐지되기 이전부터 노예제 생산의 불합리를 깨닫고 노예에게 봉건적인 소작제와 비슷한 착취형태를 적용하여 마침내 노예제에서 농노제로 전환하는 길을 열었다.

4) 봉건사회

(1) 봉건사회의 형성

농노는 신분적으로 예속되고 계속 착취당한다는 점에서 노예의 연장이지만, 약간의 노동수단을 소유하고 자기가 책임을 지고 수공업적 방법으로 생산한다는 점은 소소유자와 유사하다. 실로 지배계급은 노예가 만든 수공업적 구도에 기초하여 소소유자의 수공업적 생산을 발전시키는 것이 유리하다는 것을 간파하고 노예제를 농노제로 교체하여 더 안전한 상태에서 지속적으로 착취할 수 있는 체제를 만들어 낸 것이다.

봉건사회에서도 생산력은 점차 발전하였지만 봉건적 지배자의 가혹한 착취, 종교나 관념론의 영향으로 농노와 반소농민의 사상수준은 매우 뒤쳐져 있었다. 봉건적 농민도 또한 농노와 마찬가지로 어떠한 사회를 건설하면 봉건적 착취와 억압에서 자신을 해방시킬 수 있을까 하는 이론을 갖지 못했고, 자신을 해방하기 위한 정치적 능력과 군사적 능력을 소유하지 못하였다. 그러므로 농민폭동도 역시 승리할 전망이 없는 투쟁이었고, 기존의 지배제도를 뒤집을 수 있었던 경우에도 그 결과는 그들을 착취하는 지배계급의 교체로 끝나고 말았다. 봉건제도의 모순이 격화된 봉건제 말기에는 농노와 농민계급이 봉건지배를 타도하여 자신을 해방하고 그 지위와 역할을 높일 수 있는 유리한 객관적 조건이 주어졌다. 그럼에도 불구하고 이 유리한 조건을 이용한 투쟁에서 주도권을 장악한 것은 부르주아지, 즉 신흥자본가계급이었다.

(2) 봉건사회의 기본 특징

계급관계를 경제관계의 면에서만 보는 마르크스주의자들은 봉건사회의 본질을 지주계급이 농민(농노)계급을 지배하는 사회체제로 규정하고 있다. 그러나 봉건사회의 지배계급의 본질을 지주계급으로 보는 것은 잘못이다.

계급의 발생원인을 경제적 경쟁 하나로만 보아서는 안 된다. 계급분화가 일어날 때부터 생산활동에 전문적으로 종사하는 경제적 집단과 함께 무기를 들고 싸움을 전문으로 하는 군사집단이 발생하였다. 싸움을 전문으로 하는 군사집단의 발생 역시 하나의 중요한 계급분화로 보아야 할 것이다. 초기의 정치는 군사정치집단이 담당하였다고 볼 수 있다. 따라서 고대사회나 봉건사회에서는 경제적 계급의 역할만을 중시할 것이 아니라 정치군사계급의 역할을 응당하게 평가해야 할 것이다.

봉건사회에서는 노예제사회에 비해 폭력적 지배가 약화되었다고는 하지만 정치의 기본수단은 여전히 군사적 폭력이었다. 이와 같은 사실은 봉건통치집단이 군사정치집단이며 봉건정권은 본질상 군사독재정권이었다는 것을 말하여 준다. 봉건사회에서는 왕과 그의 가신들인 영주들 뿐 아니라 무장으로 그들을 경호하는 군인집단도 역시 통치계급에 속하였다.

봉건사회에서 가장 중요한 특징은 신분제도이다. 봉건사회에서는 통치집단 내부에서도 왕으로부터 각급 귀족들과 무사계급에 이르기까지 신분적 차이가 엄격하였다. 이와 같이 신분적 차별이 통치계급 내부에까지 실시된 것은 봉건사회뿐이었다.

봉건사회의 또 하나의 특징은 생활단위의 분산성을 들 수 있을 것이다. 봉건사회에서는 통치형태도 분산적인 형태를 취하게 되었다. 최고통치자로서 왕이 존재하고 왕실의 직할 통치지역도 있었지만 전국이 크고 작은 많은 제후들로 분할되어 통치되었다. 이로 인해 지방 사이의 장벽이 커지고 교류가 억제되었으며 이것은 지방주의를 낳은 기본적인 원인이 되었다.

봉건사회에서는 경쟁이 억제되고 분산되고 고립된 경제생활을 반복하는 과정에서 사람들은 자기의 운명을 결정하는 데서 사람 자신의 힘이 무력하다는 것을 많이 느끼게 되었다. 이는 결과적으로 자연에 순응하려는 소극적 태도를 가지게 되었고, 특권계급의 착취와 압박을 숙명적인 것으로 받아들이게 되었다.

봉건사회에서는 왕에 대한 충성과 부모에 대한 효성이 인간으로서 반드시 지켜야 할 도덕으로 인정되었다. 충효의 사상은 봉건통치체제를 유지하고 공고화하는데 정신적 지주가 되었다.

(3) 봉건사회의 역사적 공적

고대노예사회로부터 봉건사회로의 이행은 인류역사 발전에 커다란 진보적 의의를 가진다. 실제에 있어서 봉건제도는 당시의 생산력의 발전수준과 사람들의 사상문화수준, 정치수준에 맞는 사회제도였다. 봉건사회의 기본 장점은 사회적 집단의 공고한 통일과 안정을 보장하는데 있다고 볼 수 있다.

봉건사회에서는 느리지만 경제와 문화, 정치의 모든 분야에서 발전이 계속되었다. 여기에서 큰 영향력을 가지고 발전한 것은 종교와 도덕이었다고 볼 수 있다. 그것은 주로 신분제도를 정당화하려는 지배계급의 요구와 결부되어 있었다. 봉건통치자들은 종교와 봉건도덕을 적극 장려하였다. 종교와 봉건도덕이 봉건통치자들에게 복무함으로써 허다한 부정적 결과를 산생(產生)시켰으나 인류발전에 기여한 바도 컸다.

종교는 현실적인 불평등을 반대하여 싸우도록 사람들을 추동하지 못하고 고통과 불행을 참도록 설교하였다는 점에서는 부정적이었다고 볼 수 있지만, 종교가 대중 속에 보편화되면서 사람들의 마음속에는 사람을 사랑하고 자유와 평등을 지지하는 정신이 보편적인 것으로 자리 잡게 되었다.

그런데 이러한 종교의 교리를 지키지 않은 사람들이 바로 봉건통치자들과 결탁한 종교지도자들이었다. 여기에서 종교생활을 그 교리에 맞게 바로잡기 위한 종교개혁운동이 일어나게 되었다. 종교개혁운동은 곧 봉건적 신분제도를 반대하고 자유와 평등을 옹호하는 운동, 즉 반봉건민주주의운동이었던 것이다.

도덕의 구체적인 내용은 시대와 더불어 변화될 수 있다. 그러나 개인의 요구와 이해관계보다 더 귀중한 도덕이 있다는 자각을 가지게 된 것은 인류발전에서 커다란 의의를 가진다. 봉건사회를 통하여 인류는 개인의 요구와 이익을 초월한 도덕의 귀중성을 인정하는 고상한 정신적 특질을 체득하게 되었다. 이것은 봉건사회가 인류발전을 위하여 남겨준 더 없이 귀중한 선물이라고 볼 수 있을 것이다.

인류는 봉건사회 체제를 통하여 집단의 공동 이익의 중요성을 자각하게 되었으며 모든 사람들이 집단의 공동 이익을 지키는 조건에서만 개인들의 참다운 자유와 평등이 보장될 수 있다는 교훈을 체득하게 된다. 특권을 없애고 사회공동의 이익에 맞는 법적 질서를 지켜야 한다는 사상이 다름 아닌 민주주의 사상인 것이다.

자본주의의 자유경쟁은 특권을 허용하지 않는 법적 테두리 안에서의 자유경쟁인 것이다.

(4) 봉건사회의 붕괴

봉건통치 집단이 높은 신분적 특권의 지위를 차지하게 된 것은 무력을 독점하고 있었을 뿐 아니라 사람들을 관리할 수 있는 정치적 능력이 생산에 종사하는 일반 대중들보다 우월하였기 때문이다.

그러나 봉건통치자들은 특권적 지위를 오래 차지하고 무위도식하는 과정에서 그것이 마치 타고난 팔자인 것처럼 생각하면서 통치능력을 배양하기 위한 노력을 하지 않게 되었다.

또한 봉건통치자들이 장기간에 걸쳐 특권을 누리면서 나라의 경제발전에는 관심을 돌리지 않고 백성들을 약탈하여 사치하고 안일한 생활만 하다 보니 백성들의 불만은 더 커지는 반면에 통치자들의 통치능력은 날로 약화되었다.

한편 도시를 중심으로 한 상공업자들의 역할이 높아지고 상품화폐관계가 발전하게 됨에 따라 경제적 주도권이 화폐를 장악한 상공업자들에게로 넘어가게 되었다. 이리하여 도시 상공인들과 농촌의 부농들은 경제적 자립성을 가지고 있었을 뿐 아니라 사상의식 수준에서나 창조적 능력에서 무능한 봉건통치자들보다 월등하게 우월하였다. 그들의 경제적 영향력은 날로 강화되고 사상문화 면에서나 정치 분야에서도 그들의 역할이 높아지게 되었다.

봉건통치자들은 무위도식하면서 사회를 위하여 아무런 역할을 하지 못하였으며 상공인을 선두로 하는 이른바 제3신분이라는 평민들은 사회생활의 모든 분야에서 결정적인 역할을 하게 되었다.

사회에서 차지하는 지위가 사회에서 수행하는 역할에 상응해야 한다는 것은 사회발전의 가장 근본적인 법칙의 하나이다. 봉건적 통치 집단은 타락하여 사회에서 수행하는 역할이 아무것도 없어지게 되어 무용지물로 되었기 때문에 마땅히 지배적 지위에서 물러나야 한다는 것이며, 새로 대두한 평민들은 사회생활의 모든 분야에서 결정적 역할을 하는 만큼 사회의 주인의 지위를 차지하는 것이 마땅한 것이다. 봉건사회의 붕괴는 합법칙적이며 필연적인 것이었다.

5) 자본주의사회

(1) 반봉건민주주의혁명

반봉건민주주의혁명의 구체적인 형태는 다양하지만 일반적으로 18세기의 프랑스혁명을 전형적인 것으로 보고 있다.

반봉건민주주의혁명을 통하여 왕의 전제주의적 독재와 신분제도가 무너지게 되었으며 주권이 일반 인민대중에게 넘어오고 모든 사람들이 신분적 자유와 평등을 획득하게 되었다. 또한 재산에 대한 소유권이 국가권력으로부터 분리되어 누구도 침범할 수 없는 것으로 신성화되었다. 그리고 정신생활 분야에서도 개인의 사상문화생활의 자유가 보장되었다. 이것은 참으로 인류역사상 유례없는 큰 혁명적 변혁이었다.

그러나 일부 자본주의를 싫어하는 사람들은 반봉건민주주의혁명은 한 착취형태를 다른 착취형태로 바꾼 것에 불과하다고 하면서 그 세계사적 의의를 과소평가하려고 하는 것은 큰 잘못이다.

자본가계급을 봉건계급과 같은 착취계급으로 보는 것은 잘못이다. 상인은 낮은 신분에 있으면서도 적극적인 경제활동을 통하여 재부를 축적하는 새로운 길을 열어 놓았으며, 자주성과 창조성, 사회적 협조성이 가장 뛰어난 선진계급으로 자라나게 되었다.

상인들은 상품화폐관계와 시장의 발전에 주도적 역할을 하였다. 상품화폐관계의 발전은 고립되고 분산된 자연경제를 활성화시키고, 경제생활에서 사회적 협력관계를 발전시켜 나가는 데 크게 기여하였다.

상인들은 상품을 매매하는 데 그치지 않고 생산수단과 노동력을 구매하여 상품생산을 하게 됨으로써 그들은 생산과 교환을 다 같이 장악한 새로운 경제계급인 자본가계급으로써 역사무대에 등장하게 되었다.

이들은 반봉건민주주의혁명의 담당자로서 자본가계급의 우월성을 다음과 같이 요약할 수 있을 것이다.

첫째, 자본가계급은 역사무대에 새로 등장한 가장 우월한 계급이었다. 즉 자주성과 창조성, 사회적 협조성의 발전수준이 당시 어느 계급이나 계층보다도 단연 앞서 있었다.

둘째, 자본가계급은 새 사회와 새 시대를 대표하는 가장 선진적인 계급이었다. 경제적으로는 새로운 사업인 상공업을 대표하였으며, 정치적으로는 그 계급적 본성으로부터 출발하여 신분적 불평등을 반대하고 자유와 평등을 옹호하는 민주주의적 정치체제를 수호하는 입장에 확고히 서 있었다.

셋째, 자본가계급은 생산적 실천계급으로서 자기 자신이 쟁취한 경제력에 의거하여 자기의 운명을 개척해 나가는 현실주의적 계급이었다. 당시에 반봉건민주주의혁명을 이끌 수 있는 가장 진보적인 계급이 자본가계급뿐이었다는 것은 의심할 여지가 없다.

봉건계급은 생산과 유리된 통치계급으로서 자기의 권위를 높이기 위해 말로써 자기를 미화 분식(粉飾)하며 허례허식을 좋아한 반면 자본가계급은 자기의 실력에 의거하고 있는 계급으로써 공리공담(空理空談)과 교조주의를 반대하고 현실적인 이해관계에 충실하였다.

상공업자들은 봉건사회 태내에서부터 오랫동안 사회발전의 새로운 길을 개척하기 위해 노력해왔으며 실천적 활동을 통하여 새 사회건설에 필요한 물질적 조건과 사상문화적 조건, 그리고 정치적 역량을 준비해 왔다. 따라서 자본가계급은 반봉건민주주의혁명을 성과적으로 이끌어 나갈 수 있었으며, 자본주의사회 발전에서 주도적 역할을 할 수 있었던 것이다. 자본가계급이 반봉건민주주의혁명에서 주도적인 역할을 하게 된 것은 막을 수 없는 역사적 필연성이라고 볼 수 있다.

(2) 자본주의사회의 기본 특징

자본주의사회의 기본 특징은 무엇인가?

첫째, 돈이 모든 것을 지배하는 사회라는 것이다.

봉건사회에서는 권력과 폭력이 사회생활을 지배하였다. 그러나 반봉건민주주의혁명에 의하여 폭력적 독재가 무너지고 돈과 물질적 재부가 사회를 지배하게 되었다.

폭력적 특권은 본질상 동물세계의 잔재라고 볼 수 있다. 폭력은 동물세계의 법칙이다. 이성적 능력을 갖고 있는 인간에게 있어서 폭력은 원칙상 허용될 수 없는 것이다. 반봉건민주주의혁명을 계기로 폭력에 기초한 특권은 치명적인 타격을 받았다. 즉 봉건사회가 붕괴됨으로써 폭력에 기초한 특권은 재거되었지만 경제적 특권은 남아 있었다는 것이다.

둘째, 경제적 특권은 경쟁과 결부되어 발생하였다.

상공인들은 처음에 아무런 특권도 가지지 못한 평민들이었으며 평민들 가운데서도 신분이 낮은 편이었다. 그들은 자체의 경제활동을 통하여 재산을 축적하였으며 경제력에 의거하여 특권을 누리게 되었다. 그러나 경제적 특권의 경우에는 특권적 지배가 절대적이 아니라 상대적이다. 자본가가 돈을 완전히 독점하여 소비자가 돈이 없어지게 되면 소비자가 상품을 살 수 없게 되어 자본주의적 생산 자체가 불가능하게 된다. 따라서 돈에 대한 독점은 절대적이 아니라 상대적이다.

셋째, 상품생산과 교환이 지배하는 사회라는 것이다.

봉건사회의 경제는 자기가 생산한 것을 자기가 소비하는 경제, 즉 자급자족하는 경제였다. 그런데 자본주의사회에서는 자기가 소비하기 위해 생산하는 것이 아니라 다른 사람들에게 팔기 위해 생산한다. 여기서 생산자와 소비자가 갈라진다. 생산자와 소비자는 교환을 통해서 연결된다. 자본주의 생산은 교환을 떠나서 생각할 수 없다. 자본주의 경제는 자본주의적 상품생산과 상품을 소비하는 시장경제가 통일되어 있다. 이런 점에서 생산자와 소비자의 이해관계는 대립되어 있으면서도 통일되어 있다고 볼 수 있다.

마르크스주의자들은 교환의 본질을 분배된 제품을 재분배하는 과정으로 규정하고 있으며 교환과정에서는 새로운 가치가 창조되지 않는다고 보고 있다.

그들은 노동자들의 생산노동만이 제품의 가치를 창조할 수 있다고 인정한다.

넷째, 개인주의에 기초한 자유경쟁이 사회발전의 기본 추동력으로 되고 있는 사회라는 것이다.

자본주의사회에서는 사회성원들 사이의 협력과 협조를 강화하는 것보다도 개인들 사이의 경쟁을 강화하는 방법에 의거하고 있다고 볼 수 있다. 개인들 사이의 경쟁이 활발하게 진행되면 개인들의 자주성과 창조성이 높이 발양되게 된다. 사회는 개인들로 이루어져 있는 만큼 개인들의 자주성과 창조성이 발양되면 사회전체의 발전이 촉진되리라는 것은 의심할 바 없다.

경쟁은 사회적인 평가가 공정하게 이루어지는 조건에서만 활발히 진행될 수 있다. 자본주의 사회에서는 개인주의가 발전하여 개인들이 자유롭게 경쟁에 참여할 수 있을 뿐 아니라 경쟁의 결과에 대한 평가에도 자유롭게 참가할 수 있다. 그러나 자본주의는 힘과 물질에 대한 숭상이 지나치고, 개인주의와 발전에 대한 신념이 과도하여 약자와의 공생이 무너지고 있다.

5. 자본주의의 운명과 미래사회

1) 자본주의의 역사적 사명

자본가계급은 인류역사 발전에 거대한 공적을 쌓아올렸다. 그러나 지금 자본주의는 순조롭게 발전하지 못하고 있으며 어느 면에서 도전에 직면하고 있다. 이에 따라 자본주의의 운명문제가 시대적 관심의 대상으로 대두되고 있다.

자본주의의 역사적 사명은 한마디로 말하여 인류의 사회적 결합을 민주주의 원칙에 기초하여 실현하기 위한 물질적 기초를 준비하는 데 있다. 아울러 자본주의 세계에서 세계발전을 주도하는 집단은 자본가계급이라는 것은 의심할 바 없다. 자본가계급은 자본주의 운명에 대해, 그리고 오늘의 세계역사 발전에 대해 인류 앞에 책임을 지고 있다는 것을 자각하고 자본주의가 당면한 제반 문제에 대처해야 할 것이다.

(1) 세계시장을 확대하는 문제

지금까지 자본가들은 시장의 수요에 따라 생산하였으며 시장의 수요가 없으면 실질적인 사회의 수요가 있어도 생산을 하지 않았다. 자본가는 시장의 구매력이 감소하여 상품이 팔리지 않는 문제에 대해서는 책임감을 느끼지 않았다. 그러나 시장의 수요를 증대시키지 않고서는 자본주의적 생산을 더욱 발전시킬 수 없다. 오늘날 자본주의 국가들이 겪고 있는 경제위기의 근본 원인은 생산력의 발전 수준에 비해 상품을 판매할 수 있는 시장이 협소한 사정과 관련되어 있다. 팔기 위해 생산된 상품이 시장에서 팔리지 않는 데서 자본주의 경제의 기본 모순이 집중적으로 표현된다.

그러면 시장을 확대할 수 있는 여유와 가능성은 있는가? 얼마든지 있다. 만일 개발도상국가들의 경제를 발전시켜 이들 나라의 1인당 국민소득을 발전된 자본주의 나라들의 절반 수준만 높여도 세계의 시장규모는 몇 배로 확대될 수 있을 것이다. 이 문제를 해결하자면 자본주의 나라에서 남아돌아가는 자본과 기술을 개발도상국가들에 투입하는 것이 필요하다. 이는 궁극적으로 자본가들의 이익에도 부합하는 것이다.

(2) 국제관계를 민주화하는 문제

원래 자본주의는 개인의 자유와 평등을 존중하는 개인중심의 민주주의 이념을 경제분야에서 구현하여 발생한 만큼 자본주의의 발전과 민주주의의 발전은 밀접히 연관되어 있다.

지난날 마르크스주의자들은 현 역사발전 단계를 자본가계급이 지배하는 사회로부터 노동계급이 지배하는 사회로 넘어가는 사회주의혁명 단계로 규정하고, 이 혁명을 반드시 노동계급의 영도 밑에 폭력적 방법으로 진행해야 한다고 주장하였다. 이러한 견해가 잘못되었다는 것은 소련의 붕괴를 통하여 역사적 현실로 확증되었다.

국제관계를 민주화하기 위해서는 우선 국제사회에서 폭력의 사용을 근절하는 것이 중요하다. 폭력을 제거하기 위한 주된 투쟁대상은 세계적으로 남아 있는 독재국가들이라고 볼 수 있다. 이러한 독재국가들의 통치자들은 자기 나라 인민들의 자유와 행복을 염원하는 것이 아니라 자기들의 독제체제를 유지하기 위해 인민들을 폭력적으로 억압하는 한편 대외적으로도 폭력을 사용하여 자기들의 지배권을 확대하려고 한다.

폭력을 없애기 위한 정부차원의 투쟁방법으로는 전 세계적 범위에서나 지역적 범위에서 민주주의 국가들이 동맹하여 집단적 안전

보장체계를 수립하고 독재국가들의 폭력사용을 억제하기 위한 강력한 정치군사적 대책을 세우는 것이 중요하다. 폭력을 반대하는 투쟁은 민간차원의 투쟁도 매우 중요하다.

(3) 국제경제질서의 민주화

다음으로 국제경제질서를 민주화하는 것이 필요하다. 국제경제 관계에서 불평등은 경쟁력이 강한 국가가 경쟁력이 약한 개발도상국가들에게 시장을 개방하도록 강요하는 것이다. 경쟁력이 강한 나라의 기업들이 개발도상국가들의 시장에 들어가 경쟁하게 되면 승리할 것은 뻔하다. 이렇게 되면 개발도상국가의 시장을 발전한 자본주의 나라의 기업들이 독점하게 되며, 결국 뒤떨어진 나라들은 발전된 나라들에게 경제적으로 예속된다. 그리하여 개발도상국가들의 토착산업은 파산되고 이 나라들의 외채는 늘어만 가며 경제적 자립성은 계속 약화되기 마련이다. 이러한 불공정한 경제관계는 반드시 시정되어야 한다.

(4) 3대 생활의 균형적 발전문제

자본주의사회는 경제발전에서 눈부신 성과를 달성하였지만 정치와 문화발전은 상대적으로 뒤떨어져 있다. 자본주의를 더욱 발전시키기 위해서는 경제발전에 상응하게 정치와 문화를 발전시켜 정치, 경제, 문화의 3대 생활에서 균형적 발전을 보장하는 것이 중요하다.

자본주의사회에서 경제발전에 비하여 정치와 사상문화 발전이 상대적으로 뒤떨어지게 되는 근본원인은 자본주의사회의 민주주의가 개인주의에 기초한 민주주의라는 사정과 관련되어 있다.

개인주의 생활에서는 개인적인 삶의 요구를 반영한 다양한 사상은 개화될 수 있으나 인류공동의 요구를 반영한 인류공동의 운명개척의 길을 밝혀주는 사상의 발전은 홀시되게 된다. 그뿐 아니라 정치에서도 개인의 자유와 평등을 보장하고 개인의 물질생활 분야에서의 지위와 역할을 보장하는 데는 깊은 관심을 돌리고 있지만, 집단의 먼 앞날을 내다보면서 공동의 이익을 실현하기 위하여 집단의 협력과 협조를 발전시켜 나가는 면에 대해서는 응당한 힘을 기울이지 못하고 있다.

풍요한 물질적 재부의 생산에 비해 사람들의 사상문화 수준이 뒤떨어지는 경우에는 사람들이 물질적 부를 자기 자신과 사회발전을 위해 합리적으로 이용하는 것이 아니라 오히려 물질적 향락에 젖어 자기의 정신과 육체적 건강을 약화시키고 사회발전을 저해하는 결과를 초래하게 된다.

따라서 정치, 경제, 문화의 3대 생활분야에 균형적으로 투자하여 3대 생활의 균형적 발전을 보장하는 것은 자본주의의 위기를 종국적으로 해결하는 방도가 될 것이다.

2) 미래사회

반봉건민주주의혁명으로 특권계급에 의한 독재체제는 붕괴되고 주권재민의 민주주의 시대가 시작되었다. 자본주의사회는 개인주의적 민주주의사회이며 경제중심의 민주주의사회이다. 자본주의적 민주주의는 역사발전에서 전대미문의 위대한 업적을 쌓아올렸다.

그러나 자본주의적 민주주의는 개인주의적 민주주의로서의 제한성을 가지고 있다. 인간은 개인적 존재인 동시에 집단적 존재인 만큼 개인주의는 개인적 존재의 요구와 이익, 창조적 적극성을 발양시키는 데서는 그 우월성을 과시하였으나 집단의 통일과 협조를 발전시키는 것을 소홀히 하는 결함을 발로시켰다. 자본주의가 발전함에 따라 개인의 이익과 집단의 이익 사이에 불일치가 발로하게 되었으며 이것이 자본주의적 민주주의 발전을 저해하는 기본요인으로 되었다.

개인주의적 자유경쟁은 자본주의사회 발전을 추동하는 강력한 동력이 되었지만 그 결과 승리자와 패배자의 간격이 크게 벌어지게 되었으며 패배자는 사회의 주인으로서의 지위를 상실하게까지 되었다. 이것은 사회성원들이 다 같이 사회의 주인의 지위를 차지하여야 한다는 민주주의 원칙에 배치되는 것으로서 자본주의사회의 치명적인 약점으로 발로하게 되었다.

민주주의의 발전이 개인주의적 민주주의로 시작한 것은 옳았다. 봉건적 신분제도의 가장 큰 결함은 개인의 자유와 다양한 창조적 적극성을 억제함으로써 개인의 생존과 발전을 저해하는 것이었다. 그러므로 민주주의적 사회를 발전시키기 위해서는 우선 개인들을 신분제도에서 해방하고 자유를 보장하고 다양한 창조적 적극성을 발양시키는 것이었다. 자본주의사회의 눈부신 발전은 개인들에게 자유와 평등을 보장하여 개인의 다양한 창조적 적극성을 발양시킨 결과이다.

개인적 존재를 떠난 집단적 존재가 있을 수 없을 뿐만 아니라 집단적 존재를 떠난 개인적 존재도 있을 수 없는 만큼 어느 쪽이 더 중요하다고 말할 수는 없다. 그러나 인간의 욕망을 충족시키는 순서로 볼 때에는 우선 개인의 생존을 보장하기 위한 욕망을 충족시킨 다음에야 집단의 생존에 대하여 생각하는 것이 올바른 순서라고 볼 수 있는 것이다.

자본주의적 민주주의가 개인의 생존문제에 치중하고 집단의 생존문제를 소홀히 하는 점이 있다고 하여 개인주의사회를 집단주의사회로 바꾸려고 하는 것은 잘못이다. 더구나 자본주의적 민주주의를 사회주의적 계급독재로 바꾼다는 것은 민주주의를 부정하고 독재사회를 건설하려는 것으로서 사회를 발전시키는 것이 아니라 후퇴시키는 잘못된 행동이 아닐 수 없다. 사회주의 혁명이 마르크스주의자들의 과오였다는 것은 소련식 사회주의의 붕괴로써 역사적으로 실증되었다.

결국 냉전에서의 소련진영의 패망은 자본주의적 개인주의가 자체의 일면성을 극복하기 위하여 집단주의적 장점을 받아드린데 비하여 사회주의적 집단주의는 자기의 일면성을 극복하기 위하여 자본주의의 장점을 받아들이는 사업을 하지 않고 지속적으로 폐쇄성을 강화하였던 것이다.

그런데 자유민주주의자들은 소련 진영의 붕괴로써 개인주의적 자본주의가 종국적으로 승리한 것처럼 생각하고 자만 도취하였으며 개인주의적 민주주의를 개선하기 위한 대책에 대하여 응당한 관심을 돌리지 않았다.

그 결과 자본주의적 민주주의 체제는 자체 내부의 원인과 결부된 일련의 위기와 함께 외부의 독제세력의 도전까지 받게 되었다. 승리한 자유민주주의자들은 마땅히 세계의 항구적인 평화와 민주주의 발전을 보장하기 위하여 세계민주화의 높은 전진목표를 내세웠어야 할 것이었다.

앞으로 어떤 나라 인민의 주도적 역할에 의하여 어떤 경로를 거쳐 세계민주화가 실현될 것인가 하는 문제는 예측하기 어렵다. 그러나 세계민주화의 실현은 역사발전의 필연적 요구라는 것은 명백하다.

그러나 기존의 사관(史觀)을 종합하는 것으로 미래의 문제가 해결되는 것은 아니다. 개인주의와 집단주의는 인간이 개인적 존재인 동시에 집단적 존재라는 불멸의 원리를 바탕으로 한 인간본성의 두 측면이기 때문에 양자의 장점을 결합시키는 것만이 올바른 발전의 길이라는 지도이념을 확립하고 이에 의거하여 계속 전진한다면 앞으로 인류발전에 헤아릴 수 없는 귀중한 기여를 할 수 있게 될 것이다.

인간의 행복이 오직 인간 자신의 생명력 발전의 수준에 의하여 규정된다는 점에서 미래사회는 인간중심의 민주주의사회라고 말할 수 있을 것이다.

인류가 인간중심의 민주주의사회를 건설함으로써 인간은 현재 인류가 상상할 수 없는 높은 수준의 행복을 누리게 될 뿐 아니라 인간의 최고의 이상인 세계의 주인, 자기 운명의 완전한 주인의 지위를 지향하여 영원한 발전의 길을 걷게 될 것이다.

유감스럽게도 인간중심의 민주주의사회라는 이상사회는 아직도 검증해야 하는 과정은 남아 있다. 그러나 인간의 이상과 꿈의 실현을 향한 좌표만은 지금이라도 제시해야 한다. 그것이 인간의 본성에 맞는 발전의 방향이기 때문이다.

참고문헌

황장엽 지음, 『인간중심철학원론』 시대정신. 2008

황장엽 지음, 『사회역사관』 시대정신. 2001

황장엽 지음, 『민주주의 정치철학』 시대정신. 2005

박용곤 지음, 『사랑의 세계관』 시대정신. 2012

박용곤 지음, 『어느 제일동포 사회과학자의 산책』 시대정신. 2012

박용곤 편저, 『주체사상에 관한 연구자료집』 제3부 경제학편. 평성16년 6월

칼뢰비트/이한우 역, 『역사의 의미』 문예출판사. 1993

이노우에 슈하치 지음/최진성 옮김, 『사랑과 통일의 실천철학』 도서출판 조국.

  1990

조우화 편, 『인간의 역사』 동녘. 1984

제6장

인간중심철학의
인생관

1. 서론

우리 인간에게는 생명이 단 한번, 그것도 매우 짧은 기간만이 주어질 뿐이다. 그러므로 뜻있는 사람들은 단 한번밖에 없는 짧은 인생에 대해서 '인간은 왜 이 세상에 태어났으며, 어떤 목적을 갖고 어떻게 살아야 할 것인가' 하는 문제를 생각하지 않을 수 없는 것이다.

그 결과 철학이나 종교 또는 이데올로기가 추구된다. 인생관은 역사와 사회의 추이나 변혁에 따라서 다소의 영향을 받는 것은 부정할 수 없으나, 사회라는 울타리 안에서만 삶을 찾고 인생을 누려갈 수 있는 인간은 사회 속에서 자기가 서야 할 좌표를 어떻게 설정하며 어떤 삶의 길을 걸어갈 것인가 하는 문제에 끊임없이 부딪치게 된다.

환경에 순응하며 본능적 요구대로만 살아가는 동물세계에서는 삶에 대한 관점(觀點)과 입장(立場)문제가 제기될 수 없고 오직 사회적 존재인 인간에게만 인생의 문제가 제기되는 연유가 여기에 있는 것이다.

따라서 인생문제는 자기와 사회와의 관계에 관한 문제에 귀착되며 사람들의 관점에 관한 문제로 귀착되지 않을 수 없다. 이런 맥락에서 철학은 자체 내에 인생관을 내포한다고 하겠다. 삶을 떠난 철학, '사람이 무엇을 위하여 어떻게 살아야 하느냐'에 대하여 해답을 주지 못하는 철학은 공허한 철학이 되기 쉽다. 따라서 철학이 구색을 갖춘 올바른 세계관을 주려면 먼저 올바른 인생관을 제시하여야 한다.

오늘날 한국에는 실존주의 인생관[1], 실용주의 인생관[2], 자연주의 인생관, 신을 중심으로 삶을 고찰한 신비주의적 인생관 등 수없이 많은 인생관들이 횡행하고 있다. 어떤 철학자는 "인생은 잃어버린 고향을 찾아가는 것"이라고 말하는가 하면 어떤 철학자는 "누가 인생의 고향을 아는 사람이 있느냐"고 반박하면서 사람이 산다는 것은 차츰차츰 "죽음을 향하여 나아가는 것"이며, "산다는 것은 죽고

---

1 실존주의 인생관은 사람의 삶의 출발점을 개인의 출생으로 보고 그 '종말'과 '완성'을 죽음으로 보고 있다. 실존주의 인생관은 인간을 '허무한 존재' '고독한 존재'로 보며 인간의 삶은 불안과 슬픔, 비관과 절망으로 가득찬 무의미한 것이라는 비관주의를 퍼뜨리고 있다. 마치 키에르케고르가 인생은 "불안한 열차를 타고 절망이라는 언덕을 넘어서 죽음이라는 종착에 도달하는 고통"이라고 했듯이……

2 실용주의 인생관은 인간의 천성을 이기심이라고 보고 '근본경험론' '유용성론'이라는 학설을 기초로 하여 삶에 대한 견해를 역설한다. 실용주의 인생론자들은 인간의 삶을 단순히 하나의 유기체를 가진 생명의 활동으로 묘사하면서 '생존경쟁' '적자생존'의 생물학적 법칙을 사람의 생활 영역에 적용해 약육강식의 법칙으로 인간의 삶을 설명하고 있다. 인간의 생활을 '환경에 적응하는 과정'으로 보는 것은 인간의 삶을 동물의 생활로 비하하는 것이다.

있다는 것을 말하는 것"뿐이라고 주장하면서 우리들이 알고 싶어 하는 삶의 지침에 대해서는 아무것도 말해주는 것이 없다.

그리스도교가 국가의 종교로서 채택된 중세 유럽의 경우에도, 종교는 결코 인생관 전부를 흡수한 것이 아니었다.

인간중심철학은 인간을 철학적 고찰의 중심에 놓고 인간의 운명 문제에 해답을 주는 것을 자기의 사명으로 하는 인간중심의 철학인 까닭에 철학적 세계관, 사회역사관과 함께 인생관을 자기의 필수적 구성부분으로 하여 인간의 참다운 생명과 생활에 대한 가장 과학적 인 해명을 한다.

우리 인간은 벌레나 동물과 같이 살 수는 없는 것이며, 더구나 노예와 같이 비굴하게 살아서도 안 될 것이다. 우리 인간은 항상 사 랑하는 가족과 국가와 인류의 번영과 장래를 생각하면서 자신의 삶 의 목표를 정립해야 한다.

그러면 인간중심철학에서 말하는 인생관은 어떻게 과학적으로 정립되었으며, 사회적 인간의 참다운 생명과 보람 있고 행복한 삶 에 대한 견해와 관점, 그리고 입장이 밝혀졌는가를 알아보기로 한 다.

2. 인생관의 기본 문제

1) 우주에서 차지하는 인간의 자주적 지위

자연의 장구한 진화과정에서 인간이 발생하였지만 인간은 자연적 존재의 연장이 아니라 자연과 질적으로 구별되는 새로운 물질적 존재인 사회적 존재이다.

사회적 존재인 인간은 자연의 변화와 운명을 같이하는 자연의 한 부분이 아니라 자기의 창조적 힘에 의거하여 자연을 자기의 요구에 맞게 개조하면서 자기의 운명을 개척해 나가는 자주적 존재이다.

즉 인간은 자연에 종속된 존재가 아니라 자연을 자기의 요구에 맞게 복종시켜 나가는 주인의 입장에 서 있다. 그러므로 사회적 존재인 인간이 발생함으로써 하나로 통일되어 있던 우주가 자연의 법칙에 따라 운동 변화하는 자연적 존재의 세계와 사회적 법칙에 따라 운동 변화하는 사회적 존재의 세계로 갈라지게 되었다. 물론 자연과 사회는 불가분의 상보적(相補的)관계에 있지만 사회가 자연의 변화 방향과 다른 방향으로 변화발전하고 있다는 점에서 자연과 사회는 대립물의 통일을 이루고 있는 것이다.

물질의 양적 크기의 측면에서 보면 사회적 존재는 자연적 존재와 비교가 되지 않을 정도로 작지만 물질의 질적 발전의 수준에서 보면 자연적 존재는 사회적 존재와 비교가 되지 않을 정도로 뒤떨어진다.

그러므로 사회적 존재는 자연적 존재와의 상호작용에서 주도권을 장악하고 있으며 자연적 존재를 사회적 존재에 종속시켜 나가고 있다고 볼 수 있다.

인간의 자주성과 창조성, 사회적 협조성이 강화될수록 자연에 대한 인간의 주동성과 능동성은 강화되며 자연에 대한 인식능력과 자연을 개조하는 실천적인 창조능력이 더욱 발전하게 된다.

아울러 사회적 존재와 자연적 존재는 상호작용을 통하여 사회적 존재는 끊임없이 자기의 지배적 범위를 확대해 나가고 있는 것이다. 더구나 인간의 발전 속도는 자연의 그것보다 매우 빠르기 때문에 미래의 인간의 창조적 능력은 상상할 수없이 발전할 것이며, 우주에서 차지하는 인간의 자주적 지위와 창조적 역할은 대단히 높아질 것이다.

2) 우주의 운명의 주인으로서의 인간의 사명

우리는 인간으로 태어난 것을 무한한 영광으로 깊이 명심해야할 것이다. 인간은 우주의 운명을 대표할 수 있는 유일한 존재이다. 우주를 물질세계의 가정(家庭)이라고 본다면 인간은 이 대가정의 운명을 책임지고 있는 가장(家長)이라고 말할 수 있다.

우리 인간이 우주의 운명을 대표하고 이끌어 나갈 수 있는 최고의 존재로 태어났다는 것은 인간 자신에 있어서 뿐만 아니라 우주 전체의 최대의 경사이고 더 없는 영광이다. 인간은 끝없이 숭고한 자주적 정신과 만능의 창조적 힘을 지닐 수 있고, 아울러 영원히 발전할 수 있는 가장 위대하고 신성한 존재이다.

인간의 위대성을 살리는 데서 가장 중요한 것은 모든 사람들이 인간의 위대성과 숭고한 사명을 자각하고 전 인류가 정의와 사랑의 원리로 결합하여 긴밀히 협력하는 것이다. 이렇게 될 때 모든 사람들이 다 위대한 인류의 생명을 자기의 생명으로 자각하고 가장 숭고한 삶을 누릴 수 있는 것이다.

우리는 위대한 생명을 부여받은 영광에 상응하게 보람 있게 살아야 한다. 천재일우(千載一遇)라는 말이 있다. 이 말은 천년에 한 번 만날 수 있는 좋은 기회라는 뜻이다. 게다가 우리의 수명은 100년도 채 안 되는 짧은 기간이다. 이 짧은 기간에 우리가 어떻게 자기의 생명을 보람 있게 살 것인가 하는 문제가 대두되고 있다.

보람 있게 산다는 것은 값지게 산다는 뜻이다. 우리의 생명이 무한한 값을 가지고 있는 만큼 이러한 생명의 귀중성에 어울리는 값진 것을 창조하여 우리의 후대에게 넘겨주어야 한다. 이것이 우리들에게 생명을 안겨준 어머니의 은덕에 보답하는 것이다. 여기에서 말하는 '어머니'는 나를 낳아준 친어머니는 물론, 민족과 인류라는 생명의 집단을 말한다.

인간은 자기 세대에 맡겨진 역사적 사명을 충실히 완수해야 한다.

인간의 생명은 한 세대에 끝나는 것이 아니라 대를 이어 계승하고 발전하는 것이다. 한 세대가 인류에게 부과된 위대한 사명을 다할 수는 없다. 인간은 자기 세대에 부과된 임무를 충실히 수행하고 생명의 계주봉(繼走棒)을 다음 세대에 넘겨야 한다.

현재 인류 앞에 대두된 중요한 역사적 과업은 민족과 국가를 기본단위로 하는 생활공동체를 전 인류를 기본단위로 하는 생활공동체로 발전시키는 것이다. 만일 인류가 운명을 같이하는 생활공동체로 결합되어 긴밀히 협조하고 협력한다면, 인류는 자신들이 만들어내는 사회적 재난으로부터 해방될 뿐만 아니라 동물세계로부터 인간세계로의 인류발전의 장구한 과도기가 끝나고 인류의 영원한 발전의 길이 열릴 것이다.

이러한 관점에서 보면 오늘날 인류는 자기 발전에서 가장 중대한 역사적 전환의 시기에 처해 있다고 볼 수 있다. 따라서 위대한 변혁의 임무를 부여받고 태어난 세대들은 마땅히 삶의 목적에 맞게 사는 것이 가장 보람 있게 사는 길이라는 것을 명심하고, 역사와 시대가 안겨준 임무를 성실히 수행해야 할 것이다.

3) 개인주의적 인생관과 집단주의 인생관

〈개인주의적 인생관〉은 삶의 목적도 개인에게 있고 삶을 실현해 나가는 힘도 개인에게 있다고 보면서 개인에게 충실하게 사는 것이 옳다고 주장하는 사상이다. 즉 삶의 과정은 개인의 삶의 요구를 개인의 생활력에 의거하여 실현해 나가는 개인적인 생명활동인 만큼 삶의 주인은 어디까지나 개인이라는 것이다.

개인은 사회적 집단의 한 성원인 만큼 사회적 집단의 요구와 이해관계, 사회집단의 협력관계를 떠나서 고립적으로 살 수 없다는 것은 명백하다. 그러므로 개인주의 인생관에서도 사회적 집단의 요구와 이해관계, 사회적 협력관계가 개인의 운명에 중요한 영향을 미친다는 것은 부정하지 않는다. 또 사회에는 많은 사람들이 살고 있는 만큼 개인은 자신의 요구와 이해관계뿐 아니라 다른 개인들의 요구와 이해관계도 존중히 여기지 않으면 안 된다는 것도 인정하고 있다.

이 점에서 다른 사람들의 이해관계는 아랑곳하지 않고 오직 자기의 이익만을 추구하는 개인이기주의와 개인주의는 구별된다. 그러나 개인주의적 인생관에서는 사회적 집단을 삶의 주체로 보는 것이 아니라, 오직 개인만을 삶의 주체로 인정한다.

개인주의적 인생관은 개인을 삶의 주체로 인정하는 만큼 개인의 생활에 대한 외부로부터의 간섭과 구속을 반대한다. 사회적 집단으로부터의 간섭, 낡은 관습과 도덕으로부터의 간섭 등 온갖 간섭과 통제를 반대하고 개인이 자기의 삶의 요구를 자유롭게 충족시킬 것을 주장한다.

이 점에서 개인주의 인생관은 필연적으로 자유주의와 결부된다.

결국 개인주의적 인생관은 개인의 자유와 행복을 삶의 기본 목적으로 내세우는 인생관이라고 볼 수 있다.

그러나 개인주의적 인생관은 나름대로 심중한 약점을 지니고 있다.

첫째, 개인주의적 인생관은 개인이기주의와 자유방임주의로 기울어질 수 있는 위험성이 크다는 점이다. 개인주의는 개인의 인격과 인권을 존중하는 사상이지 남의 이익을 희생하면서까지 자기의 이익을 추구하는 개인이기주의는 아니다. 그러나 개인주의는 집단주의와 대립되는 개념으로써 개인의 이익을 집단의 이익보다 위에 놓는 사상인 것은 틀림없다.

그러므로 개인주의 인생관을 가진 사람들은 사회적 집단의 이익이나 다른 사람의 이익보다는 자신의 이익을 먼저 생각하게 된다. 또한 개인주의는 자유방임주의로 흐를 가능성이 크다.

둘째, 개인주의적 입장에서는 영생을 요구하는 인간의 염원을 풀 수 없다. 한 개인의 인생은 짧지만 사람들은 영생할 것을 원한다. 그리하여 사람들은 자기의 한 대에서 실현할 수 없는 원대한 희망과 계획을 세우고 많은 사람들과 연계를 맺으며 일을 벌여 놓지만 자기가 계획한 일을 다 끝내고 죽는 사람은 없을 것이다. 일단 사람이 죽게 되면 사랑하는 모든 사람들과 영원히 헤어지지 않으면 안 되며, 일생동안 심혈을 기울여 성취한 모든 중요한 것도 다 버리지 않을 수 없다.

그러나 인간은 개인적 존재인 동시에 사회적 집단적 존재이다. 개인의 삶은 한 세대로 끝나지만 집단의 삶은 영원히 지속된다. 이 것은 개인의 생명이 사회집단의 생명의 한 구성부분으로써 사회적 집단의 생명과 뗄 수 없이 결부되어 있다는 것을 말하여 준다.

〈집단주의적 인생관〉은 생명과 생활의 기본단위를 사회적 집단으로 보는 것에서부터 출발한다. 그것은 인간의 삶의 목적을 사회적 집단의 생존과 번영에서 찾으며, 그것을 실현하기 위한 힘도 사회적 집단의 힘으로 인정한다.

집단주의적 인생관은 집단을 개인의 생명의 모체로 인정하고 집단의 이익을 개인의 이익의 위에 놓으며 집단의 생존과 발전을 위하여 헌신적으로 투쟁할 것을 요구한다. 인간은 개인적 존재임과 동시에 집단적 존재인 만큼 사회적 집단을 아끼고 사랑하는 정신적 뿌리는 타고난 인간의 본성과 결부되어 있다고 볼 수 있다.

인간은 개체 보존의 본능과 함께 종(種) 보존의 본능을 타고나며 이러한 본능적 요구에 기초하여 사회생활 과정에서 개인에 대한 사랑과 함께 사회적 집단에 대한 사랑의 정신이 발생하고 발전하게 된다. 이것은 인간이 자기 자신에 대한 인식을 심화시켜 나가는 인식발전의 순서라고 볼 수 있다. 따라서 개인적 존재로서의 인간의 귀중성을 자각하는 것은 쉽다. 그러나 사회적 집단이 개인의 운명과 어떠한 관계를 가지고 있으며, 집단의 이익이 개인의 이익보다 얼마나 귀중한가를 인식하는 것은 어렵다.

원래 사회주의는 자본주의사회에서 개인주의가 이기주의적으로 흐르는 것을 반대하고 사회적 집단의 공동의 이익을 옹호하는 사상으로 발생하였다. 그러나 사회주의 사상은 마르크스주의의 계급주의와 결부됨으로써 계급주의적 집단주의 사상으로 전환되었다.

그러면 집단주의적 인생관의 기본 약점은 무엇인가?

첫째, 집단의 운명(생존과 발전)의 중요성을 일방적으로 강조함으로써 개인의 운명문제를 소홀히 할 수 있다는 점이다.

물론 개인과 사회적 집단의 운명을 비교해보면 사회적 집단의 운명이 더 귀중하다는 것은 의심할 바 없다. 그러나 사회적 집단은 개인들의 결합체이다. 개인들이 없이는 집단도 있을 수 없다. 개인들은 사회적 집단에 종속된 한 부분인 것이 아니라 사회적 집단의 구성 성원들이며, 사회적 집단의 운명의 공동의 주인이다.

집단주의적 원칙에서는 생산수단의 소유도 단일한 사회적 소유로 만들지 않을 수 없으며, 사상적 다양성과 정치적 대립도 허용할 수 없기 때문에 사상의 자유와 민주주의도 기대할 수 없는 것이다.

둘째, 집단주의적 인생관은 개인들이 수용하기 어려운 자기희생을 강요하며, 더 나아가 이타주의로 기울어질 수 있는 위험성도 있는 것이다. 사람들이 자주적으로, 창조적으로 잘 살려고 하는 것은 인간의 본성이며 사회에 기여한 것만큼 평가를 받으려고 하는 것은 자주적인 인간의 응당한 권리이다.

셋째, 공산주의 인생관은 개인에게서 자주적인 본성을 제거하고 개인을 집단의 요구를 실현하기 위한 수단으로 전환시킨다.

사람은 개인을 위하여 살 것이 아니라 집단을 위하여 살아야 한다는 집단주의자들의 주장은 옳지 않다. 개인의 요구와 이익을 무시하고 오직 집단의 이익만을 강조하는 것은 계급주의자들의 이른바 혁명적 인생관이다.

중요한 것은 개인주의 인생관이나 집단주의적 인생관이 인간의 본질적 특성의 한 면만을 대표하는 약점을 가지고 있다는 것을 인정하고 어느 하나를 절대화해서는 안 된다는 사실이다.

두 인생관을 통일시키는 것이 필요하다. 두 인생관은 대립물의 통일을 이루고 있기 때문에 인생관으로서 동등한 가치를 가지고 있다. 따라서 무조건 어느 인생관이 옳고 어느 인생관이 나쁘다고 단정하는 것은 옳지 않을 것이다.

3. 생명관

1) 인간생명의 본뜻

인간에게서 가장 중요한 것은 자기의 생명이다. 인간의 모든 생활은 생명을 기본 밑천으로 하여 진행된다.

인생이란 말 그대로 인간의 생(生)이기 때문에 인간의 생명에 대한 정확한 인식이 없이는 인생에 대한 올바른 견해를 가질 수 없는 것이다. 따라서 올바른 인생관을 가지고 보람 있는 삶을 살아가기를 원하는 사람이라면 누구나 인간생명의 근본 의미와 근본 특성에 대한 인식에 토대하지 않으면 안 되는 것이다.

그러면 생명이란 무엇일까? 생명체의 고유한 속성인 생명이 무엇인가를 알려면 생명체의 생명활동을 깊이 분석해 보아야 한다. 왜냐하면 생명은 생명체의 내적 속성으로서 사람들이 직접 보고 느낄 수 있는 것이 아니기 때문이며, 생명활동이 바로 생명의 발현이기 때문이다.

생명체의 활동은 살려는 요구와 그것을 실현할 수 있는 힘에 의해서 이루어진다. 다시 말하면 생명체의 생명활동은 생명체가 가지고 있는 살려는 요구와 힘의 두 가지 속성의 통일로 이루어진다. 여기에서 어느 하나의 속성이 없어도 생명체의 생명활동이 이루어질 수 없다.

이와 같은 맥락에서 보면 생명이란 살려는 요구와 힘으로 표현되는 물질의 속성이라 할 수 있다. 그러므로 그 물질이 얼마나 발전된 물질인가에 따라 살려는 요구의 내용과 힘의 근본 특성이 달라지는 것이다.

그러면 이 세상에서 가장 발전한 사회적 존재인 인간의 생명, 즉 살며 발전하려는 요구와 힘은 무엇일까? 이것이 바로 인간생명에 대한 논점(論點)으로 되어야 할 것이다. 모든 생명체가 생존하고 발전하려면 반드시 외부환경, 즉 객관세계와 관계를 맺어야 한다는 것은 상식적인 이치이다. 따라서 생명체가 외부환경에 대하여 어떤 관계를 가지느냐, 또 어떻게 작용하느냐 하는 것을 보면 그 생명체의 특성을 발견할 수 있다. 왜냐하면 생명은 생활을 통해서 발현되기 때문이다.

사람을 제외한 모든 생명체는 자신을 객관세계에 종속시키고 순응하면서 살아간다. 그러나 인간은 자기 활동으로 외부세계를 인식하고 개조·변혁하면서 자기에게 봉사하게 만듦으로써 생존하고 발전한다. 다시 말하면 사람은 자신을 외부세계에 종속시키고 순응시키는 것이 아니라 외부세계를 자기에게 종속시키고 순응시키면서 살며 발전한다.

사람과 다른 생명체의 생명활동에서 이러한 근본적인 차이는 동물은 살려는 요구와 생활력은 생물학적 속성으로 표현되지만 사람의 살려는 요구와 생활력은 사회적 속성으로 표현되는 것이다.

사람의 살려는 요구는 세계와 자기 운명의 주인으로 살며 발전하려는 자주적 요구이며 사람의 생활력은 자주적 요구를 실현해 나가는 창조적 능력이다. 인간의 살려는 요구와 생활력이 사회적 속성으로 표현되는 것은 바로 인간이 다른 모든 생명체와는 다른 사회적 존재라는 데 근거하고 있는 것이다.

따라서 사회적 인간에게 있어서 고유한 생명은 생물학적 존재로서의 생명이 아니라 사회적 존재로서의 생명이라는 것을 알 수 있다. 인간중심의 철학적 인생관은 사회적 생명이 사회적 인간의 존엄과 가치를 규정하는 인간의 고차적인 생명이라는 것을 밝힘으로서 과학적 인생관을 정립하게 되었다.

2) 육체적 생명과 사회적 생명

인간은 육체적 생명과 함께 사회적 존재로서의 사회적 생명을 가진다. 사람들은 생명이라고 하면 흔히 육체적 생명만을 염두에 두고 사회적 인간의 고유한 생명인 사회적 생명을 도외시하거나 소홀히 하는 경향이 있다. 역사를 거슬러 올라가 살펴보아도 인류는 인간의 생명을 논할 때 육체적 생명 하나만을 생각했지 육체적 생명과 차원을 달리하는 사회적 생명이 있다는 것을 알지 못하였다.

우리 인간은 동물의 생활과는 달리 사회의 구성원으로서 사회적 부(富)의 창조에 참여하고 사회적 업무에 종사하는 등 사회생활을 한다. 이로 인해 사람들은 생물학적 생명인 육체적 생명뿐만 아니라 사회적 생명을 지니게 된다는 것을 알 수 있다.

사회적 생명은 인간의 자주성을 실현하기 위한 공통된 이념에 기초하여 결집된 사회적 집단의 구성원으로서 자주성을 실현하기 위한 운동에 적극 참여하는 사람들이 갖는 사회적 생명이다.

육체적 생명은 생물학적 존재의 생명이며 사회적 생명은 사회적 존재의 생명이다. 존재의 측면에서 보면 생물학적 존재가 개체적 존재라면 사회적 존재는 집단적인 존재라는 데 그 특징이 있다.

육체적 생명은 생명유기체로서 살며 발전하려는 속성이다. 이런 의미에서 육체적 생명은 순수한 인간만이 갖고 있는 속성이 아니다. 그렇다고 하여 인간의 육체적 생명을 순수 생물학적 측면에서만 본다면 잘못이다. 육체적 생명은 인간의 개체적, 생물학적 활동과 관련된 측면이 있고 또한 인간의 사회생활을 보장하는 수단으로서의 측면도 있다. 양자를 통일적으로 고찰하여야 인간에게 있어서 육체적 생명의 의의와 역할을 정확하게 파악할 수 있다.

인간은 사회관계 속에서 서로 얽혀 살면서도 결국 삶의 목적을 무엇으로 설정하며 어떻게 살아가려고 하는가에 따라 참인간으로서의 생명인 사회적 생명을 지니고 인간으로서의 존엄과 가치를 갖기도 하며, 인간의 사회적 본성과 어긋나게 개체의 안일과 향락을 위해서만 살아가는 반사회적 인간으로 전락하여 인간의 존엄과 가치를 상실하기도 하는 것이다.

자기의 생명을 옳게 보존하고 강화하여 나가는 것은 옳게 살아가기 위하여 무엇보다도 먼저 해결하여야 할 가장 중요한 문제이다. 삶에 대한 올바른 이해는 생명에 대한 올바른 인식에 기초하여야 한다.

사회적 의식과 사회적 재부, 사회적 관계와 결부된 인간의 사회적 생명은 육체적 생명과 질적 차이를 가진 위력한 생명이다. 인간이 육체적 생명만 갖고 있는 것이 아니라 사회적 존재로써 사회적 생명을 갖고 있다는 것은 두 개의 생명이 있다는 것을 의미하지는 않는다.

그러나 인간의 육체적 생명은 인간이 태어날 때부터 타고난다는 점에서 생물학적 속성이지만, 그것은 동물의 경우와 같이 본능이나 조건반사에 따라 작용하는 것이 아니라 사회적 속성인 사회적 의식의 통제 밑에 목적의식적으로 작용한다는 점에서 동물의 생명과는 질적으로 구별된다.

아울러 인간의 경우 육체적 생명은 육체 자체를 보존하기 위해서만 이바지하는 것이 아니라 사회적 존재로서의 인간을 보존하기 위하여 기여한다. 육체적 생명을 보존하려는 목적보다 더 높은 목적은 사회적 생명을 보존하려는 목적이라고 볼 수 있다.

사회적 존재가 생물학적 존재보다 더 발전된 존재라는 견지에서 보면 육체적 욕망보다도 사회적 욕망이 더 고급한 것이라고 볼 수 있으며, 육체적 욕망을 충족시킬 때보다도 사회적 욕망을 충족시킬 때의 쾌감이 더 고급한 것이라고 볼 수 있을 것이다.

자기의 욕망을 주관하는 정신력이 약해서 자기 생명에 불리한 행동을 하는 사람은 자기 자신의 주인이라고 볼 수 없다.

인생의 근본목적은 그저 사는 데 있는 것이 아니라 세계와 자기 운명의 주인으로 사는 데 있다. 사람의 삶의 가치는 그 수명의 장단에 의해서 규정되는 것이 아니라 그가 민족과 국민을 위해서, 사회와 집단을 위해서 얼마나 기여하였느냐에 의해서 규정되는 것이다.

3) 개인의 생명과 사회적 집단생명의 상호관계

개인과 집단의 상호관계 문제는 인간을 사회적 집단의 구성원으로 보느냐 아니면 집단과 분리된 존재라는 시각에서 보느냐에 따라서, 또한 개인을 위주로 하여 집단을 보느냐 아니면 집단을 위주로 집단과 개인과의 상호관계를 보느냐 하는 시각에 따라 근본적으로 다르게 해석된다.

그러나 개인과 집단과의 관계는 부분과 전체와의 관계, 즉 부분의 하나가 없어지면 전체가 이루어질 수 없는 관계가 아니라 개별과 일반과의 관계문제다. 각각의 개인은 자기의 고유한 개체적 특성을 가지면서도 사회적 존재, 즉 집단의 구성원이라는 본질적 특성을 가지는 것이다. 그러므로 구체적 개인은 사회적 존재로서의 인격적 특성과 그 발현으로서의 개성을 가진 인격적, 개성적 존재이다.

인간중심의 철학적 인생관은 인간은 사회적 존재라는 대전제로부터 출발하여 개인과 집단의 상호관계를 정립함으로써 인간이 인간으로서의 참 생명을 지니고 인간답게 살아가는 근본문제를 다루고 있는 것이다.

그러면 개인과 집단과의 상호관계 문제가 인생관의 근본문제로 되는 이유는 무엇일까?

그것은 이 문제가 사회적 인간의 생명과 생활을 기초 짓는 문제이기 때문이다. 이 문제를 어떻게 해결하느냐에 따라 인간을 사회적 구성원으로서의 사회적 생명을 가진 참다운 인간적 존재로 보느냐 아니면 집단과 분리된 순수 개체적인 생물학적 생명을 가진 존재로 보느냐 하는 것이 규정된다.

또한 이 문제를 어떻게 해결하느냐에 따라 인간의 생활을 자주적 요구를 실현하기 위한 자주적이며 창조적인 생활로 보느냐 아니면 생물학적 본성을 실현하기 위한 생물학적 활동으로 보느냐 하는 것이 규정된다. 말하자면 이 문제는 인간의 생명과 생활에 대한 해석과 가치판단의 척도로 된다고 하겠다.

모든 개인이 다 생명을 가지고 있다는 것은 의심할 바 없다. 개인은 날 때부터 육체적 생명을 타고나지만 사회생활 과정에서 사회적 존재의 속성을 체득하면서 육체적 생명은 사회적 속성의 주도하에 작용함으로써 사회적 생명으로 전환된다. 그러나 이 두 생명은 삶의 요구를 목적의식적으로 실현해 나가는 운동이라는 점에서 개인의 생명활동과 사회적 집단의 생명활동은 공통성이 있다고 볼 수 있다.

사회적 집단의 생명도 생명을 가진 개인들로 이루어져 있는 만큼 개인들의 생명을 결합시킨 사회적 집단도 생명을 가진 존재임에는 틀림없다.

뿐만 아니라 인간이 개인의 생명만으로는 자주적으로, 창조적으로 살 수 없지만 사회적으로 결합된 집단의 생명을 가지고서는 자기의 운명을 자주적으로, 창조적으로 개척해 나가는 힘 있는 존재로 될 수 있다는 사실이다. 사회적 집단의 생명은 또 인간들이 살아서 사회적 인간으로서의 존엄과 가치를 가지고 참된 삶을 누리게 할 뿐 아니라 죽어서도 영원한 생명을 갖게 하는 원천이다. 개인의 생명은 영원한 생명력을 가진 사회적 집단과 결부되어 있기 때문에 그와 함께 영원히 존속한다고 볼 수 있다.

개인의 생명과 사회적 집단의 생명의 차이는 무엇에 기초하고 있는가? 개인의 생명이 개인의 존재를 보존하려는 속성이라면, 사회적 집단의 생명은 사회적 집단의 존재를 보존하려는 속성이라 말할 수 있다.

개인적 존재는 개인의 육체와 개인과 직접 관련되어 있는 사회적 존재의 일부에 지나지 않지만 사회적 집단의 존재는 사회적 존재 전체를 포괄한다. 사회적 집단의 생명은 사회를 구성하고 있는 사람들과 사회적 재부와 사회적 관계 전체에 체현되어 있는 생명이며, 사회적 존재 전체를 보존하려는 요구와 힘을 지닌 사회적 존재의 속성이다.

여기에서 중요한 것은 사회적 집단도 삶의 요구를 제기하고 그것을 실현하기 위한 사회적 운동을 벌이고 있는데, 개인의 요구와 그것을 실현하기 위한 개인의 활동과는 구별된다는 것을 인정하는 것이다.

가장 큰 사회적 집단은 인류이며, 인류의 운명은 종국적으로는 세계와의 관계에서 결정된다.

개인의 생명은 집단의 생명의 한 구성부분이다. 그러므로 집단의 생명은 개인의 생명보다 귀중하다. 이런 점에서 개인의 생명보다는 가족의 생명이 더 귀중하며, 가족의 생명보다는 민족의 생명이 더 귀중하고, 민족의 생명보다는 인류의 생명이 더 귀중하다고 말할 수 있다.

그러나 개인은 집단에 무조건 복종하는 입장이 아니라 집단의 운명을 책임지는 입장에서 주인답게 대하여야 한다. 개인은 자기의 유한한 생명이 지닌 고유한 특성을 충분히 살리면서 집단의 발전에 이바지하기 위해 진지하게 노력해야 할 것이다.

인간(인류)의 삶의 종국적인 목적은 끝없는 창조적 활동을 통하여 세계에서 차지하는 자주적 지위(주인의 지위)를 끊임없이 발전시켜 나가는 것이다.

4. 생활관

1) 참된 생활

인간은 언제나 생활 속에서 존재하고 발전하며 그 생명은 생활을 통하여 표현된다. 따라서 생활을 떠나 인간의 삶에 대하여 생각할 수 없다는 것은 자명한 일이다.

그러나 인생에서 생활은 쉬운 것 같으면서도 따져보면 심오한 철학적 문제임을 생각하게 된다. 생활의 목적도 없이 순간순간을 쾌락으로 살아가는 생활, 황금의 노예가 되어 한탕주의식 심리가 판을 치는 현실이 눈앞에서 벌어지기도 한다.

이와 같은 현상은 그 근저를 구성하고 있는 인생관, 즉 그릇된 생활관이라고 봄이 타당할 것이다. 따라서 생활현실을 보고 그 표면적인 행위나 고치면 되는 것으로 판단해서는 안 될 것이다. 왜냐하면 그릇된 생활 태도, 생활패턴의 근거가 되는 인생관을 바로잡아야 하는 것이기 때문이다. 때문에 한번 잘못 들어선 생활의 길에서 탈피하여 새 생활의 길로 들어선다는 것이 결코 쉬운 일은 아니다.

옛말에 "한번 잘못함이 천고(千古)의 한(恨)을 만들었다. 다시 머리를 들어보니 이미 백발이 되었구나"라고 탄식하였다는 말이 있다. 인생은 결코 시험이나 실습이 아니며 생활의 철학적, 인생관적 바탕을 바로잡고 생활을 꾸리고 영위해 나가야 하는 것이다.

오늘날 우리 사회에서 판을 치는 소위 '찰나인생' '황금인생'은 실존주의 생활관, 실용주의 생활관에 바탕한 것이다.

앞에서도 언급한 바 있거니와 실존주의는 인간을 고독한 '단독자', 개체적인 생물학적 존재로 보고 개체적 인간의 출생과 생물학적 죽음으로의 과정을 생활의 내용으로 보고 있다. 따라서 실존주의에서는 지나간 과거도 무의미한 것이며 죽음에로 가는 인생은 더욱 불안하고 고통스러운 것이다. 오직 현재만이 의의가 있는 것이며 인간은 자기에게 주어진 오늘의 순간을 최대한으로 향락과 쾌락으로 보내야 한다는 것이 실존주의 생활관이라 할 수 있다.

실용주의 생활관도 인간이 생물학적 본능에 의하여 지배되는 존재라는 데에서 출발하여 개인적, 이기적, 욕망의 충족을 위한 활동을 인간의 생활로 묘사하고 있다. 그리하여 이기적 욕망의 충족을 위해서라면 온갖 수단과 방법을 가리지 않으며 그 모든 것이 진리로 정당화된다.

이러한 생활관을 가진 인간들은 육체적 쾌락과 가장 저속한 생물학적 요구의 충족으로부터 오는 '쾌감'을 느낄 수 있다고 할 것이나 사회적 존재로서의 인간생활의 진 맛은 결코 맛볼 수 없다.

극단적인 개인주의와 향락주의가 참된 생활과 대치된다는 것은 논의할 여지가 없다.

인간은 자기 자신의 자주성을 옹호하고 남의 자주성을 존중하며 옳게 실현되도록 하는 활동에서 생활의 보람과 긍지를 느끼는 것이며, 그 속에서 가장 존엄 있는 사회적 존재로서의 자기 자신을 발견하게 되는 것이다.

그런데 실존주의 생활관, 실용주의 생활관에서 가장 중요시하는 것은 개인의 육체적 욕망의 충족이다. 물론 육체적 욕망의 충족도 필요한 것이다. 덮어놓고 금욕주의를 부르짖는 것은 현실적인 인간생활을 거부하는 것이다. 인간은 천사가 아니며 그런 만큼 육체적 생명을 보존하며 건강하게 성장하기 위한 육체적, 생물학적 요구를 충족시켜야 하는 것이다. 그러나 그것이 인간생활의 전부로 될 수는 없으며 더구나 생활의 최고 목적으로 될 수는 결코 없는 것이다.

사람들은 흔히 〈인간답게 살아야 한다〉고 말한다. 이때의 〈산다〉는 것은 생활을 의미한다. 즉 인간답게 생활해야 한다는 말이다.

이론적으로 살펴볼 때 〈인간답게 생활해야 한다〉는 문제는 인간 본연의 모습에 부합되게, 인간의 본질적 특성이 다방면으로 고양되는 생활을 영위함을 뜻할 것이다.

이런 시각에서 고찰할 때 인간본연의 참모습에 부합되는 생활, 인간다운 생활이란 사회적 존재로서의 인간의 본성에 맞는 생활, 자주적이며 창조적인 생활이라고 말할 수 있다.

자주적이며 창조적인 생활은 인간생활의 분리할 수 없는 근본특성이다. 자주적인 생활은 인간생활의 근본목적, 생활내용의 근본성격을 표현한다면 창조적인 생활은 자주성을 실현하는 인간활동의 내용과 특성을 표현하는 것이라고 할 수 있다.

자주적으로 살기 위해서는 주인의 지위를 차지하고 주인의 권리를 행사할 뿐 아니라 주인으로서의 책임을 다해야 한다. 사회의 주인은 사회의 운명에 대하여 책임을 져야 하며 또 사회의 운명을 개척하기 위하여 주인답게 노력하지 않으면 안 된다.

2) 균형적 3대 생활

(1) 경제생활

인간의 생활은 크게 경제생활, 문화생활, 사회생활(정치생활)의 세 부분으로 나눌 수 있다.

인간의 삶의 요구 가운데서 가장 기초적인 요구는 육체적 생명을 보존하려는 요구이다. 육체적 생명이 보존되지 않고서는 사회적 생명도 보존될 수 없으며, 인간의 존재와 인간생활 자체가 있을 수 없다.

이런 의미에서 인간의 육체적 생명을 보존하기 위한 생활은 인간생활에서 기초가 된다고 볼 수 있다. 육체적 생명을 보존하기 위한 생활은 주로 물질적 재부를 이용하여 진행된다는 점에서 물질생활이라고도 한다.

사람들이 일하고 산다는 것은 인간의 기본 생활방식이라고 볼 수 있다. 사회를 위하여 유익한 일을 한다는 것은 모든 사회성원들의 신성한 의무인 동시에 가장 중요한 권리이기도 하다. 사회를 위하여 유익한 일을 하지 않고 남의 덕에 살아가는 사람은 사회성원으로서의 자격이 없다고 볼 수 있다.

육체적 생명을 보존하기 위한 욕망은 주로 타고난 본능과 결부된 욕망으로써, 그것을 너무 지나치게 충족시키면 오히려 육체의 건강을 보장하는데 해로울 수 있다.

따라서 육체적 욕망을 충족시키는 데서 얻는 쾌락과 기쁨을 건강장수를 보장하는 범위 내에서 적절히 통제하면서 사회적 욕망을 실현하는 데서 얻는 쾌락과 기쁨이 차지하는 비중을 점차 높여나가는 것이 필요하다.

육체적 생명을 보존하는데 필요한 육체적 욕망이 충족된 다음에는 사회적 욕망의 충족으로 발전하는 것이 당연하다고 볼 수 있다. 육체적 욕망을 필요 이상으로 발전시키지 말고 자기의 건강장수를 보장하는 경계선을 넘지 않도록 제한하며, 인간의 사회적 발전을 저해하는 육체적 욕망을 억제하는 강한 의지를 갖는 것이 필요하다.

(2) 문화생활

문화생활은 사회적 존재로서의 개인의 생명을 보존하기 위한 생활이다. 문화생활은 인간생활에서 매우 중요한 생활이다. 그것은 문화생활이 개인의 사회적 생명을 보존하고 그 수준을 높여나가는 생활이기 때문이다.

인간에게 있어서는 자기의 사회적 생명보다 더 귀중한 것이 없으며 그것을 보존하고 발전시키는 사업보다 더 귀중한 사업이 있을 수 없다. 인간은 문화생활을 통하여 자기의 생명을 보존하고 발전시키려는 본성적 요구를 충족시키는 데서 오는 쾌감과 기쁨을 체험하게 된다.

교육에는 가정교육, 학교교육, 사회교육 등 여러 가지 형태가 있지만 그 가운데서 가장 중요한 것은 학교교육이다. 학교는 교육 사업을 전문적으로 담당하고 있는 사회적 기관으로써, 사회적 인간을 양성해 내는 인간생산 공장이라고 말할 수 있다.

교육을 받는다는 것은 사회성원들의 신성한 의무인 동시에 자주적인 권리이다. 그러므로 국민의 생명에 대해 책임지고 있는 국가는 자기 국민들에게 일생동안 교육을 받을 수 있는 여건을 보장해 주어야 한다. 국가와 사회의 주인은 국민이다. 가장 귀중한 것은 국민의 생명이다. 국민의 생명을 보존하기 위해서는 육체적 생명을 보존하기 위한 물질적 식량과 함께 사회적 생명을 보존하기 위한 사상문화적 양식이 반드시 필요하다.

문화적 욕망이 실현될 때 인간은 자기의 정신적 생명이 강화되는 데서 오는 커다란 기쁨을 체험하게 된다. 문화생활은 자주성을 높이려는 욕망을 실현하기 위한 생활과 창조성을 높이려는 욕망을 실현하기 위한 생활, 사회적 협조성을 높이려는 욕망을 실현하기 위한 생활을 기본 내용으로 한다.

(3) 사회생활

사람은 개인적 존재로서 자기 개인의 삶의 요구와 이익을 최대한으로 실현할 것을 요구한다. 이와 함께 사람은 사회적 집단의 한 성원으로서 집단의 생존과 발전을 절실히 요구한다. 이것은 사람들이 개인으로서의 생명을 가지고 있을 뿐만 아니라, 사회적 집단의 한 성원으로서 사회적 집단의 생명을 공동의 생명으로 가지고 있다는 것을 말하여 준다.

이로부터 인간은 자기 자신을 사랑하고 자기 개인의 존재를 보존하려는 욕망과 함께 사회적 집단을 사랑하고 집단의 생존과 발전을 보장하려는 욕망을 가지게 된다.

사람은 자기의 개인적 존재를 보존하려는 요구와 이익이 실현되었을 때 기쁨과 쾌락을 느끼는 것과 마찬가지로, 사회적 집단을 보존하려는 요구와 이익이 실현되었을 때에도 기쁨과 쾌락을 느끼게 된다. 사회적 집단의 안정이 보장되고 번영과 발전이 실현되었을 때에는 모든 사회성원들이 기쁨과 행복을 느끼게 되며, 사회적 집단의 안전이 위험에 처하고 쇠퇴와 몰락의 길을 걸을 때에는 불안과 절망감에 사로잡히게 된다.

정치는 개인의 생명을 사회적 집단과 결합시킴으로써 개인들에게 개인의 생명보다 비할 바 없이 위력한 집단의 생명을 자기의 생명으로 여기게 하는 끝없는 기쁨을 준다.

정치가 사회를 관리하는 것은 곧 사람을 관리하는 것을 의미한다. 사람들은 개인이 원하든 원치 않든 관계없이 사회적 집단을 이루고 살아가야 하는 것처럼 사람은 반드시 정권에 의한 사회적 관리를 받지 않으면 안 된다.

인간은 정치에 참가하여 사회관리의 공동의 주인이 됨으로써 비로소 자기 운명의 주인, 자기 생명의 주인으로서의 기쁨을 지니게 된다. 바로 여기에 참다운 민주주의 정치가 주는 인간의 자유로운 삶의 기쁨이 있는 것이다. 고립무원한 개인은 그 생존이 담보되어 있지 않기 때문에 사실상 자기 개인의 생명의 주인이라고 말할 수 없다.

민주주의 정치를 국민 자신의 정치로 민주화하고 생활화하자면 개인주의 정치사상만 가지고서는 부족하다. 개인주의 정치사상과 집단주의 정치사상이 결합됨으로써만 개인과 집단을 옳게 결합시켜 개인의 자주성과 사회적 집단의 자주성을 다 같이 보장하는 정치를 할 수 있다.

그러므로 정치를 더욱 민주화하고 생활화하기 위해서는 개인주의와 집단주의의 일면성을 극복하고 양자의 긍정적인 면을 종합하여 발전시키는 새로운 민주주의의 정치사상을 국민들 속에 널리 보급하는 것이 중요하다. 사회공동의 이익을 위해 모든 사회성원들이 서로 긴밀히 협조하여 사회의 통일 단결을 강화하는 것이야말로 보다 완성된 민주주의로 발전할 수 있는 것이다.

이상에서 살펴본 바와 같이 일반적으로 사람들의 생활에는 육체적 욕망을 충족시키기 위한 물질생활과 자기의 사상문화 수준을 높이기 위한 정신문화생활, 사회적 협조관계를 확대하기 위한 협조생활(정치, 도덕, 사랑 등)이 있다.

우선 물질생활과 정신문화생활의 균형을 맞추는 것이 필요하다. 육체와 정신의 관계에서는 정신이 육체적 욕망을 마음대로 조절 통제할 수 있게 되어야 한다. 즉 인간의 정신이 육체적 욕망의 주인으로 되어야 한다.

이렇게 하여 사람은 먼저 자기의 육체적 욕망의 주인이 되고 다음에는 자기 정신의 주인이 되어야 한다. 사람이 자기 육체의 주인이 되고 자기 정신의 주인으로 된다는 것은 곧 자기 자신의 주인으로 된다는 것을 의미한다.

3) 가치관을 겸비한 사회생활

사람은 누구나 다 생을 값있게 살려고 할 뿐만 아니라 보람있게 살려고 한다. 이 역시 사람의 생의 본성적인 요구의 하나라 하겠다.

생활의 가치에 대한 문제와 생활의 보람에 관한 문제는 밀접히 연관되어 있다. 가치 없는 생활에서 보람을 생각할 수 없듯이 보람 없는 생활에서 가치를 찾을 수 없다. 즉 가치 있는 생활은 보람 있는 생활을 전제로 하며, 보람 있는 생활은 가치 있는 생활을 내용으로 한다.

그러므로 보람 있는 생활에 대한 견해를 바로세우기 위해서는 생활의 가치에 대한 올바른 견해, 즉 올바른 가치관을 가져야 한다.

가치관이란 인간이 삶이나 어떤 대상에 대하여 무엇이 좋고, 옳으며 바람직한 것인지를 판단하는 관점이라고 말할 수 있다.

따라서 철학의 목적을 가치관의 정립에 둘 정도로 가치관은 철학의 주요 주제가 된다. 내가 세상을 어떻게 바라볼 것인가. 즉 세상과 나 사이의 접점을 찾는 것이다.

그래서 가치관은 세계관과 인생관을 토대로 이제부터 나는 어떻게 살 것인가? 적당히 시류의 흐름에 타협하며 살 것인가 아니면 어떤 가치를 절대적인 기준으로 삼아 힘들지만 세상과 맞서면서 살 것인가 등을 결정해주는 인생의 좌표, 잣대, 무게중심이며 더 나아가 자신의 정체성을 결정하는 것이다.

인간은 현실의 삶 속에서 끊임없는 가치충돌의 긴장 속에서 살아갈 수밖에 없다. 인간은 보편적으로 크게 두 가지 가치를 지향하며 살게 된다. 그 하나가 〈외면적 가치〉로서 금전, 권력, 지위, 명예, 향락 등을 포함한다. 다른 하나는 〈내면적 가치〉로서 인격, 지식, 예술, 자유, 우정, 정의 등을 포함한다.

대부분의 사람들은 외면적 가치를 우선적으로 선택한다. 그러나 문제는 대부분의 사회적 강자들은 내면적 가치의 실현보다는 외면적 가치를 계속적으로 유지하고 싶다는 유혹에서 벗어나지 못하고 이를 독점하기 위해 공평하지 못한 방법을 동원한다는 점이다.

우리는 인간이 〈사람이 사람답게, 값있게 살아야 한다〉는 것은 사회적 존재인 인간에게 피할 수 없는 숙명이라 할 수 있겠다. 위에서 언급한 '외면적 가치'와 '내면적 가치'는 어느 한편만이 절대적으로 필요·불필요하다고 단정지울 수는 없을 것이다. 그러나 보람 있는 인간생활을 영위하기 위해서는 내면적 가치에 보다 큰 비중을 두어야 할 것이다.

5. 행복관

1) 행복의 본질적 내용

행복은 만족한 삶이다. 생명의 기본 특징은 살며 발전하는 것(더 잘 살 것)을 요구하는 것이다. 이러한 삶의 요구가 원만히 실현될 때 인간은 자기의 삶에 대하여 기쁨과 만족을 느끼게 된다. 자기의 삶에 대하여 기쁨과 만족을 느끼는 사람의 삶은 행복한 삶이다.

그러므로 인간의 모든 생명활동의 목적은 삶의 요구의 원만한 실현인 행복을 쟁취하는데 있다고 말할 수 있다. 모든 사람은 행복한 삶을 추구하고 있으며 행복한 생활이야말로 모든 사람들의 삶의 목적이라는 것은 의심할 바 없다.

행복은 생존하며 발전하려는 인간의 삶의 요구의 실현을 내용으로 하는 만큼 삶의 요구의 수준과 내용이 달라지면 행복의 내용과 수준도 달라지게 된다. 인간의 모든 활동은 자기 삶의 요구를 실현하기 위한 주동적이며 능동적인 활동이다. 삶의 요구는 인간의 모든 활동의 근본 원인이며 삶의 요구를 실현하는 것은 인간의 모든 활동의 목적이다. 인간은 자기의 삶의 요구를 실현할 때 쾌감을 느끼고 삶의 요구가 실현되지 않을 때 고통과 불쾌감을 느낀다.

인간은 자기를 현존하는 수준에서 보존할 뿐 아니라 더 높은 수준에서 보존할 것을 요구한다. 이것이 바로 발전을 위한 요구이다. 살며 발전하려는 요구가 실현될 때 인간은 쾌감을 느끼게 된다. 이것이 행복의 내용으로 된다.

2) 인간의 3대 생활의 실현과 행복

(1) 물질생활의 행복

인간은 육체를 가진 물질적 존재이다. 인간의 육체는 인간생명의 물질적 기초이다. 육체적 생명은 인간육체의 생물학적 속성이다. 인간은 자기의 육체를 보존하려는 본능적 욕망과 자기의 생명을 대를 이어 보존하려는 본능적 욕망을 타고난다.

육체적 생명을 보존하려는 욕망은 인간의 가장 기초적인 삶의 요구인 만큼 이 욕망을 충족시키지 않고서는 다른 삶의 요구를 제기하는 것은 무의미하다. 육체적 생명이 보존되지 못하면 모든 생명활동 자체가 소멸되기 때문이다. 그러나 인간이 아무리 육체적 욕망을 충족시켜도 인간의 육체적 생명력은 일정한 한계 이상으로 발전하지 못한다.

(2) 정신문화생활의 행복

인간은 건강한 육체를 요구할 뿐 아니라 건전한 정신을 요구한다. 인간은 자기의 물질적 생명력을 보존하고 발전시킬 것을 절실히 요구할 뿐 아니라 자기의 정신적 생명력을 보존하고 발전시킬 것을 요구한다. 정신문화 생활은 정신적 생명력의 보존과 발전을 실현하기 위한 생활이다.

육체적 욕망은 타고난 본능적 욕망과 결부되어 있지만 정신문화적 욕망은 타고난 것이 아니라 사회생활 과정에서 형성되고 발전한다.

인간이 사회적 존재로써 생물학적 존재에 비하여 결정적인 우월성을 가지는 것은 무엇보다도 정신적 생명력을 가지고 있기 때문이다. 인간은 동물과 달리 정신을 가지고 자기의 물질적 힘을 창조적으로 이용함으로써 객관대상과의 상호작용에서 주동을 장악하고 객관대상의 힘을 자기에게 유리하게 이끌어 간다. 여기서 물질적 생명력의 성장과 강화가 인간에게 주는 기쁨과 정신적 생명력의 성장과 강화가 인간에게 주는 기쁨도 동등하다고 볼 수 있다.

(3) 사회적 협조생활의 행복

사회적 협조를 떠나서는 동물과 구별되는 사회적 존재로서의 인간의 생명에 대하여 생각할 수 없다. 사회적 협조성이 실현될 때에 인간의 생명력이 강화되는데 따르는 기쁨이 동반된다. 이것이 사회적 협조생활이 인간에게 행복을 줄 수 있는 근거로 된다.

생활의 유족한 물질적 조건과 풍부한 정신문화적 조건 그리고 화목한 사회적 협조 관계는 인간의 행복한 생활을 담보하는 3대 요인이라고 볼 수 있다. 물질적으로 유족한 사회생활과 교육, 과학, 문화, 예술이 개화된 사회생활 그리고 사람들이 믿고 사랑하며 긴밀히 협조해 나가는 화목한 사회생활 가운데서 어느 생활이 더 행복한가에 대하여 생각해 보면 어느 생활이 더 행복하다고 말할 수 없을 것이다.

그러나 인간의 삶의 욕망의 발생과 발전의 순서로 본다면 먼저 물질적 욕망을 충족시키는 것이 절실한 문제로 제기되고, 다음에 정신문화적 욕망을 충족시키는 문제가 제기되고, 끝으로 사회 협조적 욕망을 충족시키는 문제가 제기되었다고 볼 수 있다.

사회적 협조생활 가운데에서의 〈도덕〉은 인간의 사회적 협조를 실현하기 위하여 지켜야 할 행동규범이다. 도덕적인 생활을 하는 사람은 도덕을 존중히 여기는 사람들의 지지와 동정을 받게 되어 생활이 외롭지 않지만 도덕을 무시하고 사는 사람은 사회적으로 고립되어 사는 불행을 면치 못하게 된다.

〈사랑의 관계〉는 사회적 협조관계가 생명과 생명의 결합의 관계로까지 발전하여 헌신적으로 서로 도와주고 고락을 같이하는 관계이다. 사랑의 관계가 주는 기쁨과 행복은 생명과 생명이 결합되어 보다 더 큰 생명을 지니게 되는 데서 오는 기쁨과 행복이다. 보다 많은 사람들을 사랑하고 보다 더 많은 사람들로부터 사랑을 받는 사람일수록 보다 더 큰 생명을 지닐 수 있으며 보다 더 큰 기쁨과 행복을 체험할 수 있다.

3) 행복으로 가는 길

행복은 행복한 생활이다. 생명은 자기를 보존하고 발전할 것을 요구한다. 이러한 생명체의 요구를 실현하는 과정이 생활이며 이러한 삶의 요구가 원만히 실현되는 생활이 행복한 생활이다.

생명이 있고서야 생활이 있을 수 있고 생활이 있고서야 행복한 생활이 있을 수 있다. 그러므로 생활 자체를 긍정하는 입장에서만 행복한 생활에 대하여 논할 수 있다. 사람들의 생명의 발전 수준은 각자 다르기 때문에 사람마다 행복한 생활의 수준도 각기 다르다. 그러므로 일률적으로 어느 생활만이 행복하다고는 말할 수 없다.

또한 인간의 생명과 생활은 끊임없이 발전하는 만큼 고정불변하고 영원한 절대적인 생활이라는 것도 있을 수 없다. 아울러 행복한 생활의 주체를 개인으로 보는가, 사회적 집단이나 전 인류로 보는가에 따라서도 행복을 실현하는 방도가 달라질 수 있다.

인간의 생활은 반드시 사회적 협조관계 속에서 진행되는 만큼 사회적 협조성을 강화하는 것은 행복한 생활을 위한 과정에서 매우 중요한 의의를 갖는다.

이를 위해 사회적 협조성을 강화하기 위해서는 어릴 때부터 자기 개인만을 사랑하는 것이 아니라 부모와 형제들을 사랑하고 친척과 친우들을 사랑하며, 더 나아가서 민족과 국가를 사랑하고 인류를 사랑하도록 교육해야 하며 개인의 창조적 역할의 중요성과 함께 집단적 협력의 위력을 체득시키는 것이 필요하다.

자기만 알고 남을 모르는 사람, 공격만 할 줄 알고 타협할 줄 모르는 사람, 전진할 줄만 알고 후퇴할 줄 모르는 사람, 원칙만 알고 변화된 정서에 맞게 임기응변할 줄 모르는 사람은 사회생활에서 승리할 수 없으며 행복한 생활을 쟁취할 수 없다.

6. 결어-삶과 죽음

공자(孔子)한테 죽음이 무엇인가 하고 물으니까 "삶이 무엇인지도 모르면서 죽음이 무엇이냐고 묻느냐"고 했다.

화담(서경덕)은 화담계곡의 아름다운 고장에서 조용히 묻혀 살다가 58세 되던 해(명종 원년, 1546년 7월 7일) 조용히 세상을 떠났다. 그는 죽기 전 2년 가까이나 병상에 누워 있었는데, 죽음을 예감하게 되자 그때 한 제자가 임종을 앞에 둔 그에게 "선생님의 지금 심경이 어떠하십니까?"하고 묻자, 그는 "삶과 죽음의 이치를 안 지 이미 오래니, 심경은 편하기만 하다"고 대답하였다 한다.

그러면 철학자는 삶과 죽음을 생각하여야 하는가?

17세기에 스피노자[3]는 『윤리학』에서 참된 철학자는 결코 죽음을 생각하지 않는다고 말한다. "철학자의 지혜는 죽음에 대한 명상이 아니라, 삶에 대한 명상"이라는 것이며, "철학자란 죽음을 두려워

---

3   네덜란드의 유대계 철학자(1632~1677). 데카르트의 합리주의에 입각하여 물심 평행론과 범신론을 제창하였다. 저서에 윤리학, 신학정치론, 지성개선론 등이 있다.

하고 죽음을 피하려는 사람이 아니라, 철저하게 죽음을 무시하고 죽음에 마음을 쓰지 않는 사람이며, 더 나아가 죽음과 투쟁하는 사람"이라고 했다.

반면에 플라톤은 "철학을 한다는 것은 죽음을 배우는 것이다"라고 하여 근본적으로 스피노자의 생각과는 반대되는 것 같다. 소크라테스는 죽음을 생각하지 않고 그의 친구들과 이야기하면서 독(毒)을 마신다.

세익스피어의 작품 3막 1장 햄릿 대사 중에는 "사느냐 죽느냐 그것이 문제로다"라는 말이 있다. 햄릿이 침통한 표정을 하고 등장하면서 "사느냐 죽느냐 그것이 문제로다." ……죽는 건 잠자는 것…… 그뿐 아닌가. 잠들면 마음의 고통과 육체에 끊임없이 따라붙는 무수한 고통을 없애준다. 죽음이야말로 우리가 열렬히 바라는 결말이 아닌가. 죽는 건 잠자는 것! 이라고 했다.

몽테뉴(Montaigne)[4]는 이렇게 말한다. "죽음은 우리와 관계가 없다. 우리의 죽음과도 관계가 없고 또 우리의 삶과도 관계가 없다. 우리가 살아 있을 때에는 죽음은 존재하지 않기 때문에 죽음은 우리의 삶과 관계가 없으며, 우리가 죽을 때에는 우리는 존재하지 않

---

4 르네상스기의 프랑스 철학자. 모랄리스트로 알려져 있다. 그는 회의론에서 출발했다. 이는 중세의 스콜라 철학이나 가톨릭 교회의 교의, 신 자체에 대해서는 의문을 품었지만, 사물에 대해서는 아무것도 알지 못한다는 식의 불가지론을 주장하는 것이 아니다. 첨언하자면, 그의 태도는 독단을 피하고 모든 것에 대해 비판을 게을리하지 않는다는 것이며, 이러한 태도로부터 인생에 대한 고찰을 추상화하여 유명한 『수상록』(Essais, 1580)을 남겼다. 종교가 가르치는 것과 같은 천국에서의 행복이 아니라 현재의 생활을 적극적으로 영위할 것을 주장했다.

기 때문에 죽음은 우리의 죽음과 관계가 없다"는 것이다.

스토아 철학자[5] 세네카는 "죽으면 모든 것이 끝난다. 죽음도 끝난다."고 말한다. 이오네스코(Ionesco)의 작품 중에서, 죽어가는 왕은 이렇게 외친다. "항상 살아 있지 않을 바에야 왜 내가 태어났는가?"하면서 죽음에 대한 항거를 하였다.

이와는 반대로 자기의 수명조차 다하지 못하고, 자살하는 현상이 뒤를 잇고 있다. 그러나 이 경우에도 사람들은 오래 살고 영생하려고 하는 지향(指向)과 욕망이 없었기 때문이 아니고 현실생활의 가혹한 고통, 참혹한 사회적 관계와 사회제도를 견디지 못하고 원망하면서 '죽음의 안락'을 스스로 선택하는 것이다. 이것은 영생에 대한 인간의 욕망과는 관계없이, 사회의 모순, 불합리에서 생겨나는 비극이다.

그러나 대부분의 사람들은 영원히 살려고 하는 욕망을 갖고 있다.

네안데르탈인은 유해를 매장하고 돌을 쌓기도 하고, 또 유해를 일정한 장소에 모아 놓기도 하였다. 인간은 시체를 버린 적이 없다. 인간은 매장하기 전에 유해를 방부처리하기도 한다. 이 같은 유해에 대한 모든 배려는 죽음에 대한 긍정이라기보다 불멸에 대한 희망을 표현한다고 할 수 있을 것이다.

종교적 관념론은 《영혼불멸론》에 기초해서 영생을 입증하려고

---

5 기원전 3세기 제논에서 시작되어 기원후 2세기까지 이어진 그리스 로마 철학의 한 학파이다. 아리스토텔레스 이후 그리스 로마 철학을 대표하는 주요 학파이다. 헬레니즘 문화에서 탄생해 절충적인 모습을 보이며, 유물론과 범신론적 관점에서 금욕과 평정을 행하는 현자를 최고의 선으로 보았다.

했다. 종교는 사람들이 천국, 극락세계에 가서 영생하는 길은 신(神)을 믿고 신앙생활을 성실하게 행하는 것에 있다는 것이다. 종교는 인간의 육체와 영혼을 모두 '실체'로서 묘사하며, 육체가 죽은 후 영혼은 죽지 않고 영생한다고 설교했다

그러나 마르크스주의에서는 사물은 모두 생성, 발전, 소멸한다고 규정하며 불교는 살아 있는 것은 모두 죽는다고 말했다. 인간이 태어나면 반드시 죽어 간다고 하였다. 마르크스주의 이론은 유물론적 견지에서 현실적인 물질세계 이외에 '내세'나 '천국'과 같은 신비적인 세계는 존재하지 않는다는 것을 명백히 하고 종교가 설교하고 있는 영생의 길은 전면적으로 허구라는 것을 폭로했다.

그러나 그는 영생에 대한 종교의 환상적 설교에 반대한 나머지 영생에 관한 문제 자체를 설정할 수 없었으며 인간은 육체적 생명 이외에는 영원한 집단적 생명을 지닐 수가 있는 중대한 문제를 해명할 수 없었다.

그러면 과연 영생하는 길은 없는 것일까, 반드시 있다.

그 근거는 인간의 생명에는 개인적, 육체적인 생명과 사회집단적 생명, 두 개의 생명이 있다. 그러나 영생은 누구에게나 주어지는 것은 아니며, 그것을 위해 아낌없는 노력을 거듭한 인간만이 지닐 수가 있다.

인간중심의 철학적 인생관은 역사상 처음으로 사회집단적 생명에 관한 이론을 창시함으로써 영생에 대한 과학적인 해명을 수행했다. 천국에는 전지전능한 '신' 같은 건 존재하지 않지만, 지상에는 영원히 살아 발전하는 현실적인 생명체가 존재한다.

영생하려고 하는 염원과 육체적 생명의 유한성 사이의 관계는

사회 집단적 생명에 관한 이론에 의해서 해결된다. 미래를 사랑하는 사람들은 죽은 뒤에 후세 사람들이 자기의 생활과 업적을 어떻게 평가하는가에 큰 관심을 갖는다. 후세에 훌륭한 이름을 남기고, 자주위업의 실현을 위해 성실히 살아온 추억과 가치 있는 업적을 남기려고 하는 것은, 일생을 인간답게 끝마치려고 하는 사람들의 건전한 소원이다. 육체적 생명만의 보존에 관심을 갖는 사람들의 이름은 후세에 남지 않는다.

인간중심의 철학적 인생관은 개별적인 인간의 유한한 육체적 생명을 무한한 사회 집단적 생명과 결합시켜, 인류의 자주위업 발전에 기여한 업적의 정도에 따라 사회적 생명을 짊어지고 영생하는 길이 있다는 것을 해명했다.

마르크스가 죽은 뒤에 엥겔스는 고인에 대한 추도문 속에서 "마르크스의 이름과 그의 업적은 영원히 살아 나갈 것이다"라고 말했다.

고대 그리스와 페르시아 전쟁 당시, 살라미스(Salamis)의 해전을 앞두고, 그리스의 해군제독 테미스토클레스(Themistocles)는 병사들 앞에서 "영원히 살기 위해 죽읍시다"라고 호소했다. 베이컨(Francis Bacon)은 죽기 직전에 친척이나 친구들 앞에서 "내가 죽으면 영혼은 저 세상으로, 육체는 땅속으로, 이름은 후세로"라고 하는 말을 남겼다.

정말로 어떠한 폭풍우가 불어도 흔들리는 일없이 생명을 빼앗겨도 절조를 지킨 인생이야말로 가치 있는 인생이라고 말할 수 있을 것이다.

참고문헌

황장엽 지음, 『인생관』 시대정신. 2003

박용곤 지음, 『사랑의 세계관』 시대정신. 1912

박용곤 · 서정수 지음, 『사랑의 세계관 입문』 시대정신. 1912

서완수 · 서정수 편. 김학주 · 임종욱 『화담집』 세계사. 1992

편집부 엮음. 『민족과 철학』 도서출판 대동. 1989

편집부 엮음. 『세계와 인간』. 도서출판 한마당. 1988

알렉시스 카렐 지음, 류지호 옮김. 『인간 그 미지의 존재』 문학사상서. 1998

E.프롬 · H.포핏츠 지음 김창호 옮김. 『마르크스의 인간관』 동녘. 1983

필립K. 보크 지음. 임지현 옮김. 『인간이란 어떤 것인가?』 문학사상사. 1997

아리스토텔레스, 조대웅 편역. 『니코마스윤리학』 돈을새김. 2008

이현복 외. 『인간의 본성에 관한 철학이야기』 아카넷. 2007

조성술 외 공저. 『철학의 문제들』 법문사. 1988

앙드레 베르제 · 드니 위스망 공저. 남기염 옮김. 『인간학 · 철학 · 형이상학』 도서
출판 정보여행. 1996

나사니엘 브렌든 저 강승규 역. 『나를 존중하는 삶』 지학사. 1996

미카엘 란트만 저, 진교훈 역. 『철학적 인간학』 경문사. 1991

황장엽 선생은 그가 망명하기 1년 전(1996.11.16) 이연길 회장에게 보낸 친필서신 중에 아래와 같은 내용이 있다.

"남한에서 정치적으로 나서고 싶지 않다. 만일 정치적 직위를 맡았다면 북에서 아첨하여 더 신임을 얻었을 것이다. 나이도 많고 또 정치적 수완도 보잘 것 없다. 할 수 있다면 이 부분(사상분야)의 고문의 역할이나 할 수 있을 것이다. 지금 얼마 남지 않은 여생, 가능하다면 주체사상(저자 주: 여기서 말하는 주체사상은 순수한 의미에서의 주체사상, 즉 인간중심의 철학을 지칭함)을 더 알기 쉽게 정리하여 조국인민에게 남기고 싶다. 그리고 동족상잔의 참화를 피하고 조국의 평화통일을 실현하기 위하여 있는 힘을 다하고 싶다. 여기는 가까운 사람이 없다. 겉으로는 가까운 사람이지만 이 체제의 감시 속에서의 교제다. 그러나 세상이 달라지면 진리를 지지하여 나설 사람은 얼마든지 있다고 생각한다."고 편지에 적었다.

황장엽 선생은 조국의 평화통일은커녕, 북한의 민주화도 보지 못하고 끝내 2010년 10월 10일 세상을 떠났다. 그러나 사상분야는 그가 연구하고 쓰고 싶은 내용을 20여 권의 저서에 남겼고, 사랑하는 제자들을 키워놓고 세상을 떠났다.

그는 항상 "개인의 생명보다는 가족의 생명이 더 귀중하며 가족의 생명보다는 민족의 생명이 더 귀중하며 한 민족의 생명보다는 전 인류의 생명이 더 귀중하다"는 것을 좌우명으로 삼았으며, 아울러 그의 철학사상을 인간중심철학에로 발전시킨 빛나는 우리 민족의 별이었다.

그는 한때 많은 사람들의 양심을 유혹한 마르크스주의의 과오의 본질을 인간애의 입장에서 전면적으로 비판한데 기초하여 현행 민주주의의 역사적 제한성을 극복하고 새로운 보다 높은 단계로 완성하는 방도를 제시하는데 관심을 집중하였다.

이 점에서 황장엽의 『인간중심철학원론』, 『민주주의정치철학』, 인간중심철학의 『세계관』, 『인생관』, 『사회역사관』, 『논리학』 등 모든 저작들은 예외 없이 다 한국의 민주주의의 발전과 민주주의에 기초한 조국통일 위업에 이바지하는 정신과 사상을 밝힌 원전이라고 볼 수 있다.

황장엽의 인간중심철학은 다음과 같은 것들을 해명하였다.

첫째로, 생명과 정신의 기원을 해명하고 인간이 세계에서 차지하는 자주적 지위와 창조적 역할을 밝힘으로써 유물론(唯物論)과 유심론(唯心論)의 일면성을 극복하고 인간중심의 세계관과 인생관을 확립하였다.

둘째로, 사회의 본질을 사람을 중심에 놓고 새롭게 밝혀주었다. 사람이 모든 것의 주인이며 모든 것을 결정한다는 인간중심의 철학적 원리를 사회역사연구에 적용하여 사람이 역사의 주체이며 사회발전의 동력이라는 인간중심사관의 기본원리를 해명하였다. 인간중심의 세계관은 사람의 본질적 속성이 사회적 운동에서 어떻게 발현되는가 하는 것을 고찰하고 사회적 운동의 본질과 성격, 추동력을 해명하였다.

셋째, 인간은 개인적 존재임과 동시에 집단적 존재라는 불멸의 진리와 결부시켜 인간의 개인주의적 본성과 집단주의적 본성의 두 측면을 구현해 나가고 있는 사회관계 발전의 합법칙성을 천명하였다.

넷째, 인간의 운명개척을 위한 창조적 역할과 결부하여 자유와 필연의 본질을 해명하고 자연과학적 인식과 사회과학적 인식의 본질적 특징을 밝힘으로써 인류의 과학적 인식의 끝없는 발전의 길을 천명하였다.

다섯째, 사회발전의 기본영역인 자연개조, 사회개조, 인간개조, 즉 경제, 정치, 문화생활의 본질과 그 상호작용에 의한 발전의 일반적 과정을 새롭게 해명하였다.

여섯째, 형식논리학과 변증법적 논리학을 통일시켜 논리학 발전에서 새로운 길을 열어놓았으며 변증법을 인간의 운명개척을 위한 창조적 실천과 결부시킴으로써 인간의 끝없는 발전과 운명을 같이 하는 참다운 발전관을 확립하였다.

그리고 황장엽은 개인주의와 집단주의는 인간이 개인적 존재인 동시에 집단적 존재라는 불멸의 원리를 바탕으로 한 인간본성의 두 측면이기 때문에 양자의 장점을 결합시키는 것만이 인류발전의 올바른 길이라는 좌표를 제시하고, 인간의 행복은 오직 인간자신의 생명력 발전의 수준에 의하여 규정되기 때문에 미래사회는 인간중심의 민주주의사회가 도래할 것이라고 예언하였다.

그리고 그는 인간중심철학의 연구개발을 마무리 짓는 의미에서 2010년 6월 28일 주요 일간지에 "인간중심철학의 창시는 철학사상 발전의 새로운 신호!"라는 제목으로 광고를 냈다. 그의 철학은 완성되었다. 그 얼마나 꿈에 그리던 위업이었던가?

그러나 황장엽은 죽기 전 죽음을 예감이나 한 듯, 《이별》이란 그의 시에서 이별의 아쉬움을 다음과 같이 토로했다.

「……값없는 시절과 헤어짐은 아까울 것 없건만
밝은 앞날 보려는 미련 달랠 길 없어.
사랑하는 사람들은 어떻게 하고 가나
걸머지고 걸어온 보따리는 누구에게 맡기고 가나
정든 산천과 갈라진 겨레는 또 어떻게 하고……」

이 시를 뒤로 한 채, 노(老)애국자요, 대철학자인 황장엽은 쓸쓸히 한세상을 마감하였다.

그의 죽음에 대하여 수잔 숄티(Suzanne Scholte)여사는 추도사에서 다음과 같이 고인을 회상했다.

「……황장엽 선생님은 남은 자들의 운명을 자신의 어깨에 짊어졌습니다. 그것은 모든 탈북자들이 지고 있는 바로 그 짐입니다. 탈북자들은 북한체제를 견뎌내고 자유를 향해 탈출했음에도 남은 자들에 대한 죄책감을 짊어지고 살아가고 있습니다. 그것은 김정일의 책임이지 그들의 잘못이 아니라는 것, 그리고 김정일의 사악함은 탈북자들이 어디에 있든 그 어둠의 땅에서부터 그들을 따라다닌다는 것을 그들에게 이해시키기는 어렵습니다.

그러나 황 선생님은 북한주민들을 독재와 압제에서 해방시키기 위해 탈북했습니다.

그는 탈북 이후 북한 주민들을 위해 쉬지 않고 연설을 했고, 글을 썼으며 강연을 했습니다.

그는 북한의 살해위협과 남한의 무관심에도 불구하고 이 모든 활동을 했습니다.

황 선생님은 탈북하면서 자신의 아내에게 자신을 용서하지 말라고 하면서, 자신과 아내가 언젠가는 함께 만날 수 있는 저세상에 있기를 바란다고 적었습니다.

나는 북한 주민들을 살리기 위해 자신의 삶을 버린 사람이라면 지금 하늘 나라에, 하나님의 품안에 있다고 믿습니다.」

(He carried the weight of their fate on his shoulders. This is the evil burden that every defector who has escaped North Korea also carried — even though they have triumphed to endure that regime and escape to freedom, most carry the burden of guilt for those they left behind. You cannot make them understand that it is Kim Jong-il's responsibility, not theirs, and so this evil reaches out them from that land of darkness to wherever they are.

But Hwang Jang Yup defected because he wanted to save the North Korean people from persecution and dictatorship.

He spent the years since his defection speaking, writing, lecturing, tirelessly advocating for the North Korean people.

He did this in the face of regular death threats from North Korea and in the face of indifference from South Korea.

Hwang left a note for his wife when he defected refusing to ask for her forgiveness because of his own sins, But longing and hoping there was a Heaven where he would see her again.

I know that a mam who gave up his life to save the North Korean people is in Heaven, in God's arms. …)

이제 황장엽이라는 이름 석 자는 점점 해가 갈수록 잊혀질 것이다. 그러나 그의 사상과 철학은 50년 아니 100년 후에라도 우리 민족과 세계 인류의 역사 속에 별처럼 빛날 것이다.

2016. 8. 2

서초동 사무실에서

서 정 수

민주주의와 정치철학

황장엽의 인간중심철학을 중심으로

초판 1쇄 인쇄 | 2016년 10월 10일
초판 1쇄 발행 | 2016년 10월 20일

지은이 | 서정수
발행인 | 최화숙
편 집 | 유창언
발행처 | 집사재

출판등록 | 1994년 6월 9일
등록번호 | 1994-000059호

주소 | 서울시 마포구 서교동 377-13 성은빌딩 301호
전화 | 335-7353~4
팩스 | 325-4305
e-mail | pub95@hanmail.net / pub95@naver.com

ⓒ 서정수 2016
ISBN 978-89-5775-175-6 93130
값 15,000원